Goldstadt-Reiseführer
Vogesen
Helmut Aschbacher

Goldstadt-Reiseführer
Band 2023

Vogesen

Straßburg und Colmar

**Reise-, Kunst-
und Wanderführer**

Helmut Aschbacher

14 Farbbilder
38 Bilder s/w
 5 Wanderkarten
   Stadtpläne von
   Straßburg und Colmar
 1 Vogesen-Straßenkarte
   1:200 000
   im Anhang

GOLDSTADTVERLAG PFORZHEIM

Unser Titelbild: Beim Ausblick vom Vogesen-Hauptwanderweg
„Parcours Principal" ins Münstertal

Die Bilder stellten zur Verfügung: Syndicat d'Initiative Strasbourg,
Syndicat d'Initiative Colmar, Mairie de la Ville de Strasbourg,
der Verfasser und das Goldstadt-Archiv.

Die Karte im Anhang wurde mit frdl. Genehmigung des Reise- und
Verkehrsverlages Stuttgart aus der 8farbigen Wanderkarte RV 54
Vogesen 1:200 000 entnommen.

ISBN 3-87269-023-X

© 1987 Goldstadtverlag, Karl A. Schäfer, Pforzheim
12. Auflage
Nachdruck, auch auszugsweise, nur mit Genehmigung des Verlages
Herstellung: Karl A. Schäfer, Buch- und Offsetdruckerei, Pforzheim
Vertrieb: GeoCenter München

12870540

In die Vogesen –
zum Wandern und wegen der Kultur

Ob man nun Erholung sucht, als notorischer oder gelegentlicher Wanderer, Autotourist oder als sportbegeisterter Winterurlauber unterwegs ist, ob man sich für historische Zusammenhänge interessiert, oder ob man eine Schwäche für Kunst und Kunstgeschichte hat – für alles ist gesorgt; und schon beim Überfliegen des Inhaltsverzeichnisses wird man erstaunt sein, was die Vogesen und ihr Vorland alles zu bieten haben, und wie vielerlei Interessantes und Wissenswertes in diesem Reise-, Kunst- und Wanderführer zu finden ist.

Das Schlagwort „Steig aus und wandere" könnte in den Vogesen entstanden sein, da sich dieses abwechslungsreiche Bergland und sein gartenhaftes Vorland besonders auch für den Kurzurlauber und den Wochenendwanderer empfiehlt – dies schon allein seiner leichten Erreichbarkeit wegen.

Den etwa aus Deutschland anreisenden Besuchern bieten sich wegen ihrer besonderen Nähe als erstes die Nordvogesen an, die zu erwandern keine großen Erfahrungen oder Konstitution erfordern, die aber – ich verweise auf die beschriebene „Burgenfahrt" – bleibende Eindrücke hinterlassen. Bild (1) zeigt eine aus dem guten Dutzend der dort leicht erreichbaren Burgruinen, Ruine FLECKENSTEIN. Waghalsig thront sie auf einem Felsengrat, der dem gleichnamigen Burgberg aufgesetzt ist.

Die ROUTE DES CRÊTES, Panoramastraße und Hauptachse entlang des Vogesenkammes ist das oftmalige Ziel von Wanderungen. Rote Balken kennzeichnen den Hauptwanderweg „Parcours Principal", der von Masevaux im Süden bis nach Weißenburg führt. Seinen Scheitelpunkt bildet die Kuppe des GRAND BALLON (2) in 1240 m Höhe. An den Kreuzungspunkten der Route des Crêtes entwickelten sich Lufkurorte (LA SCHLUCHT, Bild 3) und

Sommer- und Wintersportzentren. Romantische berg-
umrahmte Seen erinnern an die Eiszeitgletscher, die
diese Mulden ausgeschliffen haben. Bild (4) zeigt den
stillen LAC BLANC, der wenig unterhalb der Kreuzung Calvaire liegt.

Die ELSÄSSISCHE WEINSTRASSE (Route du
Vin), die sich durch das östliche Vorland der Vogesen
schlängelt, stellt eine weitere touristische Kristallisa-
tionszone dar. Allenthalben Weinberge, wohin das
Auge schaut, dazwischen die schmucken, traditions-
reichen Dörfer und Städtchen, deren Wohlstand sich in
stattlichen WEINBAUERNHÖFEN (5) und in altehrwürdigen Baudenkmalen und Kunstwerken offenbart.
So etwa, und hier besonders, in dem Bilderbuchstädt-
chen RIQUEWIHR (6), genannt das „Elsässische
Rothenburg", das wie kein anderes seinen mittelalterlichen und elsässischen Charme bewahrt hat, und noch
heute großenteils von seinen turmverstärkten Stadtmauern umgeben ist. Seine urtümlichen Probier- und
Weinstuben (7) laden die zahlreichen Besucher zur
Rast, besonders im Monat August zur Zeit des Ries-
lingfestes.

Nördlich davon, in den Weinbergen unterhalb der
Hohkönigsburg, liegt u.a. das große Weinbauerndorf
KINTZHEIM mit seiner guterhaltenen Dorfburg (8),
sowie mit der Volerie des Aigles (Raubvogelpark) und
dem Affenpark, wo ca. 300 Magot-Affen in einem
20 ha großen Waldpark völlig frei und in Tuchfühlung
und „Freßkontakt" mit den zahlreichen Besuchern
leben.

Einen besonderen Anziehungspunkt, sowohl für die
Touristen, als auch für die Bewohner der näheren oder
weiteren Umgebung, bildet der ODILIENBERG, ein
hoch über der Weinstraße nordöstlich in die Ebene
vorstoßender langgestreckter Bergrücken, unweit von
Obernai gelegen. Schon in vorgeschichtlicher Zeit ein
Kultplatz, trägt der Bergrücken auf seinem exponierte-
sten Punkt nun seit über 1000 Jahren eine Klosteranlage mit wechselvollem Schicksal, die der Fürsten-
tochter und ehemaligen Äbtissin, der Sainte Odilie, ge-

weiht ist, und die die bedeutendste Wallfahrtsstätte des Elsaß darstellt. Bild 9 zeigt den Umgang hinter der Konventkirche mit der überlebensgroßen Statue dieser Schutzheiligen des Elsaß.

Ein Denkmal aus vor- oder frühgeschichtlicher Zeit stellt die HEIDENMAUER (14) dar, die sich mit einem Umfang von über 10 km entlang des oberen Randes des Odilienbergrückens erstreckt.

Ist das Vogesengebirge vor allem ein Wander- und Wintersportgebiet, so konzentriert sich doch das pulsierende und kulturelle Leben und die kulturelle Vergangenheit überwiegend am östlichen Fuß des Gebirges, etwa entlang der Weinstraße, und in den Städten.

Dementsprechend geht dieser Reiseführer in seiner partiellen Funktion als Kunstführer besonders eingehend auf die entsprechenden kulturellen bzw. kunstbezogenen Sehenswürdigkeiten ein:

Das sind allein schon die aus alten Traditionen und Lebensformen entstandenen Ortsbilder (Altstadt von Colmar 10+11), die viel von der Kultur dieser Landschaft verraten. Die Dörfer und Städte sind meist von mittelalterlichen gotischen oder gar romanischen Kirchtürmen überragt; stellvertretend für alle das weltberühmte Straßburger Münster.

Die Kunstsammlungen und Museen des Landes sind beeindruckend, und hier wieder stellvertretend für alle das UNTERLINDENMUSEUM in Colmar, das in dem ehemaligen Dominikanerkloster untergebracht ist, welches mit seinem schönen Kreuzgang um den stillen Innenhof herum allein schon ein Kunstdenkmal darstellt. Aber das Repräsentationsstück dieses Museums ist der mächtige Grünewald'sche ISENHEIMER ALTAR (12+13), dem wegen seiner künstlerischen und geistigen Bedeutung und Aussage nachstehend eine besonders ausführliche Beschreibung mit allen seinen Wandlungen und Verwandlungen gewidmet ist. Bild (12) zeigt die beiden Seitentafeln, wie sie jahrhundertelang aufgestellt waren, bevor sie in unseren Siebzigerjahren, wenig überzeugend, vertauscht wurden.

Auch der aus Colmar gebürtige Martin Schongauer ist im Unterlindenmuseum mit mehreren Werken vertreten, darunter dem MARIENLEBEN, dessen „Verkündigung" (Einhornszene) vom damaligen Glaubensverständnis her so beachtlich erscheint, daß es uns einer Nachzeichnung und Sinndeutung wert schien. Ähnliches gilt für den ENGELSPFEILER im Straßburger Münster, der „nicht nur schön" ist.

Doch das bedeutendste und beachtetste Werk Schongauers, die MADONNA IM ROSENHAG, oft als die „Deutsche Sixtinische Madonna" apostrophiert, befindet sich in der Dominikanerkirche von Colmar. Auch diesem Werk wird nachstehend die gebührende Beachtung geschenkt, mit Bild und Deutung.

So gibt es noch manches in diesem Reiseführer zu berichten, was über den üblichen Rahmen eines „gewöhnlichen", mit Statistik überfrachteten Führers hinausgeht. So als weiteres Beispiel die Abbildung und die zeitgenössisch fundierte Erzählung der amüsanten und im neueren Schrifttum unbekannten FLORENTI-USLEGENDE von Niederhaslach, oder die Wiederbegegnung mit der von Adelbert von Chamisso im gesamten deutschen Sprachraum verewigten BURG NIDECK, oder die Erinnerung an die Liebesromanze des 21-jährigen Goethe in Sesenheim. usw.usw.

Damit, so glauben wir, konnten wir Ihre Wünsche und Erwartungen erfüllen, die Sie mit Recht an einen Reise- und Wanderführer über diesen wunderbaren Landstrich stellen durften.

Sollten Sie jedoch irgendwelche Mängel oder Fehler entdecken, wie sie sich durch objektive Veränderungen selbst in kürzester Zeit ergeben können, so wären wir für Ihre entsprechende Zuschrift äußerst dankbar. Derartige verwertbare Informationen werden wir mit einem Exemplar aus unserem reichhaltigen Verlagssortiment honorieren.

Und nun wünschen Ihnen Autor und Verlag
BON VOYAGE – Gute Reise

1 Burgruine Fleckenstein

2 Grand Ballon

3 Luftkurort La Schlucht

4 Der Lac Blanc in der Nähe
der Route des Crêtes

5 Weinbauernhof

7 Urtümliche Weinstube

8 Die Dorfburg in Kintzheim

9 Das Odilienkloster

10 Mittelalterliche Gebäude,
in Colmar

11

12

Isenheimer Altar

13

14 Am oberen Rand des
Odilienbergrückens
erstreckt sich
die Heidenmauer

INHALTSVERZEICHNIS

D DER TOURIST IM ELSASS

A
ZUR EINFÜHRUNG

1.
Von Land und Leuten

> Das Elsaß ist das schönste Land,
> es kam aus Gottes Schöpferhand.
>
> (Elsässischer Volksreim)

Unmittelbar vor unseren Landesgrenzen, meist nur Stunden entfernt, liegt ein gesegneter Landstrich, wie man ihn seinesgleichen selten irgendwo anders findet.

Hört man den Namen Elsaß, so denkt man gemeinhin an das Straßburger Münster und den Isenheimer Altar, und dann noch an das Vogesengebirge, das man schon zu kennen glaubt, weil man ja auch den Zwillingsbruder Schwarzwald kennt. Damit ist es jedoch bei weitem nicht getan, denn dieses kleine Land, nur halb so groß wie etwa Schleswig-Holstein, ist viel reicher an landschaftlicher Schönheit und an Kulturgütern und Kunstdenkmalen, als man gemeinhin annimmt.

Auch vom Klima ist dieses Ländchen bevorzugt, und von Zabern bis zur Schweiz zieht sich ein kaum unterbrochenes Band von Weinbergen am Fuß und an den steilen Hängen der Vogesen hin, in halber Höhe begleitet von der Weinstraße, an der in dichtester Folge romantische mittelalterliche Dörfer und Städtchen aufgereiht sind, wie Perlen auf der Schnur. Darüber hin zieht sich eine Kette von Dutzenden meist ansehnlicher Burg- und Schloßruinen, die den Wanderer immer wieder dazu verlocken, einen Bick in die Vergangenheit zu tun. Dazwischen zeugen berühmte Klöster und Klosterruinen von dem frommen Sinn der Altvordern.

Auf den einsamen Höhen der Vogesen kann man stundenlang wandern, ohne einer Menschenseele zu begegnen, es sei denn, man betritt eine der weitverstreuten Melkereien, um sich an kühler Milch und wohlschmeckendem Käse zu erfrischen, und einen

freundlichen und unkomplizierten Menschenschlag kennenzulernen, der einem wirklich Freude macht.

Noch einen weiteren Vorteil hat das kleine Land, besonders für
den Autotouristen: Sinn- und gedankenlos dahinzufahren gibt es
kaum, da sich die Sehenswürdigkeiten in zu dichter Folge häufen
und man am liebsten überall anhalten möchte. Das kann man natürlich schon aus zeitlichen Gründen nicht, statt dessen wird derjenige, der einmal dort war, immer von neuem wiederkehren,
denn die hier zu gewinnenden Reisefreuden sind wirklich uner-
schöpflich.

2.
Klima und Reisezeit

Der Kamm der Vogesen bringt die feuchten Westwinde zum
Abregnen, so daß nach Osten zu die Niederschlagsmenge- und
häufigkeit stark abnimmt und z.B. wesentlich geringer ist als in
den entsprechenden Regionen des benachbarten Schwarzwaldes.
Die regenärmste Zone ist das Gebiet um Colmar.

Die streckenweise gartenartige Rheinebene mit dem Ostrand
der Vogesen hat warme Sommer und milde Winter (mittlere Jah-
restemperatur 9 bis 10°). Der Frühling zieht hier 2 bis 3 Wochen
früher ein, als man es in Deutschland gewohnt ist. Die örtliche
Temperatur ist natürlich wesentlich von der jeweiligen Höhenlage
abhängig, und je ca. 180 m Höhenunterschied ergeben 1° Wär-
meunterschied. Im Winter gibt es manchmal eine ausgesprochene
Temperaturumkehr. Die Ebene kann dann tagelang von einer
Kälteschicht bedeckt sein, während die Bergeshöhen klares und
sonnigwarmes Wetter haben, was dann den Höhenkurplätzen und
dem Wintersport zugute kommt.

Klimatabelle
(mittlere Temperatur bzw. Normaltemperatur in °C)

		Dez./Jan.	April	Mai	Aug.	Okt.
Gr. Ballon	1424 m	−3,5	2	5	10,5	4
Rothau (Bruchetal)	349 m	−0,3	7	11	15,5	8,5
Münster	392 m	0,5	9,5	12	17	8,5
Guebwiller	296 m	1,0	10,0	13,5	18,5	10,0

Einige mittlere Daten aus der Natur

		Mittlere Temperatur April	Seidel-bast-blüte	Kirsch-blüte	Heuernte
Türkheim	250 m	10,5	1. März	15. April	20. Juni
Münster	400 m	9,5	15. März	25. April	28. Juni
Mittlach	600 m	7,5	5. April	5. Mai	5. Juli
Hohrodberg	720 m	7,0	5. April	10. Mai	10. Juli
Gaschney	1000 m	5,0	1. Mai	28. Mai	1. Aug.
Hohneck	1300 m	3,0	30. Mai	–	–

Die schönste **Reisezeit** für die Rheinebene und den Osthang der Vogesen ist der Frühling mit seiner Blütenpracht. Die Kirschblüte beginnt in der Ebene und am Vogesenrand meist um den 15. April.

Die Kurorte im Gebirge kommen vor allem von Juni bis September in Betracht. Schön ist der Herbst in den altertümlichen Weinorten, die dicht an der Elsässischen Weinstraße aufgereiht sind.

Der Wintersport kommt auf den Höhen des Gebirges besonders von Januar bis März zu seinem Recht. (vgl. Abschn. D 9).

Die Vogesen sind vor allem ein ideales und guterschlossenes Wandergebiet. Der notorische Wanderer wird hier das ganze Jahr über ein geeignetes und lohnendes Ausflugsziel finden (vgl. Abschn. B 7 und D 10).

3.
Die Anreise

Das Elsaß liegt unmittelbar vor den deutschen und schweizerischen Toren. Die Entfernung nach Weißenburg, Straßburg oder Colmar beträgt meist nur wenige Stunden, so daß auch ein einfacher Wochenendausflug dorthin durchaus nichts ungewöhnliches ist.

Sofern die Zufahrt nicht durch die Pfalz (über Landau - Weißenburg, oder über Karlsruhe - Lauterburg) erfolgt, muß man sich nach den Rheinübergängen richten. Solche befinden sich:

1. bei Rastatt. wenn man die Nordvogesen besuchen will und über die Autobahn aus dem Norden oder aus Richtung Pforzheim - Stuttgart - München kommt,

2. bei Bühl bzw. Schwarzach-Greffern, um den Bezirk um Hagenau zu erreichen,

3. bei Straßburg (Europabrücke), wenn man aus Richtung Freudenstadt - Stuttgart kommt,

4. bei Freistett (AB-Anschl. Achern),

5. bei Lahr (Autofähren in Ottenheim und Kappel),

6. bei Sasbach am Nordrand des Kaiserstuhl,

7. bei Breisach, wenn man aus Richtung Freiburg und Bodensee kommt,

8. bei Neuenburg bzw. Müllheim, wenn man, egal aus welcher Richtung, unmittelbach nach Mülhausen kommen will.

9. Seit 1980 bei Neuenburg-Steinenstadt direkter Anschluß von der AB an die französische Autoroute nach Mulhouse usw.

10. Die neue Palmrainbrücke zwischen Weil am Rhein und Hüningen im Elsaß.

Die Zufahrt aus der Schweiz erfolgt praktisch ausschließlich über Basel, während dem Übergang über den Jura bei Delle nur regionale Bedeutung zukommt.

4.
Was die Geschichte erzählt

Bereits aus der älteren und jüngeren Steinzeit ist die Anwesenheit des Menschen in der wasserreichen Oberrheinebene durch Funde bezeugt. Um 3000 v. Chr. bildete sich eine überwiegend seßhafte Bauernbevölkerung heraus. Etwa seit 500 v. Chr. tritt die keltische (gallische) Volksgruppe in Erscheinung, die später von dem von Norden eindringenden germanischen Volksstamm der Triboker nach Süden bis über Schlettstadt hinaus abgedrängt wurde. Eine Gruppe der germanischen Sueben, die unter ihrem Fürsten Ariovist gleichfalls eingedrungen war, wurde im Jahr 58 v. Chr. von dem mit der Eroberung Galliens beschäftigten Römer Julius Cäsar bei Mülhausen geschlagen und über den Rhein zurückgeworfen. 6 Jahre später wurde der letzte gallische Aufstand (Vercingetorix) blutig niedergeschlagen, wonach das Elsaß die römische Provinz Germania superior wurde. Als Sicherung gegen das rechtsrheinische Germanien wurde das Kastell Argentoratum (Straßburg) erbaut und mit einer Besatzung von 6000 Mann belegt.

Die in der Völkerwanderungszeit eindringenden germanischen Alemannen werden zunächst (im Jahr 357 durch den Feldherren Julian bei Straßburg und im Jahr 378 durch Gratianus bei Argentaria, d.h. Horburg/Ill) geschlagen und zurückgeworfen, setzen sich aber nach dem Rückzug der Römer erneut im Elsaß östlich des Vogesenkammes fest, und drücken in der Folge dem Land und seiner Kulur ihren Stempel auf.

Im Jahr 450/51 zogen die Hunnen sengend und brennend quer durch das Land und über die Zaberner Steige ihrer Niederlage auf den Catalaunischen Feldern (Chalons sur Marne) entgegen. Nach dem Siege der Franken unter Chlodwig über die Alemannen im Jahr 496 gehörte das Land als Herzogtum zum fränkischen Reichsteil Austrien, dessen Hauptstadt Reims war. Für das Land kam die alemannische Bezeichnung Alisaz oder Elisaza auf, was mit „Land der Drübensitzenden" übersetzt werden kann.

Im Zusammenhang mit ihrem Erbfolgestreit schließen die Söhne Ludwigs des Frommen (Sohn Karls d. Gr.), nämlich Ludwig der Deutsche und Karl der Kahle, am 14. Februar 842 einen gegen ihren Bruder Lothar gerichteten Vertrag, der als „Die Straßburger Eide" in die Geschichte eingegangen ist. da er den Auftakt für die bald nachfolgenden, effektiv die ganze Weltgeschichte beeinflussenden Ereignisse bildete. Der Vertrag war zweisprachig, in altfranzösischer und in althochdeutscher Sprache, abgefaßt und ist das älteste Sprachdenkmal Frankreichs. Bereits ein Jahr später wurde das Frankenreich im Vertrag von Verdun in 3 Teile geteilt, wobei das Elsaß mit Lothringen zum Zwischenreich Lothars kam. Nach dem Tode Lothars und seiner Söhne wurde dessen Zwischenreich im Vertrag von Mersen (870) aufgeteilt, wobei das Elsaß zum vorwiegend germanischen Ostfrankenreich Ludwigs des Deutschen geschlagen wurde. In der Regierungszeit des deutschen Königs Heinrich I. wurde das Elsaß mit dem Herzogtum Schwaben vereinigt. Um 1080 erlangte das Staufengeschlecht diese Herzogswürden, wobei Hagenau als Residenz diente. Nach dem Verschwinden der staufischen Herrschaft (um 1270) zerfiel das Elsaß in zahlreiche weltliche und geistliche Bezirksherrschaften und Stadtrepubliken, wobei die letzteren zunehmende Bedeutung erlangten und sich Mitte des 14. Jahrhunderts zum Zehnstädtebund zusammenschlossen, dem ein kaiserlicher Landvogt vorstand.

In jener Zeit (seit den Staufern) entstanden die zahllosen Burgen und Schlösser großer und kleiner Herren, die vor allem die Vorberge der Vogesen bekränzen.

Im Mittelalter reiches Kulturleben im Elsaß, das durch Begriffe wie Straßburger Münster, Gottfried von Straßburg, Thomas Murner, Geiler von Kaysersberg, Sebastian Brant, Martin Schongauer, Hans Baldung, Grünewald u. a. angedeutet ist.

In den Jahren 1439 und 1444 wurden Angriffe der Armagnacs (französische Söldnerscharen) abgewiesen, die auf dem Wege waren, den habsburgischen Kaiser Friedrich III. bei der Niederwerfung der Schweizer zu unterstützen.

1521 beginnt die Reformation in Elsaß, vorwiegend in den Reichsstädten, während die Bevölkerung in den bischöflichen und habsburgischen Gebieten katholisch bleibt. In jener gärenden Zeit beginnt der Bauernkrieg. Die Aufständischen werden 1525 bei Scherweiler und Zabern (Saverne) besiegt.

Im Verlauf des 30 jährigen Krieges faßten nach dem Abzug der Schweden die Franzosen im Elsaß Fuß. Beim Friedensschluß kommt der gesamte habsburgische Besitz im Oberelsaß und Sundgau, sowie die Landvogtei über die Reichsstädte, ausgenommen Straßburg und Mülhausen, in französische Hand. Unter dem Sonnenkönig Ludwig XIV. werden durch Reunionskammern die erworbenen Gebiete erweitert und abgerundet. Das Heer des deutschen Reiches, befehligt vom Großen Kurfürsten wird 1675 bei Türkheim von dem französischen Marschall Turenne geschlagen. 1681 wird auch Straßburg besetzt, wobei im Übergabevertrag die Beibehaltung der alten republikanischen Verfassung garantiert wurde, und erst anläßlich der französischen Revolution wurde diese partielle Autonomie beseitigt.

Das Elsaß (mit Lothringen) war von nun an für 150 Jahre Objekt der Machtpolitik und Zankapfel zwischen Frankreich und Deutschland. Die diesbezüglichen Ereignisse, die sich an die Jahreszahlen 1871, 1918, 1940 und 1945 knüpfen, brauchen hier nicht wiederholt zu werden. Inzwischen hat sich, eingeleitet durch den elsaß-lothringischen Staatsmann Robert Schuman, eine Entwicklung angebahnt, die den ehemaligen Zankapfel zum Bindeglied zwischen den beiden größten Nationen des Kontinents und zur Nahtstelle des geeinigten Europa werden zu lassen verspricht.

14

5.
Ein wenig Geographie

Die Vogesen, die man als Grenzlinie zwischen Mittel- und Westeuropa betrachten kann, sind ein Mittelgebirge, das sich von der Burgundischen Pforte (Sundgau) über ca. 160 km bis zum Pfälzer Wald im Norden erstreckt.

Sie sind das deutliche Parallelstück des Schwarzwaldes und haben mit diesem dieselbe geologische Geschichte. Beide gehörten vor rund 50 Millionen Jahren zu einem zusammenhängenden Gebirgsstock, der wohl bei Gelegenheit der Alpenfaltung aufgeworfen worden war und in seinem südlichen Teil über der heutigen Rheinebene an die 3 000 m Höhe gehabt haben dürfte. Er bestand in seinem Kern aus kristallinem Urgestein (insbes. Granit), das von den Ablagerungen eines früheren Urmeeres (Sandstein, Kalkstein, Mergel) überdeckt war. Dann brach das Mittelstück des Gewölbes (die heutige Rheinebene) so tief ein, daß es erneut vom Meer bedeckt werden konnte, das u. a. ölhaltiges Sediment und Kalium absetzte. (Erdöl und Asphalt in Pechelbronn und Lobsann, Kali bei Mülhausen.) Die nachfolgenden Gletscher der Eiszeit entblößten die Hochfläche der südlichen Vogesen ihres leicht verwitterbaren Sedimentgesteins und ließen die nackten Granitberge zurück, die nur noch vereinzelt stehengebliebene Schollen der früheren Sedimentdecke tragen, während bei den niedrigeren nördlichen Vogesen, die von der letzten Eiszeit kaum berührt wurden, dieses Sedimentgestein noch vorhanden ist.

Anders in der tiefer gelegenen Vorhügellandschaft (Elsässisches Hügelland) die durch Spalten und Verwerfungen vom Vogesenabsturz getrennt ist. Hier hat sich Kalkgestein verschiedenen Alters, (Muschelkalk, Keuper, Jura) erhalten, was sich besonders auch auf den Pflanzenwuchs auswirkt (Obst, Weinberge usw.).

Eine Folge dieser erdgeschichtlichen Vorgänge ist es auch, daß das Gebirge nach W mäßig, und nach O verhältnismäßig schroff und mit teilweise tief eingeschnittenen Quertälern abfällt.

Aus den von den Gletschern ausgewaschenen und durch Geschiebe verschlossenen Mulden entstanden hochgelegene Bergseen; heutzutage größtenteils zu Stauseen ausgebaut.

In Hinsicht auf Gesteinsart und Bodengestalt werden meist Süd- und Nordvogesen unterschieden, wobei sich zusätzlich, aus vor allem praktischen Gründen, der touristische Begriff „Vosges

Moyennes" (Mittlere Vogesen) gebildet hat. Man versteht darunter in etwa das Vogesengebiet zwischen Zabern und Schlettstadt, so daß dieser Begriff Teile der geoloigisch verstandenen Nord- und Südvogesen beinhaltet, und daher auch die geologischen Eigenheiten beider Teile aufweist.

Die **Südvogesen,** der höchste Teil des Gebirges, erstrecken sich von der Burgundischen Pforte bis zum Tal der Bruche, und sind großenteils aus Granit aufgebaut, der bevorzugt in den höheren Lagen (Hohneck, Ballon d'Alsace, Kleiner Belchen, Brézouard usw.) zutage tritt. Der mäßig gewölbte Gebirgsrücken trägt als erhabene Mittellinie den Hauptkamm, der, kaum unterbrochen, fast über die ganze Länge dieses Gebirgsteils reicht, wobei nach O und W einige Nebenkämme ausstrahlen. Die höchste Erhebung der Vogesen, der Große Belchen (Grand Ballon, 1424 m), liegt auf einem solchen Seitenkamm, während der zweithöchste Berg, der Hohneck (1361 m), den Hauptkamm beherrscht.

Die Gipfel zeigen meist die korrodiertem Granit eigene Form der Rundkuppe (von den Elsässern „Kopf" oder „Belchen", von den Franzosen „Ballon" genannt), was auf die ehemalige Gletschertätigkeit zurückzuführen ist.

Der Kamm des Gebirges ist großenteils durch eine Panoramastraße (Route des Crêtes) erschlossen, die während des 1. Weltkriegs auf französischer Seite zu strategischen Zwecken angelegt worden war. Sie kann über mehrere Querverbindungen erreicht werden. Im übrigen liegen die wenigen Ost-West-Pässe der Südvogesen in erheblichen Höhen, so die „Schlucht" in 1159 m, Col du Bonhomme (Diedolshauser Paß) in 949 m, Col de Sainte Marie (Markircher Paßhöhe) in 772 m.

Bei den niedrigeren **Nordvogesen** (nördlich des Breuschtales) tritt wie im nördlichen Schwarzwald vor allem der Buntsandstein zutage, der infoge seiner Horizontalstruktur zur Plateaubildung, und durch die Erosion zur Ausbildung von Felswänden und Felstürmen neigt. Diese Felsbastionen eigneten sich ehedem besonders gut zur Errichtung von Burgen, die aus diesem Grunde hier besonders zahlreich sind. Der feinkörnige und daher bildsame rote Sandstein war das bevorzugte Material der Kathedralenbaumeister und der Bildhauer.

Die Vogesenkette, die in der Nähe der Bruche im Donon noch die 1 000 m-Grenze überschreitet, senkt sich von da an in nördlicher Richtung ziemlich rasch und erreicht nördlich der Zorn mit dem Großen Wintersberg nur noch 580 m.

Das **Elsaß** wird im Osten durch den Rhein begrenzt, doch ist sein Heimatfluß die südwestlich von Mülhausen entspringende Ill, die über eine längere Strecke parallel des Rheines verläuft und unterhalb von Straßburg in diesen einmündet.

6.
Berühmte Elsässer

Wenn man das Elsaß als Wiege von Bildung und Kunst bezeichnet, so ist das durchaus nicht zu viel gesagt, denn seine Menschen, die hier an der Nahtstelle des westlichen und des östlichen Europa lebten, haben in der Vergangenheit unendlich viel zur Fortentwicklung der abendländischen Kultur und Zivilisation beigetragen. Unter Napoleon haben etliche Elsässer die höchsten militärischen Ränge erreicht.

Nachstehend einige Namen, die dem Touristen oft auch als Straßennamen begegnen, in ungefährer zeitlicher Folge.

Herrad von Landsberg, von 1167 bis 1195 Äbtissin des Odilienklosters, ein Sproß aus der Familie von Landsberg, die zu den mächtigsten Ritterschaftsfamilien des damaligen Heiligen Römischen Reiches Deutscher Nation gehörte. Ihr mit romanischen Miniaturen illustrierter „Hortus Deliciarum", das erste „Konversationslexikon" der Welt, ist eine kulturgeschichtlich unschätzbar wertvolle Quelle und ein künstlerisch unersetzliches Werk des hohen Mittelalters (→ bei Odilienberg*).

Reinmar (der Alte) von Hagenau (1160-1210), Minnesänger. Er gilt als der Lehrer Walthers von der Vogelweide.

Gottfried von Straßburg, genannt der „wise Gotfried", ein Vertreter der ritterlichen Epik (gest. um 1215). Sein Epos „ Tristan und Isolde" geht auf eine keltische Sage aus Irland zurück. Dieses Werk, mit dem das klassische Liebespaar des Mittelalters geschaffen wurde, hatte einen wesentlichen Einfluß auf die damalige höfische Sitte.

> Wem nie durch Liebe Leid geschah,
> dem ward auch Lieb´durch Lieb´nie nah -
> Leid kommt wohl ohne Lieb´allein,
> doch kann die Lieb´ohn´Leid nicht sein.

Johannes Tauler (ca. 1300-1361), Dominikaner aus Straßburg, der gewaltigste Prediger seiner Zeit und Wegbereiter der Mystik. Seine gedruckten Predigten fanden weiteste Verbreitung und übten noch später auf Luther eine tiefe Wirkung aus.

Ruolman Merswin (1307-1382), der Mystiker von Straßburg, Verfasser der Schriften des „Gottesfreund aus dem Oberland". Das noch heute geläufige Zitat: „Wenn mancher Mann wüßte, was mancher Mann wär'..." stammt aus einer seiner Schriften.

Peter von Andlau, eigentlich Peter Hemmel (1422-1502), aus Andlau gebürtig, ein Meister der Glasmalerei. Bei seinen Arbeiten überrascht die Realistik der Wiedergabe und die epische Gestaltung dramatischer Vorgänge. Seine überkommenen Werke befinden sich in Straßburg (St-Guillaume, Ste-Madeleine), Colmar (Franziskanerkirche), Tübingen (Stiftskirche), Ulmer Münster, München und andernorts.

Martin Schongauer (1435/40-1491), Maler und Kupferstecher aus Colmar, wo er eine Werkstatt mit Gesellen unterhielt. Bedeutendstes Werk ist seine „Madonna im Rosenhag" in der Dominikanerkirche zu Colmar und das „Jüngste Gericht" im Münster zu Breisach, sowie der Dominikaneraltar „Marienleben" im Unterlindenmuseum in Colmar. Seine Kupferstiche waren weitverbreitet und wurden oft kopiert oder als Vorlagen benutzt.

Martin Bucer, geboren 1491 in Schlettstadt, der Reformator des Elsaß.

Jakob Wimpfeling, 1450 ebenfalls in Schlettstadt geboren, war ein Universalgenie der geistigen Wissenschaften: Theologe, Jurist, Erzieher und Schriftsteller. Wegen seiner pädagogischen Schriften hatte er den Ehrennamen „Praeceptor Germaniae" (Lehrer Deutschlands).

Thomas Murner, geboren 1475 in Oberehnheim (Obernail), humanistisch gebildeter Franziskanerpater und Gegner Luthers, den er den „lutherischen Narren" nannte. Streitbarer und bissiger Satiriker und Kritiker der Laster seiner Zeit, der immer wieder Landesverbot erhielt, und dessen Schriften oft verboten wurden. So durfte z. B. seine Schrift „Gäuchmatt", worin er nachwies, wie sich berühmte Männer der biblischen und weltlichen Geschichte (und auch andere) von den Weibern zu „Gäuchen" (Narren) machen lassen, in Straßburg nicht gedruckt oder verbreitet werden (offensichtlich sollte dieser Sachverhalt dort geheim bleiben!).

Sebastian Brant (1448-1521), Jurist, Dozent, kaiserlicher Rat. Verfasser des 1494 erschienenen und von Albrecht Dürer mit Holzschnitten illustrierten „Narrenschiff", eine Satirensammlung, in der die Laster und Torheiten seiner Zeit verspottet wurden. Das Buch war ein „Bestseller" des 16. Jahrhunderts und wurde in fast alle europäische Sprachen übersetzt. Das noch heute geläufige Zitat: „Die Welt will betrogen sein", war ein Leitmotiv.

Andreas Silbermann (gest. 1734), das bekannteste Mitglied aus der aus Sachsen eingewanderten Orgelbauerfamilie, erbaute zusammen mit seinem Bruder Georg und seinen 4 Söhnen (darunter Johann Arndeas S.) am Oberrhein 34 Orgeln, die meisten im Elsaß. Die noch am besten erhaltenen stehen in Marmoutier, Obermünster und St. Thomas in Straßburg.

Jean Baptiste Kléber, geboren 1753 in Straßburg, napoleonischer General, Sieger von Heliopolis gegen eine türkische Übermacht. In Kairo 1800 ermordet.

François Kellermann (1735-1820), französischer Marschall, bekannt durch sein Eingreifen in die Schlacht von Valmy, durch die der Sieg der Revolution gesichert wurde.

Jean Rapp, geboren 1772 in Colmar, General und Lebensretter Napoleons. Für die erfolgreiche Verteidigung Danzigs erhielt er den Titel eines „Herzog von Danzig".

Friedrich Lienhard, geboren 1865 in Rothbach (Zabern), gestorben 1929 in Eisenach. Theologe, Redakteur und Schriftsteller. Dramen: Gottfried von Staßburg. Wieland der Schmied; Romane: Der Spielmann, Oberlin, u.a.

René Schikelé, geboren 1883 in Oberehnheim (Obernail), gestorben 1940 in Frankreich. Schriftsteller pazifistischer Richtung, der die Elsaßfrage aus dem Aspekt einer deutsch-französischen Verständigung sah. Bekannt ist sein Drama: „Hans im Schnokeloch".

Albert Schweitzer, geboren 1875 in Kaysersberg als Pfarrerssohn, der bekannteste Elsässer und vielleicht der umumstrittenste Mensch unserer Zeit. Seit 1899 Pfarrer in Straßburg und zugleich Musikgelehrter und Orgelvirtuose, dann Medizinstudium und seit 1913 Missionsarzt in Lambarene. 1951 Friedenspreis des Deutschen Buchhandels, 1953 Friedensnobelpreis, 1954 Aufnahme in die Gesellschaft Pour le mérite-Friedensklasse. Gestorben am 4.9.1965.

7.
Mathias Grünewald
und der Isenheimer Altar

Mathias Nithardt (Neithardt) war um 1460 in Würzburg geboren und unterhielt in Aschaffenburg eine Werkstatt. Als Hofmaler kunstbegeisterter Standesherren war er im ganzen westdeutschen Raum tätig, u.a. in Frankfurt, Worms, Tauberbischofsheim und Halle. Wohl aus religiösen oder kabbalistischen Gründen nahm er später statt Nithard den Namen Gothard an.

Grüblerischen und melancholischen Geistes, ein Wahrheitssucher, war er durch die Religionskämpfe seiner Zeit in Zwiespalt verstrickt. Da er Partei für die aufständischen Bauern nahm, mußte er nach Halle fliehen, wo er bald darauf in dürftigen Verhältnissen starb.

Zu Ende des 17. Jahrhunderts erschien erstmals eine kurze Lebensbeschreibung von ihm, wobei ihm fälschlicherweise der Name Grünewald beigelegt wurde, der ihm dann auch bis zum heutigen Tage geblieben ist.

Das Genie Grünewald wurde von der Nachwelt wegen der oftmaligen rücksichtslosen und expressionistischen Realistik und Surrealistik seiner Werke langezeit verkannt. Diese gingen daher großenteils verloren, sodaß außer dem Isenheimer Altar nur noch wenig vorhanden ist. Beachtlich ist besonders noch der Tauberbischofsheimer Altar (im Stuttgarter Landesmuseum), der in manchen Einzelheiten deutliche Ähnlichkeit mit dem Isenheimer Altar aufweist, sowie die Stuppacher Madonna. Ein für seinen melancholischen Surrealismus typisches kleinformatiges Gemälde, ein von Gewürm zerfressenes „Liebespaar", hängt im Musée de l'Œuvre Notre-Dame.

Das seit der französischen Revolution verwaiste Dominikanerinnenkloster zu Unterlinden (siehe Stadtbeschr. Colmar) wurde seit der Mitte des 19. Jahrhunderts zu einem elsässischen Heimat- und Kunstmuseum ausgebaut. Hier fand der in den Wirren der französischen Revolution im Jahr 1793 aus dem zerfallenden Antoniterkloster zu Isenheim gerettete und zunächst in die Stadtbibliothek in Colmar geflüchtete Isenheimer Altar im Jahr 1850 seine endgültige Heimstatt. Dieses Werk gilt in der Kunstgeschichte als eine der edelsten, reifsten und erschütterndsten Schöpfungen der mittelalterlichen abendländischen Malerei, und seine Ausstrahlungskraft und sein Ruhm führen Jahr für Jahr Tausende von Besuchern aus allen Teilen der Welt nach Colmar.

Für das Verständnis des Werkes ist das Wissen um seine Entstehungsgeschichte unumgänglich:

An der Stelle des heutigen Isenheim, einer kleinen Ortschaft unweit Colmars, trafen sich seit alters die Überlandstraßen aus Richtung Rhone bzw. Gotthardpaß, um gemeinsam nach Norden in die reiche Niederlande weiterzuführen. An diesem Kreuzungspunkt errichtete die Bruderschaft der Antoniter zu Ende des

13. Jahrhunderts ein Kloster mit Hospiz, sowie ein Aussätzigen-hospital. Entsprechend ihrer Ordensregel fanden hier Gebrechli-che, und besonders auch die damals zahlreichen unter dem aus-satzähnlichen „Antoniusfeuer" (Ergotismus - Mutterkornvergif-tung) leidenden Kranken Pflege und Tröstung. In der Klosterkir-che erflehten sie beim Schutzpatron des Klosters Fürbitte und Heilung oder Linderung ihrer Gebrechen.

So entstand im Jahr 1510 bei dem kunstsinnigen, aus Sizilien stammenden Abt Guido Guersi der Plan, den 25 Jahre zuvor von Nikolaus von Hagenau geschnitzten Altarschrein in der Kloster-kirche in einen Flügelaltar umzuwandeln, der besonders auf die Belange der Kranken und Aussätzigen zugeschnitten sein sollte. In dem damals über 50jährigen Mathis Nithardt (Neithardt, Grü-newald) fand er den Maler, der seiner Auffassung den bildneri-schen Ausdruck verleihen konnte.

Von 1510 bis 1515 entstand das gewaltige Werk, bei dem dan-tesches Inferno mit dem Typ des nordischen Flügelaltars zu einem neuen und bisher ungewohnten expressiven Opus verschmolzen wurde. Grünewald war kein Maler des Schönen und verklärt Lieblichen und Harmonischen, wie es die Gotik seiner Zeit zeigte. Er war ein zwischen Qual und Beseeligung Hin- und Hergerisse-ner und malte nicht mehr Historie, sondern Tragik und Mystik, nicht die klagende Frau, sondern den Schmerz, nicht den Sachver-halt, sondern die Aussage. Um seelische Empfindungen und über-haupt seelische Maßstäbe auszudrücken, werden Personen ohne Rücksicht auf natürliche oder perspektivische Gesetze verschie-den groß nebeneinander gestellt; zeitlich weit auseinanderliegen-de Ereignisse stehen beieinander, wie aus der visionären Schau der Propheten oder aus der Absolutheit der Zusammenschau des Weltenplanes.

Im Interesse der „Aussage" hat Grünewald auf die bei seinen Zeitgenossen und auch noch später gewohnte Fülle von Personen und auf das Erzählen in Bilderserien verzichtet, zugunsten nur weniger großausgelegter und ausdrucksstarker Figuren, die zur Bildmitte orientiert sind, wie dies etwa zur gleichen Zeit in Mai-land durch Leonardo da Vinci in seinem Abendmahl geschehen ist. Vielleicht war der Isenheimer Altar im nordischen Raum kunstgeschichtlich der erste Schritt, der in der bildenden Kunst vom ausführlich Erzählenden über das Erfühlen und Nachdenken und Erarbeiten zum Besitzen führte.

Der Altaraufbau, der aus Predella (Sockelstück), geschnitztem Altarschrein und 9 Tafelbildern besteht, läßt sich als Wandelaltar wie ein Buch zusammenklappen. Wie ein solches wurde er im Laufe des Kirchenjahres aufgeschlagen. Während der Fastenzeit zeigte er in **geschlossenem Zustand** den Kreuzestod Christi - nicht die Kreuzigungsszene in erzählender Form, sondern das vollbrachte Opfer. In der Mitte, auch größenmäßig die Zentralfigur, der Gekreuzigte, unter dessen Schmerzenslast sich der Kreuzesbalken nach unten biegt; vor dem verfinsterten Hintergrund („...und die Sonne verlor ihren Schein") in grüngelblicher Todesfarbe seltsam leuchtend abgehoben. Links die ohnmächtige Mater Dolorosa, von dem klagenden Jünger Johannes vor dem Umsinken bewahrt. Davor die betont kleingehaltene Gestalt der Maria Magdalena, das Menschengeschlecht symbolisierend.

Rechts des Kreuzes Johannes der Täufer mit seinem Attribut, dem Lamm, das mit dem Kelch gleichzeitig die Symbolisierung Christi und dessen Opfer ist. Obwohl er bereits längst vor der Kreuzigung selbst hingerichtet war, hat ihn der Künstler völlig erzählungswidrig umd mit überbetontem Zeigefinger und abwärts gerichtetem Daumen an den Kreuzesstamm gestellt, um ihm Gelegenheit zu geben, seinen Sendungsauftrag zurückzugeben, mit den Worten: „Er muß wachsen, ich aber muß abnehmen".

Abgeschlossen wird das Drama durch die Beweinungsszene in der Predella (Sockel) vor winterlich trostlosem Hintergrund. Lediglich die abgenommene Dornenkrone zeigt das Ende des Leidensweges.

Zwei schmale feststehende Seitentafeln zeigen links in der Ordenstracht der Antoniter den Schutzheiligen Antonius mit seinem Attribut, dem in Gestalt eines griechischen T (tau) gehaltenen Antoniuskreuz. Der Pestteufel dringt durch die Butzenscheiben ein, um ihm seinen giftigen Atem ins Gesicht zu blasen, während Antonius nur seinen Mantel enger zieht.

Rechts der Hl. Sebastian, von den Pfeilen seiner Widersacher durchbohrt, gleich den Krankeit und Pestilenz bringenden Pfeilen der Höllenmächte. Er war der Schutzheilige gegen Krankheit und Seuchen. Durch das offene Fenster sieht man Engel mit der Märtyrerkrone zufliegen.

COLMAR. Der Isenheimer Altar.

22

Die beiden Seitenflügel stehen nicht ohne Beziehung zu dem Mittelstück. Wie letzteres in seiner linken Hälfte Marter und Erleiden, und in seiner rechten Hälfte mit dem auf die Auferstehung hinweisenden Johannes Überwindung, Erlösung und Erhöhung zum Ausdruck bringt, gilt dies gleichermaßen für die beiden angrenzenden Heiligenflügel, dort zusätzlich noch unterstrichen durch Sinnbilder von Hölle bzw. Himmel.

Auch in die Bildkomposition ist alles eingebunden. Vom Kopf des Hl. Antonius führt die sinkende Linie ds Todes über die Köpfe von Maria-Johannes und Magdalena zum Fuß des Kreuzes, um von hier über das Lamm und Johannes den Täufer zum Kopf des Hl. Sebastian aufzusteigen, Erhöhung und Überwindung versinnbildlichend.

In neuester Zeit wurden die beiden Seitenflügel von der Museumsverwaltung ausgetauscht (umgehängt), angeblich auf Grund eines aus dem späten 18. Jahrhundert stammenden Berichts des Historikers Lerse, der seinerzeit auch mit Goethe in Briefwechsel stand. Ob jedoch die von Lerse damals angetroffene Aufstellungsweise (also Antonius rechts) wirklich die originäre ist, ist damit noch keinesfalls bewiesen, da der Altar damals schon eine „bewegte" Vergangenheit hinter sich gehabt hatte.

Abgesehen von der oben gegebenen Sinndeutung der beiden Seitenflügel (für die es keinen Ersatz gibt) scheint die Gesamtkonzeption dieses „Heilstempels" Grünewalds (der sich damals etwas gedacht hatte!) nun deutlich gestört: die das Ganze tragenden begrenzenden Ecksäulen sind nun innen (!), und die Fenster verlieren sich ohne Begrenzung in den äußersten Ecken (!!) - und die beiden Heiligen auf der Seitenflügeln zeigen nun der Kreuzigungsszene mehr oder weniger den Rücken (!!) - wer soll das alles je verstehn?!

Die **erste Wandlung** des Altaraufsatzes erfolgte sr. Zt. am Ostertag. Das Kreuz ist verschwunden und nun zeigt sich in leuchtenden Farben die ineinanderverwobene Lebensgeschichte Jesu: Auf dem linken Außenflügel die Verkündigung, von der auch das aufgeschlagene Buch Jesaia Kap. 7,14 prophezeit. (Links oben im Gewölbe der Prophet selbst.) Auch hier ist mit dem beschwörend eindringlichen Engel und der zwischen Erstaunen, Widerstand und Glauben schwankenden Maria nicht erzählend die Verkündigungsszene, sondern die Verkündigung als solche dargestellt. Die durch das geschlossene Fenster einfliegende Taube beinhaltet wohl die conceptio immaculata.

Die linke Seite des Mittelstücks beinhaltet mystische Gedanken zur Erschaffung Jesu aus dem Geiste Gottes durch himmlische Klänge. Maria aeterna (Mutter der Welt seit deren Erschaffung), geschmückt mit der Flammenkrone, kniet auf den Stufen des Tempels Salomons „in Erwartung". Vor ihr ein Kristallgefäß als Sinnbild der Reinheit. – Siehe das entspr. Farbbild –.

24

Die rechte Hälfte des Mittelstücks stellt die irdische Verwirklichung der mystischen Marienidee dar. Einiges Kindergeschirr unterstreicht diese irdische Wirklichkeit. Maria in geschlossenem Garten, bei verschlossener Türe, mystische Symbole der Jungfräulichkeit. Das Jesuskind ist kein Neugeborenes mehr, dementsprechend ist die Landschaft sommerlich, der Feigenbaum, Sinnbild des Friedens, sprießt, und die dornenlose mystische Rose glüht geheimnisvoll. Lediglich die in diese glückliche Umgebung wenig passende zerrissene Windel deutet auf das künftige Lendentuch des Gekreuzigten.

Im Hintergrund der Berg der Genesis, der schroff bis zum Himmel aufstrebt, wo Gottvater inmitten der Scharen der (nach Dante) in allen Helligkeitsgraden (je nach der Kraft ihrer Liebe) glühenden Engel sitzt. Davor eine Klosterkirche, vermutlich das Antoniterkloster zu Isenheim.

Im Mittelgrund, links oberhalb der Kirche, wieder völlig anachronistisch, die Verkündigung der Hirten; deshalb vom Künstler nur schemenhaft dargestellt, etwa wie die Andeutung eines zwar bedeutungsmäßig zugehörigen, jedoch längst verflossenen Ereignisses.

Auf dem rechten Seitenflügel der die Nacht erhellende endgültige Sieg über die Macht des Fürsten der Welt. Christus, durch das irdische Bahrtuch noch mit dem Diesseits verbunden, löst sich nach oben zunehmend in durchsichtige Geistigkeit auf. Der Kreislauf von Herabkunft, Erdenleben und Heimkehr ist geschlossen.

Bei der **zweiten Wandlung** erscheint der große geschnitzte Altarschrein, der auf Nikolaus von Hagenau zurückgeführt wird. In der Mitte wieder St. Antonius als Schutzpatron des Klosters. Ihm zur Seite und weniger plastisch die Kirchenväter St. Hieronimus (links) und St. Augustinus. Das ehemalige Schnitzwerk zu ihren Häupten ist verlorengegangen.

In der nun ebenfalls geöffneten Predella (Sockelnische) erscheint Christus inmitten der 12 Jünger, die in Dreiergruppen eine leicht bewegte Szene bilden.

Dann noch die beiden großen Seitentafeln, mit der Versuchung des Hl. Antonius und dessen **Besuch bei dem greisen Paulus:** Zwischen den beiden Kirchenvätern die Hirschkuh als Sinnbild der Eintracht, und im Hintergrund der aus dem Quell der Wahrheit trinkende Hirsch. Im Vordergrund die 14 Heilpflanzen, aus welchen die Antoniter ihre Arzneien und Salben bereiteten. Das Wappenschild des Abtes Guersi an dem Stein, auf dem der Hl. Antonius sitzt, läßt unterstellen, daß er das Gesicht dieses Abtes trägt; ebenso wird in seinem Gegenüber ein Selbstbildnis Grünewalds vermutet.

Mit einer dramatisch besonders bewegten Szene, der **Versuchung des Hl. Antonius,** schließt das Altarwerk ab. Antonius wird von scheußlichen Ungeheuern, die die 7 Hauptsünden darstellen, hart bedrängt. Eines der Monstren will ihm den krampfhaft festgehaltenen Rosenkranz entreißen. Im Hintergrund haben Reißteufel seine Hütte angezündet. Ein Aussätziger (links unten) hofft auf den Sieg des Guten, der auch ihm Heilung bringen wird. Der Kampf des Guten gegen das Böse wird auch in den Lüften ausgetragen, wo ein Engel (St. Michael?) auf den Satan einstürmt. Über allem in strahlender Aureole Gottvater, die Heils- und Siegesgewißheit für den bedrängten Antonius

Das also ist der Isenheimer Altar, ein vielgestaltiges und einheitliches, chaotisches und ordnendes Werk, bei dem Traum und Wirklichkeit, Realistik und Sinnbild, und das Kleinste und Feinste ebenso wie der große, beziehungsvolle Gedanke, zu einer unvergleichlichen Harmonie verwoben sind.

8.
Kleine Stilkunde, aus elsässischer Sicht

Zwei Seelen wohnen in der Brust:
Die Hohe, kunst- und pflichtbewußt,
rät auszuharren in Museen;
die Niedre möcht' ins Wirtshaus gehn.
Selbst Dürer wird zum Schluß verraten
um einen guten Schweinebraten!
(Eugen Roth)

Eine Reise ins Elsaß ist stets mehr oder weniger auch eine Kunstlehrfahrt, und auch der „eiligste" Tourist wird z.B. am Straßburger Münster oder am Isenheimer Altar kaum achtlos vorübergehen. Deswegen seien an dieser Stelle die einschlägigen Schulkenntnisse ein wenig aufgefrischt, mit dem zusätzlichen kurzgefaßten Versuch, die materiellen und geistigen Wurzeln der in Betracht kommenden Stilarten aufzuzeigen, und damit dem Leser ihr Wesen zu erschließen und ihn solchermaßen für seine Fahrt aufs bestmöglichste auszurüsten.

26

Es war im wesentlichen Karl der Große, der ums Jahr 800 im deutschen bzw. fränkischen Raum den römischen Steinbau einführte. Entsprechend wurden auch antike Bauelemente verwendet, vor allem in Naturnachahmender Form. Das Kapitell (Säulenhaupt) war deutlich das letzte antike, das korinthische; meist mit einer Doppelreihe von Akanthus- (Bärenklau-) Blättern. Diese Bauelemente wurden entweder direkt aus Italien eingeführt, oder nach Modellen kopiert. Die so entstandene

Karolingische Kunstrichtung

kann daher als eine Frühform der Renaissance, d.h. Wiedergeburt (der Antike), bezeichnet werden, wenn auch hier der Grundgedanke der Antike, das gestaltende Bereichern einer Idee oder Wirklichkeit, fehlt, und auch die naturgestaltigen (z.B. erzählenden) Bilder ausschließlich abstrakt (aus einem inneren Bilde heraus bzw. aus übernommenem nachantiken Erbe) dargestellt wurden. Die Kirchenbauten hatten großenteils byzantinische Vorbilder (oft kreisförmig oder in der Form eines Vielecks).

Die Malkunst wurde besonders in den Klöstern (Benediktiner) gepflegt, vor allem beim Illustrieren von Manuskripten, wobei regelrechte Schreib- und Malstuben entstanden.

Die Bauwerke jener Zeit wurden in der Folge größtenteils zerstört bzw. bis zur Unkenntlichkeit umgebaut. Ein Beispiel findet sich im Elsaß nur noch in Ottmarsheim (Nonnenstiftskirche), und auch diese ist etliche Zeit später als Kopie entstanden.

In der Zeit nach Karl dem Großen hatte Mitteleuropa bis etwa zur Mitte des 10. Jahrhunderts unter Thronstreitigkeiten und verheerenden Raubzügen der Sarazenen, Normannen, Wikinger und Ungarn viel zu leiden. In jener Zeit wurde kaum gebaut, sondern nur zerstört. Erst um die Jahrtausendwende machte sich der „Nachholbedarf" in einem immensen Bauwillen Luft. Zwar hatten die neuen Baumeister noch immer antike Vorbilder, jedoch ohne sie noch kopieren zu wollen. Vielmehr geschah etwas völlig Neues: Das Einfache und Vereinfachte, das teils durch die fehlende Bautradition, teils durch das gegebene Baumaterial bedingt war, wurde bewußt gewollt und gestaltet, und damit der wirkliche Neuanfang der abendländischen Kunst (insbesondere der Baukunst) eingeleitet. Diese als

Romanische Kunst (ca. 1000 bis 1250)

bezeichnete neue monumentale Baugesinnung (der Name ist erst seit dem Jahre 1820 geläufig) war dementsprechend mehr auf Festigkeit und Dauer, als auf Herausarbeitung und Schmuck des Details bedacht. Erdgebundene Schwere ist ihr Ausdruck, ihr Gewölbe der Rundbogen.

In der Malerei ist die rein frontale und ornamenthaft stilisierte Darstellung und unräumliche Betrachtungsweise, sowie die kräftige Umrißführung charakteristisch.

Bei den Kirchen wurde ein kreuzförmiger Grundriß angestrebt. Klassische Beispiele romanischen Baustils sind z.B. die Dome zu Speyer und Worms. Im Elsaß sind es besonders die Kirche Ste-Foy (St. Fides) in Schlettstadt (1165 vollendet), die Kirche von Neuwiller-les-Saverne (10. bis 12. Jahrh.), St.-Peter-und-Pauls-Kirche in Rosenheim (um 1150), St.-Georg in Haguenau (12 und 13. Jahrh.).

Beachtliche Frühformen des romanischen Stils findet man in den kleinen Dörfern Eschau (bei Straßburg) und Epfig (bei Barr).

Im Laufe des 12. Jahrhunderts wurde das gesellschaftliche Leben und die europäische Kunst von einer Welle romantischer und mystischer Lyrik erfaßt. Dies ist die Zeit des dramatischen Epos Tristan und Isolde, der Minnesänger, und der leidenschaftlichen Religiosität der Kreuzzugszeit, die auf Überwindung der Erdenschwere gerichtet und von Sehnsucht nach dem Überirdischen getragen war.

Die Baukunst schloß sich, wie das schon immer der Fall gewesen war, dieser neuen geistigen Strömung an, und es entstand, ausgehend vom mittleren Frankreich, der

Gotische Stil,

der etwa um das Jahr 1210 auch in Deutschland Eingang fand. Anstelle der wie für die Ewigkeit bestimmten schweren romanischen Baukonstruktionen mit lastenden und tragenden Teilen (d.h. mit Wandlasten, die mittels Rundbogen auf schwere Säulen verteilt wurden) entstand ein „lastenloses" System von emporstrebenden Baugliedern. Dabei wirkt das sehr hohe Gewölbe nicht mehr als selbständig lastende Masse, sondern es geht bogig und zügig und gesamtorganisch über seine Kreuzrippen in durch Spitzbogen oder feingliedriges Maßwerk verbundene, palisadenartig dicht beisammenstehende Pfeiler über, die ihrerseits durch im Innenraum unsichtbare äußere Strebepfeiler verstärkt werden. Dadurch konnten die bisher zum Tragen verurteilt gewesenen Wände nun zu lichten hohen Fensterfronten werden. Damit ver-

Murbach
(Romanischer Stil)

bunden ist eine betonte Steile der Dachflächen und ein ebenfalls palisadenartig aufstrebender und im Helm sich filigranhaft auflösender Turm (oder Turmpaar). der Innenraum ist schmal und hoch. Alle Bewegung steigt über Pfeiler und Rippen nach oben, und besonders auch außen findet der Blick des Beschauers nirgendwo, ausgenommen kurzfristig auf der brustschildartigen Rose, irgend einen Haltepunkt. Er gleitet über Pfeiler und Stabwerk von Fiale zu Fiale, um zuletzt nach dem bereits ätherhaft transparenten Turmhelm die blaue Unendlichkeit zu finden - Sinnbild des Sieges des Geistes über die Materie.

In dem stets auch in lebhaften Beziehungen zu Frankreich gestanden Elsaß fand er neue Stil rasch eine Heimstatt und im Straßburger Münster seinen Prototyp. Fast gleichzeitig entstanden weitere gotische Kirchen und sonstige Bauten, so in Colmar (St. Martin, Kreuzgang Unterlinden, Koifhüs), in Thann, in Weißenburg, in Niederhaslach, in Schlettstadt (St. Georg) usw. Verschiedentlich hörte das (immerhin 300 Jahre anhaltende) gotische Kunstzeitalter auf, bevor diese aufwendigen Bauwerke, zudem noch verzögert durch Kriege, Seuchen und Hungersnöte, beendet waren. In solchen Fällen blieben oft die Türme nur Stümpfe, oder es kam nur einer derselben zur Ausführung. Andererseits wurden mehrfach Kirchen, die romanisch begonnen worden waren, gotisch weiter- und zu Ende geführt.

In der bildenden Kunst entstanden verinnerlichte und aussagekräftige Werke wie der Isenheimer Altar.

Doch das Mittelalter neigte sich seinem Ende zu, durch die Entdeckung Amerikas wurde das allgemeine Weltbild erweitert, die Macht von Kaiser oder Papst war kein unumstößliches Faktum mehr, die Reformation gab Anstoß zu selbständigen Gewissensentscheidungen, und das Bürgertum erstarkte.

Diese gegenüber der Gotik rückläufige Bewegung im Sinne einer Verweltlichung und Verbürgerlichung des Denkens und Handelns, und die Besinnung des Menschen auf sich selbst, führten zur Bewegung des Humanismus, der in den Elsässern Jakob Wimpfeling, Johannes Sturm, Sebastian Brant und anderen, einige seiner bedeutendsten Vorkämpfer hatte. Wie der Humanismus eine geistig-ethische Erneuerung auf der Basis der Antike anstrebte, so suchte um 1525 in Italien ein neuer Baustil, die

Das Münster zu Thann
(Gotischer Stil)

Renaissance,

die „Wiedergeburt" der Antike in idealisierter Form. Die in Italien so zahlreichen antiken und frühchristlichen Bauwerke gaben das Maß dafür. Der neue Stil, der nun entsprechend seiner Entstehungsgeschichte vor allem im Profanbau Anwendung fand, kennzeichnet sich besonders durch betonte horizontale Schichtung der Frontflächen mit breiten Fensterbändern. Die Dachschrägen der nicht zu umgehenden Giebel wurden mit Voluten abgesetzt und unterbrochen. Außerdem brachte dieser Baustil den in der Folge bei den Bürgerfrauen so beliebt gewordenen Erker.

Die Metzig in Molsheim
(Renaissancestil)

Die neue Stilperiode setzte auch im Elsaß ein. Hier wurden jedoch immer wieder Stilelemente aus der so geliebten Gotik untermischt. Es entstanden Bauwerke wie die Metzig in Molsheim, die Rathäuser in Mülhausen, Obernai, Rufach, Gebweiler usw., oder wie das besonders reizvolle Kopfhaus in Colmar.

Das 17. Jahrhundert brachte jedoch dem Elsaß eine kaum unterbrochene Kette von Krieg und Not, weshalb die neue Bautätigkeit bald zum Erliegen kam. Lediglich in den sichereren Städten wurde noch gebaut, wobei es gegen das Ende dieser Stilperiode (1650 bis 1680) zu dem sich in rocaillenartigen Ornamenten ergebenden

32

Ohrmuschelstil

kam. Mit diesem ergab sich auch der Übergang zu dem leichtlebi-
gen und überschwenglichen Zeitalter des

Barock,

das dann von 1675 bis 1770 vorherrschte. Im Gegensatz zur
geordneten Klarheit der Renaissance entfaltete sich nun Bewegtheit mit üppig schwellenden Baukörpern. Gerade Linien sind ver-
pönt, die Dächer werden zu Kuppeln und Zwiebeln, außerdem
gibt es nun das Mansardendach. Innen viel Stuckverzierung mit
Muscheln, Kartuschen, Vasen, Putten, Spiegeln, gedrehten Säulen
und Doppelsäulen, gebälktragenden Atlanten u.s.w. Im Elsaß
kam diese Stilrichtung vor allem bei der Kirche zu Ebersmünster,
wenn auch in gemäßigter Form, zur Anwendung. Im übrigen fanden unter der neu konsolidierten französischen Herrschaft bzw.
Herrenschicht im Elsaß vor allem die französischen Variationen
dieses Stils ihren Niederschlag, so der Louis-Quatorze-Stil von
1720 bis 1730, der Régence-Stil von 1725 bis 1765 (benannt nach
der „Régence", d.h. Regentschaft, durch Herzog Philipp von
Orléans) und der Louis-Quinze-Stil von 1765 bis 1775.

In diesen Stilvariationen wurden die neuen Herrschaftsschlösser
und sonstigen Repräsentationsbauten erstellt. Vor allem war es
der sich über eine längere Zeit haltende **Régencestil,** in dem z.B.
in Straßburg die Präfektur, das Rohanschloß, das Rathaus usw.
erstellt wurden, während das Bürgertum die verspielten Dekora-
tionsformen des **Rokoko** bevorzugte.

Noch einmal kam die Baukunst auf die Antike zurück, nicht zuletzt durch das mit der Aufdeckung der verschütteten Städte Pom-
peji und Herculanum entstanden war. Diese neue Kunstrichtung,

der Klassizismus,

wirkte etwa von 1770 bis 1830 und löste die ausgeweiteten und
unpraktisch gewordenen Formen des Barock bzw. Rokoko ab.
In Frankreich und im Elsaß hatte seit 1770 bereits der ruhigere
Louis-Seize-Stil auf die neue Richtung übergeleitet, die nun antike Säulen, tempelartige Hallen und Vorhallen, sowie triumphbo-
genartige Torbauten wie das Brandenburger Tor oder den Arc de
Triomphe brachten. Im Elsaß entstand als wesentlichstes Bauwerk
jener Epoche das Rohanschloß in Zabern mit seiner repräsentativen Parkfront.

Mit dem Auslaufen des Klassizismus begann in der Baukunst der allgemeine Stilverfall, bei dem alles durcheinandergemischt wurde. In jener Zeit entstand die ehemalige Reichsstatthalterei, das heutige Palais du Rhin, sowohl stilistisch als auch künstlerisch stark umstritten.

Die neue Zeit

hat mit ihren neuen und zweckvollen Bauformen auch im Elsaß Einzug gehalten, wobei natürlich, wie auch anderswo, oft Gutes und Schlechtes dicht beisammenstehen. In den Altstadtkernen wird versucht, bei Um-und Neubauten den Bürgerstil des 18. Jahrhunderts, natürlich unter Berücksichtigung moderner Wohnhygiene, zu erhalten - zur Freude derjenigen, die noch Sinn für das Althergebrachte und für die „persönliche Note" haben, die diesen Gebäuden anhaftet.

9.
Burgen

Eine besondere Eigenart der Vogesen sind die ungemein zahl-reichen Burgruinen, die seinen steilen und felsigen Osthängen und Vorbergen aufgesetzt sind.

Ihr Entstehen hängt mit der Entstehung der Adelsgeschlechter zusammen. Nach dem Sieg der Franken über die Alemannen er-hielt das Elsaß eine fränkische „Militärregierung" in Gestalt eines Herzogs, der das Land in 2 Gaue mit je einem Gaugrafen unter-teilte. Diese teilten ihren Gau wiederum in kleinere Bezirke, die bewährten Gefolgsleuten unterstellt wurden. Diese Ämter und Amtsbereiche wurden im Laufe der Zeit erblich, und die betref-fenden Familien bildeten nachgerade den älteren Teil des elsässi-schen Adels (z.B. die Grafen von Egisheim, Dagsburg, Ortenberg und andere).

Die meisten der Burgen entstanden jedoch in der Hohenstau-fenzeit als Reichsburgen und sollten offensichtlich eine Befesti-gungslinie gegen das (welsche) Herzogtum Lothringen bilden. Hauptsächlich der Herzog Friedrich II. von Schwaben (Schwie-gersohn Heinrichs IV. und Vater Friedrich Babarossas) betätigte

STRASSBURG. Eine der altertümlichen Gassen.

34

sich als Burgenbauer. Ein zeitgenössischer Geschichtsschreiber sagte ihm in der analogisierenden Sprache des Mittelalters nach, daß er auf dem Ritt durch sein Lehensland Elsaß immer eine Burg am Schweif seines Pferdes nachschleppe. Die von ihm oder auf seine Veranlassung erstellten Burgen wurden mit getreuen Gefolgsleuten und Ministerialen besetzt, ähnlich die Burgen, die zum Schutze von Klöstern und des Machtbereichs der Bistümer errichtet wurden.

Der Niedergang der kaiserlichen Hausmacht stärkte die Stellung der bisherigen Lehensleute, die sich möglichst unabhängig machten und das Lehen als Eigentum betrachteten; und nicht selten mußte der Lehensherr seine eigene Burg zurückerobern, wie es z.B. durch die Bischöfe von Straßburg immer wieder geschehen war, und wobei dann die betreffende Burg meist in Stücke ging. Weitere Zerstörungen von Burgen erfolgten mit dem Erstarken der Städte inm 14. Jahrhundert, als diese in der Lage und willens waren, Übergriffe der oft übermütigen adligen Burgherren gegen ihre Bürger unnachsichtlich mit Fehde zu beantworten. Gegen Raubritterburgen schritt oft der Landgraf als Exekutivorgan der Reichsgewalt ein. Zu Beginn des 16. Jahrhunderts wütete der Bauernkrieg im Lande, dem unter dem Zeichen des Bundschuhs viele Burgen und Klöster als Inbegriffe der Fronherrschaft zum Opfer fielen. Was übrigblieb bzw. wieder aufgebaut worden war, wurde großenteils 100 Jahre später im 30 jährigen Krieg (1618-1648) zerstört, oft mehrere Male. Was doch noch übrigblieb, ließ nach der französischen Besitzergreifung Ludwig XIV. systematisch sprengen und schleifen, da er offensichtlich seinen neuen Untertanen noch nicht recht traute.

Mögen somit auch nur Ruinen auf uns überkommen sein, so haben diese doch noch immer, und vielleicht gerade deshalb, einen ganz besonderen geheimnisvollen Reiz als stumme Zeugen einer vielschichtigen Vergangenheit und sind deshalb wie eh und je beliebte Wanderziele.

B
STRECKENBESCHREIBUNG

Die vorliegende Streckeneinteilung führt in die für den Touristen hauptsächlich in Betracht kommenden Gebiete, wobei die Beschreibung der seitwärts der Straße gelegenen interessanten Land- und Ortschaften in *kursiv* gesetzt sind, um das Abreißen des „Roten Faden" zu vermeiden.

Zu dem selben Zweck sind umfangreichere Stadtbeschreibungen usw. ausgeworfen und im anschließenden Abschnitt C in alphabetischer Reihenfolge getrennt aufgeführt, eine Handhabung, die sich in Dutzenden anderer Goldstadtführer bewährt hat. Die diesbezüglich in Betracht gekommenen Städte, Ortschaften und Touristenzentren tragen in nachstehender Streckenbeschreibung einen Stern (*).

Durch die Abgrenzung der nachstehend beschriebenen Streckenabschnitte soll dem Touristen keine unabänderliche Reiseroute aufgedrängt werden, denn diese Abschnitte lassen sich anhand der RV-Tourenkarte im Anhang leicht anderweitig kombinieren, dank dem vielverzweigten Straßennetz, das zur Verfügung steht.

Andererseits wurde die Beschreibung auch richtungsmäßig so abgefaßt, daß die einzelnen Streckenabschnitte fast unverändert zu einer großen Rundfahrt oder Teilen einer solchen aneinandergehängt werden können z.B.: Nordvogesen (Abschnitt B1) + Weinstraße (B2) + Ballon dAlsace* + Route des Crêtes (B3) + Bruchetal (B5).

Wanderwege

Der vorliegende Reiseführer versucht immer wieder, den Touristen auf die unzähligen Naturschönheiten abseits der Straße aufmerksam zu machen und macht entsprechend detaillierte Angaben über die in Betracht kommenden Wanderwege (siehe auch Abschnitt B 7 und D 10)

Dazu folgende Erläuterungen:

1. Die immer wiederkehrende Abkürzung *WM* bedeutet „Wegemarkierung", die Abkürzung *MF* =Maison Forestière = Forsthaus.

2. Fahrstrecken sind in km, Wegstrecken in Stunden angegeben.

3. Die angegebenen WANDERZEITEN können naturgemäß nur ungefähr sein und beziehen sich nur auf den Hinweg und ohne Aufenthalte. Der Rückweg kann längere oder kürzere Zeit in Anspruch nehmen, je nach der nun entgegengesetzten Geländeform.

4. *ZWISCHENZEITEN* sind, soweit im Einzelfall nicht ausdrücklich etwas anderes angegeben ist, stets vom Ausgangspunkt aus gerechnet, sodaß man sich nur einmalig den Abgangszeitpunkt zu merken hat.

5. Die *WEGEMARKIERUNGEN*, von den verschiedenen Sektionen des Vogesenclubs in ihren jeweiligen Regionen selbständig angebracht, sind nicht für die Ewigkeit bestimmt, was berücksichtigt werden muß. Sie wurden nach dem Kriege teilweise erneuert. Es empfiehlt sich, immer wieder auch mit den angebrachten geschriebenen Wegweisern zu vergleichen.

Und nun   Gute Reise!

1.

Die Nordvogesen

Dieses auch „Petites Vosges" genannte Bergland wird von den Touristen ganz zu Unrecht übersehen. Zwar besticht es nicht durch Höhenrekorde, aber durch seine liebliche Berg- und Tallandschaft, die mit ihren oft schroffen Bergabstürzen und steilen und ruinenbesetzten Felsnadeln ein immer wechselndes und malerisches Bild bietet.

Um das gesamte nördliche Gebiet kennenzulernen, empfiehlt sich besonders das zentralgelegene NIEDERBRONN-LES-BAINS* als Standort, zudem es hier eine Menge guter und bester Hotels gibt, sowie manche andere Unterhaltung und Zerstreuung.

Zum andern bietet sich dieses Bergland in Anbetracht seiner nördlichen Lage auch besonders dazu an, bei der Zufahrt aus dem Norden Deutschlands besucht, oder mindestens entlang des Gebirgsrandes passiert zu werden; evtl. mit etlichen Abstechern, was zweifellos nicht ausbleiben wird. Dies gilt besonders auch für kurzfristige Wochenendausflüge (vgl. D 10).

Diese Streckenbeschreibung ist daher speziell auch auf derartige Bedürfnisse abgestimmt.

Weissenburg-Niederbronn (40km): Aus dem Norden Deutschlands kommend, wird über Landau oder Mannheim - Karlsruhe die französische Grenze bei **Wissembourg*** (Weißenburg) überschritten (Abteikirche St. Peter und Paul, Rathaus usw.). Dann wird die Straße D 3 (Richtung Bitche - Sarreguemines) benützt, die in Windungen durch Wiesengelände aufwärts führt. Links ist in geringer Entfernung der Geisberg zu sehen (Denkmal an die erste Schlacht des deutsch-französische Krieges (1870/71), im Vorausblick der Bergrücken Hochwald. Nach 2 km Straßenkreuzung.:

Geradeaus führt eine Nebenstraße über Rott und Cleebourg zum Hochwald, ein bewaldeter Bergrücken, der ehedem eines der stärksten Panzerwerke der Maginotlinie enthielt.

Die Strecke verläuft rechts aufwärts. Zur Rechten abwärts ein Blick ins Lautertal mit dem elsässischen Dorf Weiler. Dann das Forsthaus Scherhol und in Windungen zum **Col Pigeonnier** (432 m, ehemals „die Scherhol" genannt) mit schöner Aussicht. Eine noch umfassendere genießt man von der Höhe der Scherhol (506 m), vom Paß aus in 15 Minuten zu erreichen. Dann durch den Wald abwärts und durch Climbach, das 1940 schwere Schäden erlitten hatte.

Ein linker Abzweig führt zum Col Pfaffenschlick (371 m, 4 km), in dessen Nähe sich die Zentrale des Hohwaldpanzerwerks befand; und weiter nach Soultz-sous-Forêts.

Weiter durch reizvolle abwechlungsreiche Waldlandschaft ins Tal der Sauer mit dem ca. 1500 Einwohner zählenden Dorf und Erholungsort **Lembach,** das 1940 ebenfalls stark beschädigt worden war.

-FORTSETZUNG DER DIREKTSTRECKE NACH NIEDER-BRONN* SIEHE SEITE 50

Für Natur- und Burgenfreunde ist in Lembach ein Abstecher in das STEINBACHTAL zu empfehlen, mit seinen zahlreichen auf den nördlichen Höhen stehenden Burgruinen, die zu den schönsten und interessantesten des Landes gehören. Dieser Abstecher kann auch zu einer kleinen Burgenfahrt (30 km, 14 Burgen) ausgedehnt werden, unter Umgehung der direkten Strecke Lembach-Wörth-Niederbronn. Nachstehend die Beschreibung dieser als Variation möglichen

BURGENFAHRT:

Die bedeutendste ist die **Ruine Fleckenstein** *(350 m), ca. 7 km nördlich von Lembach. Man erreicht sie über die Straße D 3. Nach 3 km (vor der Tannenbrück) geradeaus in die D 925 einfahren und das Sauerbachtal entlang des Badeweihers aufwärts in Richtung Grenze. Nach 500 m ein Forstweg, der rechts liegen bleibt. Dann nach 1 weiteren km rechts in die D 525 einbiegen, die nach 2 km bei dem dicht bei Burg und Ferme Fleckenstein liegenden Parkplatz endet.*

Die aus der Hohenstaufenzeit stammende Burg ging als Reichslehen an die Grafen von Fleckenstein. Dieses Geschlecht war ehedem eines der mächtigsten des Elsaß und stellte wiederholt den kaiserlichen Statthalter. Die Burg, die als uneinnehmbar galt, überstand den 30 jährigen Krieg, wurde aber dann 1680 von den Franzosen kampflos genommen und zerstört.

Diese Burg ist wohl die merkwürdigste des Landes. Sie liegt auf dem Rücken des isoliert stehenden Fleckensteiner Berges in 370 m Höhe. Auf dem auf diesem Hügel ehemals fast senkrecht aufragenden Felsenklotz

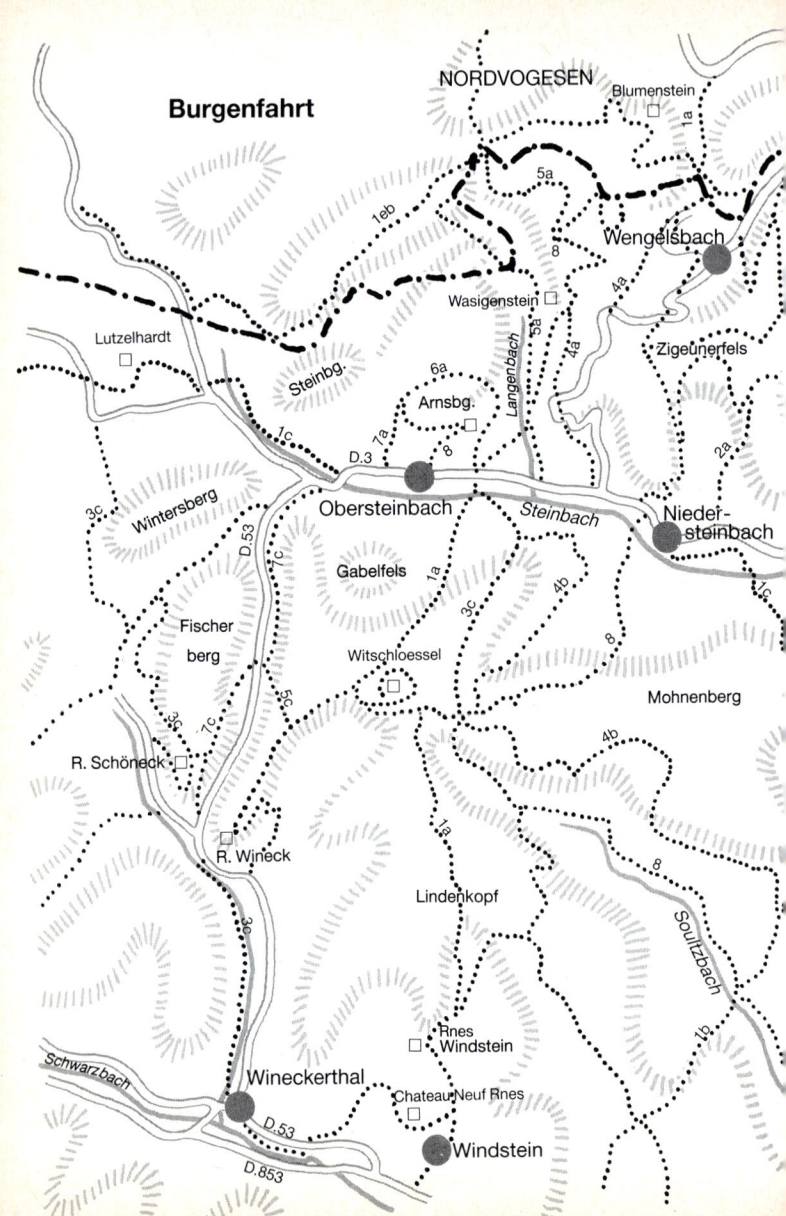

Burgenfahrt

NORDVOGESEN

Blumenstein

Wengelsbach

Wasigenstein

Zigeunerfels

Lutzelhardt

Steinbg.

Arnsbg.

Langenbach

Oberkteinbach

Steinbach

Nieder-steinbach

Wintersberg

Gabelfels

Fischer berg

Witschloessel

Mohnenberg

R. Schöneck

R. Wineck

Lindenkopf

Soultzbach

Schwarzbach

Wineckerthal

Rnes Windstein

Chateau Neuf Rnes

Windstein

D.53

D.853

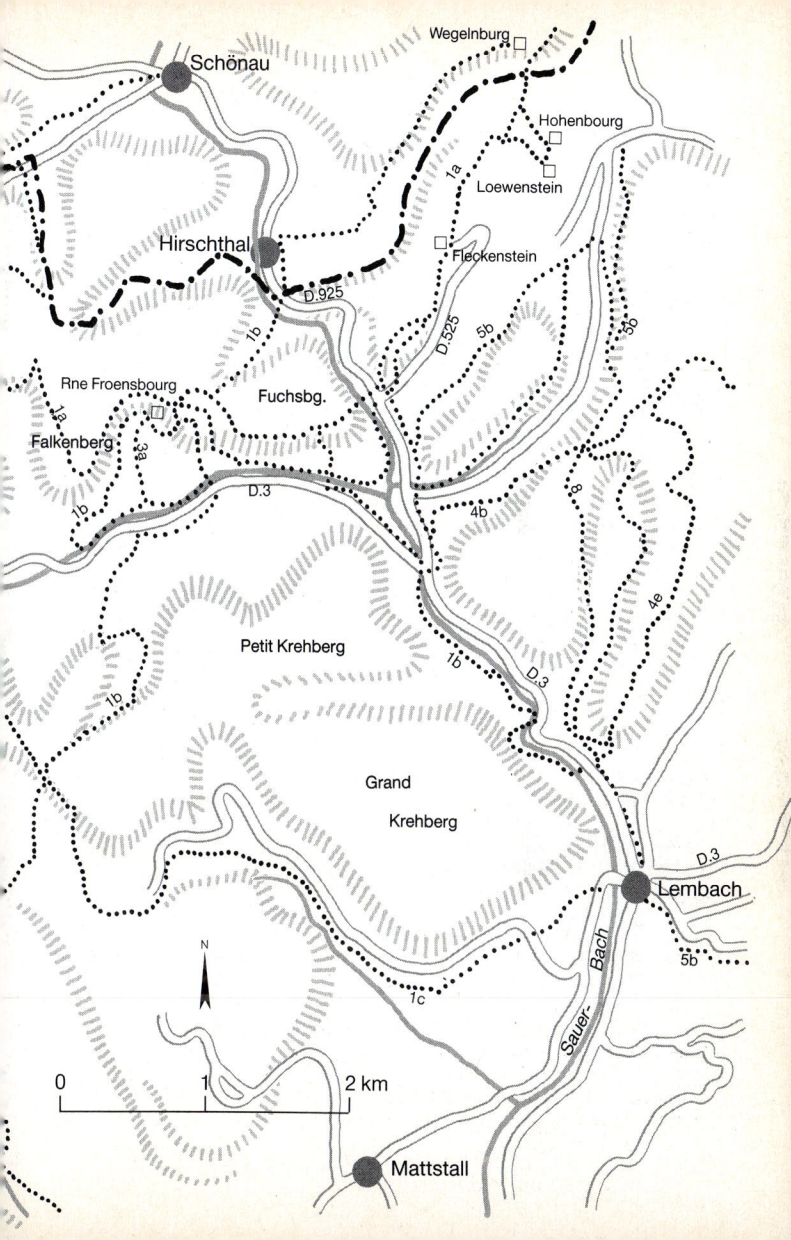

Wegelnburg

Schönau

Hohenbourg

Loewenstein

1a

Hirschthal

Fleckenstein

D.925

D.525

5b

1b

5b

Rne Froensbourg

Fuchsbg.

1a

3a

Falkenberg

1b

D.3

4b

8

4e

Petit Krehberg

1b

D.3

1b

Grand

Krehberg

D.3

Lembach

5b

N

1c

Sauer-

Bach

0   1   2 km

Mattstall

von 43 m Höhe, 50 m Länge und 8 m Breite war die Burg erbaut bzw. in den Felsen selbst hineingehauen. Erst in späteren Bauabschnitten kamen Gebäude und künstliche Befestigungsanlagen hinzu. Der Zugang erfolgte über eine in den Stein gehauene Treppe und mittels eines Aufzugs. Auf einer Rampe in halber Höhe stand eine Kapelle, eine seitwärts südwestlich stehende Felszacke mit Treppen war als Turm zugerichtet.

Knapp 2 km nordöstlich des Fleckenstein erhebt sich die unweit der Pfälzer Grenze in 550 m Höhe gelegene **Hohenburg,** auf einem Fußweg (WM roter Balken oder rotes Dreieck) entlang des Langenfels in 1/2 Std. zu erreichen.

Diese Burg stand im Besitz der Puller von Hohenburg, deren berühmtester Vertreter der Minnesänger Konrad Puller von Hohenburg (um 1270), und deren unrühmlichster und letzter Richard von Hohenburg war, der im Jahr 1482 in Zürich wegen Sodomie hingerichtet wurde. Dann kam die Burg an die mit den Hohenburgern verschwägerten Grafen von Sickingen und wurde anläßlich des Kesseltreibens gegen den tapferen Franz von Sickingen nach dessen Tode (1523) fast kampflos genommen und zerstört. Von den Söhnen Sickingens später im Renaissancestil wieder aufgebaut, kam sie wegen Wegzugs dieser Familie in Verfall und wurde 1680 von den Franzosen nochmals zerstört.

Die Ruine ist sehr eindrucksvoll. Die Anlage stellt ein Fünfeck dar, dessen Ecken z. Tl. durch Türme verstärkt sind. Beachtlich sind die schön gearbeiteten Toreinfassungen. In den Felsen, auf dem die Burg steht, sind einige Galerien eingehauen. Vom Bergfried aus umfassende Aussicht, besonders zum Pfälzer Bergland.

In Rufweite der Hohenburg und fast in gleicher Höhe liegt die **Ruine Löwenstein,** im Volksmunde auch Burg Linkenschmied genannt.

Nach dem Aussterben der Herren von Löwenstein ging die Burg an die Fleckensteiner, dann an Rudolf von Habsburg und nacheinander an die Ochsensteiner, Hohenburger und Landenberger. Im 14. Jahrhundert wurde sie durch Hans von Bitsch, genannt Albe, zu einem Raubnest, das 1386 zerstört wurde. Nach ihrem Wiederaufbau diente die Burg als Vorwerk bzw. Verstärkung der Hohenburg.

Der genannte letzte Burgherr, der Raubritter Linkenschmied, ist zu einer volkstümlichen Sagengestalt geworden, der auch Ludwig Uhland in seiner gleichnamigen Ballade ein Denkmal gesetzt hat. Seinen Namen erhielt er von dem Umstand, daß er zur Täuschung seiner Verfolger seine Pferde links, d.h. umgekehrt, beschlagen ließ.

Die Burg mit Vorburg war auf einem langgestreckten schmalen Bergrücken mit zwei Höckern erbaut. Unter den wenigen Resten sind die eines Treppenturms.

Wenig nordöstlich, aber jenseits des Col Maidebronn und schon auf Pfälzer Gebiet, liegt die geschichtlich mit den drei genannten Burgen verbundene **Wegelnburg** (570 m) oberhalb von Nothweiler. Schöne Fernsicht (Orientierungstafel).

Verschiedene bezeichnete WANDERWEGE führen von Lembach aus zu diesen Ruinen und verbinden sie untereinander: Die WM rotes Dreieck führt etwa entlang der beschriebenen Fahrstraße zu Fleckenstein, Hohenburg und Löwenstein (ca. 2 Std.). Die WM roter Balken führt, aus der Pfalz kommend, über Wegelnburg, Hohenburg zu Fleckenstein, und das Sauertal überquerend über den Fuchsberg zur Ruine Frönsburg und über Col Hichtenloch zu Zigeunerfels und Wasigenstein, und abwärts nach Obersteinbach. Von hier aus südwärts über Wittschlössel, Lindenkopf, beide Windstein und den kleinen und großen Wintersberg (580 m) nach Niederbronn-les-Bains.

Zur Tannenbrück zurückgekehrt, führt die D 3 über ebendiese Brücke weiterhin das Steinbachtal aufwärts, nochmals mit einem schönen Blick auf den **Fleckenstein.**

1 und 2 km nach der Brücke zweigt rechts je ein Fußweg ab. Diese führen zum Steinbach hinab und über die Ferme Froensbourg bzw. über das Forsthaus Welschthal zu der wenig oberhalb gelegenen Burgruine **Frönsburg** (366 m, 1/4 Std.). Diese Burg wurde im 13. Jahrhundert von den Herren von Frundsberg erbaut, die später zu Raubrittern wurden, weshalb die Burg auf Anordnung Kaiser Karls IV. zerstört wurde. Das gleichzeitige Verbot des Wiederaufbaus wurde später zurückgenommen, und im Jahr 1481 (siehe Inschrift über dem Eingang des Südturms) wurde sie von den Fleckensteinern wieder aufgebaut, aber 1677 wie die übrigen Burgen auf Befehl Ludwigs XIV. zerstört.

Die Burg war auf zwei an die 40 m hohen Felsklötzen erbaut, es ist jedoch nicht mehr viel von ihr erhalten.

Dann folgt an der Steinbachtalstraße das Dorf (und Erholungsort) **Niedersteinbach** mit ca. 300 Einwohnern, am Fuß des 547 m hohen Mohnenbergs (links). Beliebt ist das Feinschmecker-Restaurant Cheval Blanc.

Kurz hinter dem Dorf rechts ein Fahrweg (D 190) aufwärts über Col du Goetzenberg (Col du Maimont) zum Klingelfels. Von hier (aber auch sehr bequem von Obersteinbach her) führt ein Fußweg zu der malerischen Ruine der **Burg Wasigenstein** (300 m, 1/2 Std.). Diese Ruine ist in der Anlage noch gut erhalten und nach ihrer Zweckbestimmung gut auszumachen. Die Burg lag auf zwei durch eine Schlucht getrennten Felsklötzen, genannt Groß- und Kleinwasigenstein. Ebendiese Schlucht soll Schauplatz der großen Kampfesszene des mittelalterlichen Waltharilieds gewesen sein:

> . . . Dort ragen dicht beisammen zwei Berge in die Luft,
> es spaltet sich dazwischen eine gar finstere Kluft,
> gesäumt von zack'gen Felsen, umschlungen von Geäst
> und grünem Strauch und Grase: ein rechtes Räubernest."

Das Eingangstor zur großen Burg befindet sich auf der Südseite. Dahinter der Vorhof mit Ringmauer. Eine steile Felsentreppe führt zur Oberburg mit Palas und Bergfried, ebenfalls wieder mit Ringmauer umgeben.

Die untere Burg (Neue Burg oder Kleinwasigenstein) hat einen besonderen Zugang und zeigt eine sorgfältigere Architektur. Der gegen die Talseite gelegene Wohnturm mit Spitzbogenfenstern und Kapelle ist ebenfalls nur über eine in den Felsen gehauene Treppe zu erreichen. Weitere zahlreiche Kammern sind in die bis 20 m hohen Felsen eingearbeitet. Östlich der großen Burg eine Zisterne.

Die Burg war im 12. Jahrhundert durch die Herren von Wasichenstein erbaut worden und kam später an die Fleckensteiner. Im 30 jährigen Krieg schwer beschädigt, wurde sie 1680 vollends niedergelegt.

Oberhalb des Wasigensteins erhebt sich bis auf 513 m Höhe der **Maimont,** der den Menschen der Vorzeit als Kultstätte diente (WM rot-weiß-rot). Eine Opferschale ist dort noch vorhanden.

Östlich der Goetzenbergsteige existiert als merkwürdiges Spiel der Natur ein keulenförmiges Sandsteingebilde, der sog. **Zigeunerfels** (WM roter Balken), der falls unzugänglich ist, und ehedem räubernden Zigeunern als Stützpunkt gedient haben soll.

Wieder in das Steinbachtal zurückgekehrt, erreicht man den langgestreckten Erholungsort **Obersteinbach.** Auch von hier aus kann entlang des am östlichen Ortsende beginnenden Langenbachwegs (Wegweiser:Col de Petersbaechel) die Ruine Wasigenstein mit Umgebung erreicht werden.

Unmittelbar über Obersteinbach liegt am Hang des 430 m hohen Arnsberg die Ruine **Klein-Arnsburg** (Petit-Arnsbourg, 300 m). Die kleine Burg steht auf einem dem Berg vorgelegten und durch eine Kluft abgesetzten Felsen, der nur Platz für einen Wohnturm bietet. Aufstieg auf einer in den Fels gehauenen Treppe.

Die Burg gehörte im 14. Jahrhundert den benachbarten Wasichensteinern, deren einer hier 1335 wegen begangener Räubereien belagert wurde. Im Jahr 1494 wurde sie von den Grafen von Zweibrücken-Bitsch (siehe Inschrift an einem der Tore) wiederaufgebaut und teilte in der Folge das Schicksal der benachbarten

---

LICHTENBERG.
Das gleichnamige Schloß, das aus dem 12. Jahrhundert stammt,
wurde im 17. Jh. von dem Festungsbaumeister Vauban „modernisiert".

Burg Lützelhardt (Fitzhardt, 330 m). Diese liegt 2 km westlich Obersteinbach, wenig oberhalb der Straße D 3, auf einem 20 m hohen, 60 m langen und 10 m breiten Sandsteingrat, die Vorburg am Fuße des Felsens. Vorhanden sind die nadelspitz aufragende Ruine des aus Buckelquadern erbauten Bergfrieds und Reste des Wohngebäudes, zu dem eine in den Felsen gehauene Treppe hinaufführt.

Die Burg wurde im 12. Jahrhundert durch die Herren von Lützelhardt erbaut, die sie wegen Wegzugs an die Fleckensteiner verkauften, von welchen sie an die Grafen Zweibrücken-Bitsch überging. 1606 kam sie zusammen mit der Klein-Arnsburg auf Grund des Lothringisch-Hanauischen Grenzregulierungsvertrags an Hanau. Die Burg wurde wahrscheinlich, ebenso wie die benachbarte Klein-Arnsburg, im 30jährigen Krieg zerstört.

Unweit der Burg befindet sich das **Judenhütl**, eine große Felsplatte, die etlichen Steinblöcken tischartig aufliegt.

5 km südwestlich von Obersteinbach liegen rechts und links oberhalb der Straße die beiden Burgruinen Schöneck und Wineck.

Die auf einem roten Sandsteinfelsen erbaute Burg **Schöneck** (380 m) ist eine der besterhaltenen Burgruinen der Nordvogesen und macht ihrem Namen alle Ehre.

Sie wurde wahrscheinlich im 13. Jahrhundert errichtet und dürfte staufischen Ursprungs sein. Doch scheinen die Schönecker Wegelagerer geworden zu sein, denn 1280 wurde die Burg deswegen von Kaiser Rudolf von Habsburg zerstört. Dessen ungeachtet wurde 28 Jahre später Bruno von Schöneck Bischof zu Worms. Über den Straßburger Bischof Friedrich von Lichtenberg, der die Burg wiederhergestellt hatte, kam sie an die Lichtenberger und später an die Herren von Dürckheim, die sie 1545/47 restaurierten. 1677 wurde sie zerstört.

Die heute vorhandenen Reste der romantisch eingewachsenen Burg dürften hauptsächlich aus der Zeit der Dürckheimer, also aus dem 16. Jahrhundert stammen. Besonders beachtlich ist die großenteils noch erhaltene Ringmauer mit dem sorgfältig gearbeiteten romanischen Bogenfries. Man betritt die innere Burg wie in alten Zeiten durch ein Spitzbogentor, über dem eine der tückischen Pechnasen noch bestens erhalten ist. Hier sind noch beträchtliche Reste des Palas vorhanden, weiter 2 Rundtürme, deren einer auf der Talseite über 3 m Dicke aufweist, Gewölbe, Keller, und sonstiges Mauerwerk aller Art.

Weinbauer von der Elsässischen Weinstraße.

Jenseits des Tales die kleinere **Burg Wineck** (386 m), die aus dem 12. Jahrhundert stammt und meist das Schicksal der Burg Schöneck teilte. Teilweise erhalten ist die Mauer und der innere Burghof. Die auf der Nordseite aufragende Turmruine erreicht zusammen mit dem Felsen, auf dem sie steht, eine Höhe von über 50 m.

Nordöstlich von ihr und entsprechend höher, liegt auf einem kleinen Felsen die Ruine **Wittschlössel,** von der praktisch nichts mehr als der Name erhalten ist. Es handelte sich dabei wohl nur um einen zur Burg Wineck gehörenden Beobachtungsstand, von dem aus man tatsächlich einen umfassenden Ausblick hat.

WANDERWEGE UM OBERSTEINBACH:

1. WM rotes Schrägkreuz führt einen Rundgang über den ARNSBERG mit Bellevue 420 m und den Wachtfels.

2. WM roter Senkrechtbalken führt zur Ruine KLEIN-ARNSBURG und zum Wachtfels.

3. WM rot-weiß-rot führt über Ruine Klein-Arnsburg ins Langenbachtal und von dort aufwärts zum WASIGENSTEIN und MAIMONT.

4. WM roter Punkt führt entlang des Langenbachtals zum COL DE PETERSBAECHEL (Florenberger Hals) und zurück über Wasigenstein.

5. WM rotes Kreuz führt entlang der Goetzenbergsteige über den Klingelfels nach dem Weiler WENGELSBACH und zurück über ZIGEU-NERFELSEN.

6. WM roter Waagerechtbalken führt NÖRDLICH schräg durchs Langenbachtal zur RUINE WASIGENSTEIN. Von hier ostwärts über Klingelfels, Zigeunerfels, Col Hichtenloch, Falkenberg, Froensburg usw. zu den Burgruinen um Fleckenstein, und von da über die Grenze in die Pfalz.

Dieselbe WM führt südlich über Walterstein und Wittschlössel, und über den Lindenkopf (512 m), zu den beiden Burgruinen WINDSTEIN im Schwarzbachtal (s. nächste Seite).

8. WM gelber Balken und gelber Rhombus führen zur RUINE LÜT-ZELHARDT. Die WM gelber Rhombus setzt sich von da aus südlich über MF Fischeracker, RUINE SCHÖNECK und Wineckerthal und den Col de Wolfenthal nach NIEDERBRONN fort.

9. WM gelber Senkrechtbalken führt entlang der Straße, jedoch dann links aufwärts zur RUINE WINECK und von da wieder abwärts zu dem an der Straße liegenden Forsthaus Herrenhof.

(die Wanderungen Nr. 9 und Nr. 10 können durch Zufahrt mit dem Wagen - siehe nachstehend - abgekürzt werden.).

Am Ortsende von Obersteinbach empfiehlt sich, nach der Brücke links auf die D 53 abzuschwenken. Nach dem kleinen Col du Langenthal (hier Fußwege zur Ruine Schöneck, rechts oben,

WM gelber Senkrechtbalken, sehr zu empfehlen, und zur Ruine Wineck, links oben, WM gelber Punkt) geht es wieder abwärts. (Ein Waldweg rechts führt zum Col du Fischeracker; hier Fußweg in 1/2 Std. zur Ruine Schöneck). Dann vorbei am Forsthaus Herrenhof. Geradeaus im Talausschnitt der Große Wintersberg (580 m) mit Aussichtsturm. Abwärts ins Schwarzbachtal, das bei dem Dorf **Wineckerthal** erreicht wird.

Hier ist ein Abstecher zu dem 2 km talaufwärts liegenden Dorf DAM-BACH möglich; interessant vor allem wegen seiner nahebei gelegenen Burgruine HOHENFELS, die, wie ihr Name schon sagt, auf hoher Felsbastion errichtet ist. Von ihr sind noch 10 m hohe Reste des ehemaligen dreistöckigen Palas vorhanden; einige Kammern und das Burgverlies sind in den Felsen eingehauen.

Kurz hinter Wineckerthal links das kleine auseinandergezogene Dorf

Windstein,

um ca. 100 m von seinen beiden Burgruinen überragt, die wenig voneinander entfernt, und angeblich durch einen unterirdischen Gang miteinander verbunden sind.

Die interessantere derselben ist ALT-WINDSTEIN, die auf einem schmalen, aber 160 m langen Sandsteinfelsen erbaut ist, in den ein Gewirr von Kammern, Gängen und Treppen eingehauen ist. Eine isoliert stehende 20 m hohe phantastische Felsensäule trägt ebenfalls Befestigungsanlagen.

Die Burg ist erstmals 1205 genannt und wurde 1325 erstmals zerstört, weshalb der damalige Besitzer bzw. Lehnsmann Wilhelm von Winstein etwas südwärts auf einem benachbargen Berg die Burg NEU-WINDSTEIN erbaute.Beide Burgen waren dann 300 Jahre im Besitz der Herren von Dürckheim. Einer derselben verteidigte sie als kurpfälzischer Oberst im Jahr 1676 hartnäckig aber ohne Erfolg gegen die Franzosen, die sie schließlich zerstörten.

Neu-Windstein zeigt eine architektonisch aufwendigere und sorgfältigere Gestaltung. Dies zeigt sich z.B. an den noch zweistöckig vorhandenen Mauern des Palas, an dessen gotischen Fenstern nicht einmal die Fälze für die vorzustellenden Fensterläden fehlen.

Weiter schwarzbachtalabwärts geht die Fahrt nach **Jägerthal** (stillgelegtes Eisenwerk, Schloß der hier begüterten Familie de Dietrich). Am Ortsende nach der Schwarzbachbrücke rechts ab (D653) und durch den Wald aufwärts (Rückwärtspanorama!). Beim MF (Forsthaus) Hochscheidt führt rechts ein Weg zur Ferme Riesacker (auch Reisacker). In ihrer Nähe werden seit 1717 römische Funde gemacht, da ehedem hier ein römisches Standlager mit Villen und Bädern existiert hatte.

Beim Austritt der abwärtsführenden Straße aus dem Wald fällt der Blick auf die unter dem Wasenköpfel (Turm) liegende Wasenburg und das darunterliegende Badestädtchen **Niederbronn-les-Bains.***

Falls man in Lembach auf die „Burgenfahrt" verzichtet, (siehe oben S. 39) führt die Hauptstraße (nun D27) auf der linken Seite des Sauertals abwärts. Nach ca. 5 km der Weiler Liebfrauenthal, überragt vom Schloß Liebfrauenberg. Geradeaus auf der querverlaufenden Höhe das Dorf Fröschweiler mit seinem hohen spitzen Kirchturm. Bald darauf **Wörth*** (-sur-Sauer), ein kleines Landstädtchen, das vor allem durch die hier am 6. August 1870 stattgefundene entscheidende Schlacht des deutsch-französischen Krieges bekanntgeworden ist (siehe Stadtbeschreibung).

Die Strecke führt nun, rechts auf die D 28 abbiegend, westlich in Richtung Niederbronn. Zunächst entlang der kräftig ansteigenden ehemals hart umkämpften Bergstraße (etliche Denkmäler aus jener Zeit) nach

Froeschwiller, wie Wörth ein Begriff aus dem Kriege von 1870, nicht zuletzt auch wegen der ehedem vielgelesenen „Fröschweiler Chronik", in der der damalige Ortspfarrer Klein die Kriegsgeschichte des Dorfes aufzeichnete. Die städtisch anmutende, dem gotischen Stil angenäherte Friedenskirche wurde von 1874/76 an der Stelle der bei den Kämpfen zerstörten Ortskirche mit Spenden aus allen Teilen Deutschlands erstellt.

Weiter über die Hochfläche mit Blick auf Wasenköpfel und Wasenburg, und abwärts nach **Reichshoffen** (dessen Name mit „Reich" nichts zu tun hat, sondern aus „Richeneshoven" [995] entstanden ist) und weiter nach **Niederbronn-les-Bains***, den schönen Badeort am Fuße der Vogesen.

Niederbronn-Zabern (40 km): Die Straße D 28, die einen schönen Ausblick auf die nahen Vogesen und rückwärts auf Niederbronn bietet, führt aufwärts nach **Oberbronn** (ca. 1500 Einwohner, ehemaliges Schloß Leiningen aus dem 16. Jahrhundert, Wanderung zum Wasenköpfel in 3/4 Std., WM rot-weiß-rot). Nach der Überquerung des **Lauterbachtals** *(Wanderungen: Das Tal aufwärts, WM blaues Kreuz, zum Col de l'Ungerthal usw.*

siehe bei Niederbronn*, oder mit WM blauer Senkrechtbalken auf den Immenkopf 494 m) am Fuß des Immenkopf entlang ins Zinzeltal mit

Zinswiller. Hier Abzweig der romantischen Zinseltalstraße nach Baerenthal (1 km, siehe bei Niederbronn*), oder Wanderung zur Ruine Groß-Arnsberg (WM gelber Punkt, 1 1/2 Std., siehe ebenfalls bei Niederbronn*).

Dann wieder etwas bergauf und nach dem am Fuß des Hochfirst (421 m) gelegenen Offwiller und in einer weiteren Kurve hinab nach

Rothbach, das von einer kleinen Burgruine überragt ist. Geburtsort des bedeutenden Schriftstellers Friedrich Lienhardt (1865-1929, Werke: Oberlin, Heinrich von Ofterdingen, Lieder eines Elsäßers u. a.). Hier auch Abzweig der Straße D 198 entlang des Rothbachtales nach Lichtenberg* (8 km). Wanderweg ebendahin mit WM blauer Balken (1 Std.).

Die Straße führt nun über einen Rücken hinweg abwärts nach

Ingwiller im Modertal, Straßen- und Bahnknotenpunkt. Ausgangspunkt vieler Auto- und Fußwanderwege. Reste der 1345 von Ludwig dem Bayern erbauten Stadtmauer. Kirche mit gotischen und romanischen (Turm-) Teilen.

Für die Weiterfahrt kommt in Betracht, e n t w e d e r die Straße D 56 über **Weinbourg** und **Weiterswiller** (spätgotische Kirche, in der neuen katholischen Kirche ein vermutlich aus dem 16. Jahrhundert stammendes seltsames Gemälde: der Fronleichnam an einem blühenden Baum usw., Straßenverbindung mit La Petite Pierre*) oder die Straße D 6 über

Bouxwiller (Buchsweiler). Dieses Städtchen (3 000 Einwohner) war ehedem der Hauptort der Herrschaft Hanau bzw. Lichtenberg und birgt noch verschiedene Denkmale aus dieser Zeit. Das ehedem im südöstlichen Teil der Stadt gelegene Schloß der Grafen von Lichtenberg ist verschwunden. Hier spielte sich auch der sog. Buchsweiler Weiberkrieg ab, bei dem es sich um die herrschsüchtige Bärbel aus Ottenheim (Baden), Mätresse des gelehrten Grafen Jakob von Lichtenberg drehte, die sich schließlich, der Hexerei (Behexung!) angeklagt, im Hagenauer Kerker erhängte. Die Steinbüste der schönen Bärbel, geschaffen im Jahr 1464 von dem Bildhauer Nikolaus von Leyden, steht heute im Liebighaus in Frankfurt/Main. - Südwestlich des Städtchens der geologisch interessante **Bastberg** (328m, in der Sage der Hexentanzplatz), den auch Goethe in seinen Lebenserinnerungen wegen seiner Fossilien (Jura) und seiner Aussicht hervorgehoben hat.

Am Bastberg vorbei führt die Straße über Griesbach nach **Neuwiller-les-Saverne*** mit seiner berühmten Peter- und Pauls-Kirche und zahlreichen Ausflugsmöglichkeiten.

Von da weiter am Fuß des steilen Vogesenabhangs (Herrensteiner Wald) entlang nach **Dossenheim**. Nach **Saverne*** (Zabern), entweder auf der Straße D 219 über Ernolsheim (Blick auf die Zaberner Berge mit den Ruinen Hoh-Barr und Greifenstein) oder, landschaftlich reizvoller, westwärts durch das südliche Zinzelbachtal und südwärts das Fallbächeltal aufwärts (D 122) entlang des Großen Fallberg, und abwärts „an der Säule" (Colonne) vorbei und, hier in die Nationalstraße N 4 einmündend, über den Col de Saverne und am Karlssprung vorbei abwärts nach**Saverne***.

2.
Die Elsässische Weinstraße (Route du Vin).

Wie extra für den geruhsamen und genießerischen Touristen geschaffen, der das Elsaß von seiner heitersten und lieblichsten Seite kennenlernen möchte, schlängelt sich die Weinstraße durch das Vorhügelland der Vogesen. Weinberge, wohin das Auge schaut, und dazwischen, wie die Perlen auf der Schnur, die schmucken und selbstbewußten Dörfer und Städtchen, die meist auf eine traditionsreiche und eigenständige Geschichte zurückblicken und altehrwürdige Baudenkmale und Kunstwerke aufweisen, wie man sie in dieser Konzentration kaum wo anders antrifft.

Die Seitentäler werden zu Abstechern verleiten, und die mit zahllosen schönen Burgen und Schlössern gekrönten Höhen des Gebirgsrandes zu Wanderungen, und nicht zuletzt manche gemütliche „Winstub" zur Rast bei edlem selbstgezogenen Gewächs, so daß man für die „nur" ca. 100 km lange Weinstraße viele Tage benötigen wird, um sie und was dazugehört, einigermaßen kennenzulernen.

Die Route du Vin berührt nur auf kurze Strecken die National-bzw. Durchgangsstraßen und ist daher erfreulich verkehrsarm. Ihr Name ist nicht nur ideell zu verstehen, sondern ist eine amtliche Bezeichnung, die auf den entsprechenden Richtungsschildern stets vermerkt ist, so daß man sich gut zurechtfindet. Auch die Weinkeller der Weinbauern sind leicht zu finden - allenthalben an der Staße fordern Hinweisschilder zum „déguster" (kosten) auf.

Die Weinberge ziehen sich von den Vogesenhängen
bis weit in die Ebene hinab.

Von Straßburg ausgehend benützt man am besten die alte Römerstraße, d. h. die N 4 in Richtung Zabern, die wenig südlich des Bahnhofs unter dem Schienenstrang hindurchführt. In Eckbolsheim links in die D 45 einbiegen, die sich durch weites Ackerland hinzieht. Bei der Abfahrt nach **Ergersheim** erscheinen die ersten Weinberge.

Ca. 2 km nordöstlich, in dem auf die Merowingerzeit zurückreichenden Weiler **Osthoffen,** *befindet sich ein schönes Renaissanceschloß, das im 16. und 17. Jahrhundert aus einer ehemaligen Burg umgebaut wurde.*

In der nächsten Ortschaft **Wolxheim** geradeaus in Richtung Avolsheim - Molsheim.

Avolsheim besitzt das vielleicht älteste noch benutzte Gotteshaus des Elsaß. Es ist die Kirche **Dompeter** (Domus Petri = Haus des Petrus), die 5 Minuten südlich des Dorfes im freien Feld liegt, da das zugehörige Dorf im 30jährigen Krieg zerstört worden war. (Abzweig beim Rathaus - Wegweiser). Sie stammt aus dem 10. bis 11. Jahrhundert (geweiht 1049 durch Papst Leo IX.) und wird auch von dem benachbarten Molsheim als Mutterkirche in Anspruch genommen. Ein weiteres Altertumsdenkmal steht neben der Pfarrkirche: ein romanischer Turm mit Anbauten, zeitweilig als St. Ulrich geweihte Taufkapelle verwendet, offensichtlich der Rest einer abgegangenen Kirche.

Auf einer Brücke über den Breuschfluß hinweg erreicht man die Nationalstraße N 422, und auf dieser

Molsheim*. Man kann, statt die Umgehungsstraße zu benützen, das stille Städtchen, links haltend, durchfahren und so alle Sehenswürdigkeiten (s.Stadtbeschr.) mitbekommen. Nach dem Durchtritt durch das enge Schmiedetor links an der Klosteranlage bzw. Jesuitenkirche entlang und auf einer Brücke wieder über die Bruche.

Kurz darauf ein Halteschild wegen der hier querenden Nationalstraße N 392. Dies könnte vielleicht Anlaß sein, der hier in **Dorlisheim** *gleich rechts um die Ecke liegenden alten romanischen Kirche mit ihren seltsamen Skulpturen einen kurzen Besuch zu machen (siehe bei Molsheim*).*

Bei km 14 wird rechts abgebogen nach

Rosheim*. Hier lohnt sich besonders ein Besuch der rechts oberhalb der Straße stehenden romanischen **St. Peter- und Paul-**

Kirche (s. Stadtbeschreibung). Am Ende des langgestreckten Städtchens biegt die D 35 links in Richtung Boersch ab. Geradeaus ist auf der Höhe das Kloster Odilienberg, links der abgeschrägte Turm der Ruine Landsberg zu erblicken. Dann betritt man durch einen Torturm das ehemalige Städtchen **Boersch,** das zahlreiche schöne Bauten und Tore besitzt, u.a. Rathaus und Brunnen im Renaissancestil.

Die meist etwas erhöht verlaufende Weinstraße öffnet nun wieder neue Ausblicke zur Linken. Dann erscheint das an der Ehn gelegene **Ottrott,** mit seinen beiden Burgruinen am Fuß des Odilienberges (siehe bei Odilienberg*) gelegen.

Abstecher auf den **Odilienberg:** *1. Über das hochgelegene St-Nabor in zahlreichen Windungen; 2. Das Ehntal aufwärts über Klingental (unter den Ottrotter Schlössern); evtl. weiter zum* **Hohwald*.**

Die Weinstraße (D 35) verläuft nun in Richtung Bernhardswiller, biegt jedoch vor diesem Weinbauerndorf rechts in südlicher Richtung ab nach

Heiligenstein, von dessen erhöht liegendem Nordende man ein prächtiges Panorama genießen kann, das bis zum Straßburger Münster reicht. Einen seltsamen Trog hat sich der 400 Jahre alte Brunnen ausgesucht: einen weitere 1000 Jahre älteren merowingischen Steinsarg! Spitzenwein ist die Rebsorte „Klevener", eingeführt im Jahr 1742 durch Ehret Wantz, dessen Standbild noch heute am Rathaus steht. Über dem Dorf die Ruine Landsberg (siehe bei Barr* und Odilienberg*) darunter die Ruine der **Abtei Truttenhausen**(1 1/2 km bergaufwärts).

Diese Abtei hat eine wechelvolle Geschichte: Gegründet 1182 als Augustinerabtei durch Herrad von Landsberg, zerstört 1366 durch eine englische Truppe im Verlauf des Hundertjährigen Krieges, dann nochmals 1444 durch die Armagnac'schen Söldner; neuerbaut 1490 als Prämonstratenserkloster, 1524 im Bauernkrieg verwüstet, 1555 abgebrannt. Vorhanden ist noch die Ruine der Kirche dieses Klosters. Ein 1750 vom Bischof von Straßburg hier errichtetes Lustschloß wurde inzwischen zu landwirtschaftlichen Zwecken umgebaut.

Nicht weit von Heiligenstein das großenteils am Hang erbaute Städtchen **Barr*,** dessen kleiner Marktplatz (rechts) von der Weinstraße berührt wird. Dann geht es über einen Hügel hinweg nach **Mittelbergheim.** Von hier aus der schönste Blick auf die Ruine der zweitürmigen Burg Hohenandlau.

Dann liegt zur Rechten die Stadt der Hl. Richardis, **Andlau*,** vor den Blicken, vor der mächtigen Kulisse des Ungersberg.

Nach **Le Hohwald*** *sind es von hier aus 9 km.*

Die Weinstraße (D 35) setzt sich am südlichen Talhang entlang fort, etliche Male die Richtung wechselnd, so daß der immer wieder gegebene Hinweis auf die Rout du Vin von Nutzen ist. Das nächste Weinbauerndorf ist.

Itterswiller. Die Kirche des langgestreckten Dorfes (besonders schön vom Tal aus zu sehen) hat einen alten romanischen Turm.

*Abstecher für Freunde alter Bauten: Ostwärts nach **Epfig** (4 km) mit seiner aus dem 12. Jahrhundert stammenden frühromanischen Friedhofkapelle Ste-Marguerite, mit einer der West- und Südseite angewinkelten Vorhalle mit gekuppelten romanische Fenstern, nach Art eines Kreuzganges.*

In Itterswiller biegt die Weinstraße scharf rechts ab und führt durch die Winzerdörfer Nothalten und Blinschwiller nach **Dambach-la-Ville***, das mit seinem altertümlichen Stadtbild und seinen Ausflugsmöglichkeiten (s. Stadtbeschr.) dem Touristen manches zu bieten hat.

Nach dem Stadtausgang durch den Torturm biegt die Weinstraße scharf rechts nach S ab. Wenig später rechts abseits der Straße der Weiler Dieffenthal. Rechts voraus die imposante, sich scharf vom Himmel abhebende Silhouette der Ruine Ortenburg, die auch von Dieffenthal aus (WM rotes Dreieck) in 1 1/2 Std. gut zu erwandern ist. Dann das sich ostwestlich erstreckende

Scherwiller, das als Schauplatz der Endphase des Bauernkrieges in die elsässische Geschichte eingegangen ist, da auf seinen Fluren von den kampfgewohnten und gutgerüsteten Söldnern des Herzogs von Lothringen nach dem Massaker von Zabern hier an die 10 000 aufständische Bauern auf der Flucht niedergemacht wurden. - Beim Rieslingfest Mitte August sind alle Keller geöffnet!

Wanderung zu den Scherwiller Schlössern (WM roter Balken und rotes Dreieck - 3/4 Std.): Die imposanteste Ruine ist die Ortenbourg in 490 m Höhe. Über 17 m hohen Granitfelsen erhebt sich der 32 m hohe fünfeckige (innen viereckige) Bergfried. Der heute vorhandene Bau stammt aus dem 13.und 14. Jahrhundert (gotische Fenster), zerstört im Dreißigjährigen Krieg durch die Schweden. Zuvor hatte an ihrem Platz seit dem Jahr 1000 eine schwächere Burg gestanden, die von Kaiser Rudolf von Habsburg um 1239 großenteils zerstört worden war. Die nahebei gelegene Burg Ramstein war seinerzeit zum Zweck der Belagerung der Ortenburg erbaut worden und ging gleichfalls im Dreißigjährigen Krieg (1633) zugrunde.

Die Weinstraße biegt nun wieder nach Süden. Voraus zeigt sich die Hohkönigsburg. Nach Überschreiten des Gießenbachs das Dorf **Châtenois,** ehedem Kestenholz genannt, wegen der vielen Edelkastanien (Kestenbäume) an den westlichen Abhängen des aussichtsreichen Hahnenbergs. Aus der Vergangenheit ist am südwestlichen Ende des Ortes noch einiges vorhanden: ein sehr starker Torturm (Hexenturm) aus der Befestigung des 15. Jahrhunderts, darüber die Pfarrkirche mit romanischem Turm aus dem 12. Jahrhundert, und nahebei Reste eines Schlosses aus dem 13. Jahrhundert. Châtenois ist auch ein beliebter Standort für Ausflüge zur Hohkönigsburg* (WM roter Balken, 21/4 Std.) zu den Scherwiller Schlössern und zur Ruine Frankenbourg (s.Streckenbeschr. 4d).

Die aus Lothringen kommende Nationalstraße N 59 führt in gerader Linie nach dem in der Ebene liegenden **Sélestat*** *(5 km).*

Das nächste Weinbaudorf ist **Kintzheim** mit seiner guterhaltenen Burg in parkartiger Umgebung (20 Minuten), die aus dem 13. und 15. Jahrhundert, also aus gotischer Zeit stammt und ursprünglich Kunigsheim genannt war.

Der Besuch der guterhaltenen Ruine ist sehr zu empfehlen, zudem sie auch für weniger geübte Geher verhältnismäßig leicht zu erreichen ist. Beachtlich sind der hohe runde Bergfried, Kapelle, Rittersaal, der große Kamin und die gotischen Fenster.

Die Burg wurde ums Jahr 1300 (Erbfolgekrieg) von den habsburgisch gesinnten Bürgern von KESTENHOLZ (Châtenois) verwüstet, ebenso nochmals im 30jährigen Krieg.

Im Bereich der Burg gibt es den Raubvogelpark Volerie des Aigles unter freiem Himmel. Flugvorführungen nur nachmittags ab 14.30 Uhr, vormittags kein Zutritt zu Vogelvolerie und Burgruine. An der Straße zur Hohkönigsburg liegt der Affenberg, wo 300 Mafgot-Affen in einem 20 ha großen Waldstück völlig frei leben, und mit den darin promenierenden Besuchern gerne „Freßkontakt" aufnehmen. Viele und große Parkplätze.

Auskunft (ca. 120 Gastbetten) S.I. neben der Kirche. Plz. 67 600.

Weiterhin das Winzerdorf Orschwiller, dem die Weinreben buchstäblich zu den Fenstern hereinwachsen. Die Weinberge reißen nun nicht mehr ab. Dann nach **St-Hippolyte** (St. Pilt, 2000 Einwohner), ein in seinem Kern weitgehend ummauertes Städtchen mit gotischer Kirche aus dem 15. Jahrhundert. Von hier aus führt eine weitere Auffahrt zur Hohkönigsburg (7 km).

Dann taucht in einer leichten Mulde unversehens das abseits der Durchgangsstraße gelegene Städtchen **Bergheim** auf, das mit seinen mittelalterlichen Mauern und Türmen von der höhergelegenen Straße aus einen hübschen Anblick bietet. Auch ein Teil seiner Kirche (Chor und Apsis) stammt wie die Ringmauer aus dem 14. Jahrhundert. Auch hier Abzweig zur Hohkönigsburg über Tannenkirch* (14 km).

Nun zeigen sich mit der Carolaquelle und dem Schwimmbad die ersten Häuser von **Ribeauvillé*,** das sich entlang des Strengbaches in die Berge hineinzieht, überragt von seinen 3 Burgen.

Kurz nach der Ausfahrt aus Ribeauvillé ist rechts abseits der Straße das in einer flachen Rebentalmulde liegende **Hunawihr** und besonders seine hochgelegene Kirche aus dem 14./16. Jahrhundert zu sehen, die mit ihrer sechseckigen Bewehrung zu Zeiten als Fliehburg zu dienen hatte. Hunawihr war vierhundert Jahre lang (bis 1789) Lehen- der Grafen bzw. Herzöge von Württemberg, woran noch das Wappen am Rathaus erinnert. - „Kilbe"-Volksfest Mitte Juli.

Dann links der Straße, isoliert auf einem Rebenhügel gelegen, der sehr alte befestigte Ort **Zellenberg** (100 Gastbetten), der noch Reste einer alten Befestigung und seiner Burg (Südende) aufweist und nur einen einzigen Zugang hat. Schöne Aussicht auf die Ebene. Der Name (Cella = Tempelnischee für römische Götter) läßt auf dieser Höhe einen ehemaligen römischen Tempel vermuten.

Kurz darauf biegt die Weinstraße (D3) rechts ab. Der kleine Umweg über **Riquewihr*** sollte nicht versäumt werden, denn dieses kleine alte Städtchen, wo es im Herbst so unbeschreiblich nach jungem Wein riecht, bietet wohl das reizvollste und ursprünglichste Ortsbild des Elsaß, und einen seiner besten Weine („gegen den Richenwihrer Sporen, hant all andern das Spiel verloren").

Zur Hauptstraße D 1 zurückgekehrt, passiert man die Weindörfer **Mittelwihr** und **Bennwihr,** beide im letzten Krieg gänzlich zerstört. Halbrechts beherrschen der mit einem weithin sichtbaren Kriegerdenkmal gekrönte Galz (730 m), links dahinter die breitgelagerte Hohlandsburg (627 m) und am Gebirgsrand die 3 Exen den Horizont.

Die Weinstraße (D 1 b) biegt nun nach Westen, um das für den Weinbau so wichtige „Dreistädtetal" (auch Weißtal oder Kaysersberger Tal) zu erreichen. Zunächst **Sigolsheim,** das im letzten Krieg sein altertümliches Ortsbild weitgehend eingebüßt hat. Er-

58

halten ist die aus dem 12. Jahrhundert stammende romanische Peter- und Paulskirche. Beachtlich das Westportal mit schönen Säulenkapitälen und einem eigenartigen Tympanon, das einem Türsturz mit den Sinnbildern der Evangelisten und den Agnus Dei in der Mitte, aufliegt. Kleiner Aufstieg zur Sigolsheimer Höhe (+200 m, Pflanzenschutzgebiet) mit schöner Aussicht.

Dann mit nur kleinem Zwischenraum **Kientzheim,** das sich demgegenüber noch viel von seinem mittelalterlichen Ortsbild bewahren konnte, so etliches von seiner Ummauerung, die nach der Erhebung zur Stadt (1430) entstanden war. Die steinerne Fratze am Untertor (Lallekönig) sei angeblich gegen den „Erbfeind" Sigolsheim gerichtet gewesen. Im Schloß Reichenstein, einem schönen Renaissancebau, hat im 15. Jahrhundert Karl der Kühne von Burgund geweilt. Dann war es Wohnsitz der Barone von Schwendi, die die Lehensherren des Städtchens waren und deren Grabmale in der Pfarrkirche (15. Jahrhundert) noch vorhanden sind. (Der habsburgische Feldhauptmann Lazarus von Schwendi soll aus den Türkenkriegen im 16. Jahrhundert die ungarische Tokayerrebe mitgebracht haben). Im Schloß findet man das „Elsässische Weinmuseum".

Die Weinstraße führt weiter nach der ehrwürdigen ehemaligen Freien Reichsstadt **Kaysersberg*,** die inmitten von Wein- und Waldbergen im Tal der Weiß liegt, am Fuß der gleichnamigen Burg. Dann wieder südwärts auf der Nationalstraße N 415. Rechts am Berge die alte St. Wolfgangkapelle, jetzt Friedhofkapelle. **Ammerschwihr** hat im letzten Krieg schwerste Schäden erlitten, ist aber in sauberem Stil wiedererstanden.

Rechts ein Abzweig (D 10) nach dem in einem Tälchen an Rebhängen gelegenen Weindorf **Katzenthal,** *das im letzten Krieg großenteils zerstört wurde. Dicht oberhalb die Burgruine Wineck (seit dem 13. Jahrhundert nachweisbar, im 16. Jahrhundert zerstört). - Wanderweg aufwärts nach Trois-Epis* und Galtz (1 1/2 Std.)*

Dann **Ingersheim,** ein aus der Frankenzeit stammendes Dorf, das sich wegen seiner verkehrsgünstigen Lage stark entwickelt und daher verändert hat.

Von hier nach Colmar-Mitte, der „Hauptstadt des Weinbaus", sind es 5 km.

Westlich durch die Weinberge aufwärts nach **Niedermorschwihr** im Weierbachtal am Fuße des Galtz. Der aus dem 12. Jahrhundert stammende Kirchturm hat nachträglich eine seltsam gedrehte Spitze erhalten. Hübsche alte Häusr an der Hauptstraße. Fußweg nach Trois-Epis über Chapelle St-Wendelin (WM blaues Schrägkreuz und blaues Dreieck, 1 1/4 Std.).

Die Weinstraße führt am Friedhof vorbei nach S über den Höhenrücken Le Brand (wo der beste Turckheimer wächst) mit schöner beidseitiger Aussicht. Dann steil abwärts ins Münstertal mit dem alten Reichsstädtchen

Turckheim, über das man gleich bei der Anfahrt eine schöne Übersicht hat.

Vorhanden ist noch etliches von der Stadtmauer mit 3 Toren aus dem 16. Jahrhundert. Altertümliches Stadtbild, zu dem auch der allnächtlich durch die Straßen singende Nachtwächter paßt. Rathaus im Renaissancestil. In der Pfarrkirche befindet sich eine Silbermann-Orgel aus der ehem. Zisterzienserabtei Payres.

Bei Turckheim fand im Jahre 1675 eine schicksalsträchtige Schlacht zwischen den kaiserlichen Truppen unter Führung des Großen Kurfürsten und den Franzosen unter Marschall Turenne statt.

Die das Münstertal aufwärts gelegenen Weinorte **Zimmerbach, Walbach** *und* **Wihr-au-Val** *sind „Außenseiter" der Weinstraße und erzeugen dank ihrer nach Norden geschützten und verhältnismäßig hohen Lagen ebenfalls vorzügliche Weine.*

Die eigentliche Weinstraße überquert zwischen Turckheim und **Wintzenheim** den Ausgang des Münstertales. Der letztgenannte Weinort hat sich stark ausgedehnt (5500 Einwohner) und ist demnach kein reines Weinbauerndorf mehr.

Wanderungen: Zur Hohlandsburg (WM blaues Kreuz, 1 1/4 Std) oder zu den Drei-Exen auf dem Hangpfad (WM weißer Balken, 2 Std. - siehe bei Eguisheim*, Route des 5 Châteaux).

Entlang der D 1b passiert man kurz darauf **Wettolsheim,** das sich eine „Grotte von Lourdes" (Nachbildung) zugelegt hat.

Oberhalb von Wettolsheim die schöne Burgruine Hageneck (420 m, WM blaues Kreuz), von der noch ein viereckiger Bergfried und Mauern aus dem 12. Jahrhundert vorhanden sind.

Dann erreicht man **Eguisheim*,** *das sich rechts der Straße erstreckt, vor dem Hintergund der Drei-Exen, die man von hier aus oder dem höhergelegenen Husseren aus erwandern oder mit dem Wagen anfahren kann. Das genannte, in 370 m Höhe gelegene Weindorf*

Husseren-les-Châteaux (Häusern) gehört ebenfalls zur Weinstraße. Man erreicht es, Eguisheim* durchfahrend, auf der D 14.

Colmar. Das Kopfhaus, ein schönes Renaissancegebäude

(In der Kirche Taufstein aus dem 12. Jahrhundert, aus dem benachbarten früheren Kloster Marbach stammend) – *Aufstieg zu den Drei-Exen (WM roter Balken) in 1/2 Std., mit dem Wagen steile 3 km (siehe bei Eguisheim* bzw. Colmar* – Route des 5 Châteaux).*

Dann wieder durch die Weinberge abwärts über **Voegtlinshofen** (von der hier seit dem 11. Jahrhundert vorhanden gewesenen und bei der Revolution aufgehobenen Augustinerabtei Marbach ist fast nichts mehr zu sehen) und über **Obermorschwihr** zur Nationalstraße N 83 zurück, doch kurz darauf wieder rechts abzweigend nach **Hattstatt**, das eine frühromanische Kirche aus dem 11. Jahrhundert mit gotischem Chor besitzt. Weiter nach dem hochgelegenen, altertümlichen

Gueberschwihr, das ebenfalls ein Baudenkmal aus dem 12. Jahrhundert hat: den romanischen Turm seiner Kirche.

Eine Vicinalstraße führt aufwärts in die Vogesenberge (Aussicht) über das ehemalige Benidiktinerkloster St-Marc (romanische Kapitellreliefs [12.Jahrh.] im Unterlindenmuseum in Colmar), Forsthaus Osenbuhr, Hundsplan, Firstplan (Aussicht ins Krebsbachtal) nach Soultzbach-les-Bains (19 km). Analog verläuft ein Wanderweg (WM rotes Kreuz) über MF Osenbuhr, Wolfsgrübe und Ruine Schrankenfels nach Soultzbach les Bains.

Kleiner Spaziergang (20 Min.) zum Kuckuckstein (Aussicht).

Von Gueberschwihr führt die Weinstraße wieder zurück zur Nationalstraße. Dann erscheint rechts der Straße das an den Hang gebettete **Pfaffenheim,** das einen kurzen Besuch verdient. Seine Kirche hat einen Chor des romanisch-gotischen Übergangsstils aus dem 12. Jahrhundert. Von regionaler Bedeutung ist die Wallfahrt zu **Notre-Dame de Schauenberg,** die 200 m über dem Ort an der steilen Bergwand unweit des „Teufelstein" steht. Die Wallfahrtskapelle entstand im 15. Jahrhundert, während der französischen Revolution wurde sie zerstört und 1811 wieder aufgebaut. Viele Ex-votos. **Prächtige Ausssicht.**

Die Weinstraße setzt sich weiterhin entlang der N 83 fort. Dann kündigt sich **Rouffach*** durch sein rechts über der Straße stehendes Schloß Issembourg an.

Nach Besichtigung wird diese schöne Stadt in südwestlicher Richtung verlassen und entlang der steilen Rebhänge, über Westhalten das Ohmbachtal aufwärts, das langgestreckte Obst- und Weindorf

Soultzmatt (2000 Einwohner) erreicht. Bemerkenswerte Kirche aus dem 12. Jahrhundert, deren eine Seite romanisch, die andere gotisch, und der Chor barock ist. Kleines ehemaliges Schloß Wagenburg und repräsentative spätgotische Häuser. Mineralquelle. Unterkunftsmöglichkeiten, Campinggelegenheit.

Spaziergänge: Zur Chapelle du Val du Pâtre und zum rumänischen Friedhof, oder auf den Bollenberg über Westhalten (Auberge). Wanderung: Zum Petit Ballon über Boenlesgrab ((2 1/2 Std. - siehe auch bei Guebwiller*), oder auf das Zinnköpfle, Hausberg und „Schatzkammer" von Soultzmatt.

Die Weinstraße führt nun zwischen Kleinem Pfingstberg (links) und Bollenberg in südlicher Richtung und durchquert in etlichen Windungen die fast zusammengebauten Winzerdörfer **Orschwihr** (Schlößchen aus dem 15. Jahrhundert und Ruine Altschloß) und **Bergholtzzell** (Kirche von 1006, geweiht 1049 durch Papst Leo IX., jedoch im 19. Jahrhundert fast ganz neuaufgeführt).

In **Bergholtz** rechts ab unter den Weinbergen Heisse Wanne und Kitterle entlang. Geradeaus beherrscht nun der breite Gebirgsstock des Großen Belchen die Szene, während man, westwärts in das Lauchtal einwendend, das von Weinbergen eingeschlossene **Guebwiller*** erreicht, dessen Silhouette von einer Hohenstaufenbasilika bestimmt ist. (Viele Ausflugsmöglichkeiten - siehe Stadtbeschreibung.)

Nun verläuft die Weinstraße in südlicher Hauptrichtung. Unter dem Bergvorsprung „Sultzer Nase" (Ober-Hornstein) liegt das Städtchen **Soultz*** mit vielen schönen Baudenkmalen und eingesäumt von seinen Weinbergen.

Geradeaus tritt der mit 2 Kreuzen gekrönte Hartmannsweilerkopf ins Blickfeld. Dann rechts der Straße (D 5) das Winzerdorf **Wuenheim** (Wünheim). Es ist seit der Zerstörung im 1.Weltkrieg neu aufgebaut.

Aufstieg zum **Hartmannsweiler Kopf** *(WM rot-weiß-rot siehe auch bei Guebwiller*) in 2 1/2 Std. Spaziergang ins romantische Wuenheimer Tal (Tiefenbachtal) und weiter zum Vogesenkamm (Kohlschlagsattel, Freundstein).*

Das ganze Gebiet unterhalb des Hartmannsweilerkopfs stand ehedem als deutsche Etappe unter dem Beschuß der französischen Artillerie, so daß die nun folgenden Ortschaften Hartmannswiller, Uffholtz usw. nach der meist vollständigen Zerstörung neu aufgebaut sind.

Von **Hartmannswiller** führt ein Wanderweg (WM rot-weiß-rot, ausgehend von dem Restaurant an der Weinstraße) in 2 1/4 Std. über die „Kantine" zum Kopf. Der untere Teil des Weges, der sr. Zt. von den deutschen Truppen als Nachschubweg angelegt wurde, ist z. Tl. befahrbar.

Rechts der Straße liegt **Wattwiller,** das als sauberer Villenort wiedererstanden ist und eine Mineralquelle aufweist.

Die WM gelber Punkt führt über die Ruine Hirzenstein (seit 1670 zerstört) und über Silberloch in etwas mehr als 1 Stunde zum Kopf. Dasselbe Ziel erreicht ein weiterer (längerer) Weg (WM blauer Punkt), der östlich von dem erstgenannten über die Kantine verläuft. Von Wattwiller aus kann man auf einer Fahrstraße in nördlicher Richtung unmittelbar die Kammstraße erreichen.

In **Uffholtz** (Unterkunftsmöglichkeit) beginnt die große Route des Crêtes (Silberloch, Großer Belchen usw,. siehe Streckenbeschreibung B 3.).

Dann erreicht die Weinstraße **Cernay** (Sennheim) am linken Ufer der Thur in einer gartenartig schönen Umgebung. Die Stadt, heute ca. 10 000 Einwohner, mußte nach dem ersten Weltkrieg fast ganz neu wiederaufgebaut werden und hatte auch im zweiten zu leiden. Auf der südlich gelegenen, Ochsenfeld genannten Ebene, soll im Jahr 58 v. Chr. die historische Schlacht zwischen Cäsar und dem Alemannenfürsten Ariovist stattgefunden haben. Ausflugsziele: Steinbach, Molkenrain, Freundstein usw. Im Juli Fête des Cigognes d'Alsace mit Blumencorso, Musik- und Trachtengruppen.

Die Weinstraße biegt nun westwärts in das Tal der Thur ein. Ein Abzweig führt zu dem in dem kleinen Erzenbachtal gelegenen Winzerdorf **Steinbach**. Im übrigen führt die D 35 in ständiger Tuchfühlung mit den Weinbergen am Fuß des steilen Vogesensüdabhanges entlang, um in der schönen Münsterstadt **Thann*** ein würdiges Ende zu finden.

ROUTE DES CRÊTES. Im Umkreis des Hartmannsweilerkopfes (unser Bild) kamen im 1. Weltkrieg an die 60 000 Soldaten zu Tode.

3.

Die Route des Crêtes
(Vogesen-Kammstraße)

Die 73 km lange Höhenstraße, die sich über den schönsten Teil der Hochvogesen erstreckt und diese erschließt, verdankt ihre Entstehung dem 1. Weltkrieg, wo sie, meist unmittelbar westlich unterhalb des Kammes verlaufend, zur Querverbindung der einzelnen Täler hinter der französischen Front diente. Sie berührt die wichtigsten Abschnitte jener bösen Zeit.

a. **CERNAY bis LA SCHLUCHT** (52 km): Der Aufstieg auf der N 430 beginnt unweit Cernay in den Weinbaugemeinden Uffholtz oder Wattwiller, die beide bereits beim Kapitel Weinstraße erwähnt sind. Zuerst Weinberge, dann beginnt bei etwa 450 m Höhe der lichte Buchen-Tannen-Mischwald. Von rechts die Einmündung aus Richtung Wattwiller. Weiterer starker Anstieg (10 %) zum Herrenfluhsattel (830m) mit der rechts oberhalb auf einem Felsen liegenden **Burgruine Herrenfluh** (855 m), die im 13. Jahrhundert von einem gewissen Herrn Nordwind als Lehen der Abtei Murbach erbaut wurde. Ihr späteres Schicksal ist unbekannt, nur das vorliegende Ergebnis desselben: geringe Ruinenreste; aber die Aussicht vom Felsen ist enorm.

Nach dem Hirzelwasen kurz abwärts, um den Einschnitt des Sihlbaches zu umgehen, der links oben am Molkenrain entspringt. Wenig oberhalb ist mit dem **Silberlochsattel** (908 m) die Kammhöhe erreicht. Hier ist die erste Zwischenstation angebracht, zudem ein ländliches Gasthaus bereitsteht. Gleich rechts das französische Monument National, das über einer Krypta terrassenförmig aufgebaut ist. Dabei der französische Kriegerfriedhof Silberloch, der sich zum Sattel hinabzieht. Jenseits ansteigend der während der ganzen Dauer des 1. Weltkriegs immer wieder im Heeresbericht genannte **Hartmannsweilerkopf**, in dessen Umkreis 60 000 französische und deutsche Soldaten zu Tode kamen (siehe bei Grand Ballon*, Ziff.1). Westlich gegenüber liegt die felsige Hochkuppe **Molkenrain** (1125 m),

Das hintere Münstertal

ebenfalls mit schöner Aussicht auf Rheinebene und Schwarzwald. Zufahrt auf Heideweg 2 km, Melkerei, Champinggelegenheit. Unweit nordwestlich liegt etwas tiefer der Riesenkopf.

Die Straße fällt entlang von Molkenrain und Riesenkopf. Links am Hang die Melkerei Freundstein. Noch ein Rückblick auf das Kreuz des Hartmannsweilerkopf, dann wechselt die Straße auf die Westseite des Kammes, in dessen Nähe sich ein mit der **Burgruine Freundstein** (982 m) besetzer hoher Bergkegel erhebt (siehe bei Grand Ballon*), der im 1. Weltkrieg französischerseits ein willkommener Artilleriebeobachtungsposten war. Dann abwärts zum

Kohlschlagsattel (825 m, Melkerei und Auberge), wo westlich eine Straße aus dem Thurtal (Willer) und östlich zwei Wanderwege aus (Wuenheim-) Soultz* (siehe daselbst) und aus (Rimbach-) Guebwiller* (s.das.) einmünden.

Nun wieder stetig aufwärts (10%), vorbei an dem im Weltkrieg heftig umkämpften **Sudelkopf** (1009 m) mit Kapelle, dann über den Firstackersattel auf die Ostseite mit Ausblick ins Rimbachtal. In einer Kurve die Belchenhütte. Weiter über teils ebene Matten, teils mäßig bergan. Geradeaus der Grand Ballon, auf den die Straße zuführt, um im letzten Augenblick rechts daran vorbeizuziehen. Dann ist, 11 km nach dem Col Silberloch, beim Hotel du Grand Ballon in dem flachen Col du Ballon (1360 m) der höchste Punkt der Kammstraße erreicht. Viel Parkgelegenheit. Beim Hotel beginnt der Aufstieg (20 Min.) zum

Grand Ballon* (siehe daselbst), der eine überwältigende Rundsicht gestattet.

Der Route des Crêtes entlang weiter abwärts zum **Col du Haag** (1240 m), eine flache Matte zwischen Storkenkopf westlich (1362 m) und Grand Ballon, den beiden höchsten Erhebungen der Vogesen.

*Der Col du Haag ist ein Kreuzungspunkt verschiedener Wanderwege, die u.a. zum **Lac du Ballon** (1/2 Std., WM rot-weiß-rot) und weiter ins Lauchtal, oder südwärts ins Thurtal führen.*

Auf die westliche Kammseite überwechselnd, eröffnet sich jetzt wieder der Ausblick auf das Thurtal, der nun vorherrscht, da sich zur Rechten nach dem Hundskopf auch der langgezogene Marksteinkopf (1240 m) erstreckt. An diesem entlang zum

Weit ist der Ausblick vom Vogesenkammwanderweg ins Gebiet des Grand Ballon.

Markstein* (1177 m), ein guteingerichteter Luftkurort und Wintersportplatz an der Einmündung der Lauchtalstraße.

Weiter entlang des Osthangs des Jungfrauenkopf (1267 m), mit Blick ins Lauchtal (s.S. 70) und auf den Lauchsee, dann in Kammhöhe über offene Matten ohne Horizont bis zur „Höhe 1 224".

Hier zweigt rechts ein Sträßchen ab, das über (Schnepfenried-) Sondernach nach Münster führt.

Sodann am Westhang des Breitfirst (1282 m, Rundsicht) entlang leicht abwärts und zu Schutzhaus und Melkerei **Hahnenbrunnen** (1200 m).

Hier führt ein schwieriger Fahrweg nach (Mittlach-)Metzeral, und ein Fußweg nach (Schnepfenried-)Metzeral*. Westwärts steigt ein Fußpfad (rot-weiß-rot) zu dem 700 m tiefer im Thur-Tal liegenden Sommerkurort Kruth, in dessen Nähe talaufwärts auch der aus der Talsohle aufsteigende Schloßberg Wildenstein und der neue Stausee erkennbar sind.*

Die Straße führt weiterhin wenig unterhalb der Kammhöhe entlang, die nun vom Hundskopf (1235 m), dann von dem langgestreckten Schweiselwasen (1270 m) gebildet wird; dann abwärts zum

Col du Herrenberg (1186 m), Kreuzungspunkt von Forstwegen, die vor allem als Wanderwege in Betracht kommen. Insbesondere ist es ein nach Metzeral* (s.das.) führender Weg, und westlich ein nach Wildenstein in 2 Std. steil abwärtsführender Fußweg.

Weiterhin immer am westlichen Kammrand entlang des Batteriekopf (1310 m), dann entlang des **Rothenbachkopf** (1315 m) mit der Melkerei Rothenbach, und in einer weiten Kurve um den im Wege stehenden **Rainkopf** (1304 m) herum. dann senkt sich der Kamm stark zur Straße, so daß man mit wenigen Schritten die Kammhöhe erreichen und einen unvergleichlichen Blick in den steilen Kessel des Altweihers und in die Länge des Fechttales tun kann. (Abstieg nach Metzeral* siehe daselbst).

Auf der westlichen Seite als Gegenstück der rundliche Lac de Blanchemer.

Ausblick von der ROUTE DES CRÊTES nach Westen auf den See Longemer.

Nun steigt der Kamm zur Höhe des **Kastelbergs** (1345 m), dessen Abhänge von Waldflecken und Weiden bedeckt sind, und leitet über zu dem mächtigen Doppelmassiv des

Hohneck (1361 m), der hoch über der Straße steht, und zu dem ein Fahrweg (1,5 km) hinaufführt (Parkplatz, Hotel). Überwältigende Aussicht (Orientierungstafel).

Nun weiter entlang der Kammstraße, vorbei an der Source de la Vologne (Quelle des Vologneflusses), immer mit Ausblick auf die Seen von Gérardmer.

Unweit davon, dicht bei der Straße der Bergpflanzengarten der Universität Nancy. Dann abwärts zum

Col de la Schlucht* (1159 m), ein von Hochwald und Kahlhängen umgebener Gebirgspaß. Bekannt als Luftkurort mit etlichen Hotels, großer Parkplatz, Wintersportplatz, Skilift usw. Kreuzungspunkt der Route des Crêtes mit der Ost-West-Verbindung Münster (18 km) - Gerardmer (15 km).

b. **SCHLUCHT - LAC BLANC - TROIS-EPIS** (45 km): Die Höhenstraße zieht sich am Nordhang durch lichten Wald. Bei Km 5 berührt die aufwärtsführende Straße fast den Kamm. Hier ein kurzer lohnender Fußweg zu dem über dem Lac Soultzeren (Lac Vert, siehe S. 80) gelegenen **Aussichtspunkt**.

Die nun wieder stark fallende Straße verläuft entlang der flachen Hänge des Gazon (= Rasen) de Faing und des Gazon du Faitg, teils durch Tannenwald, teils über Chaumes (Weiden) oder entlang von vertorften Hochmooren. Ausblick auf den mäßigen Westabfall der Vogesen und das lothringische Hügelland. Dann den Schwingungen des Hanges folgend leicht abwärts zur

Kreuzung Calvaire (1145 m Hotel), und weiter über den Col du Louchbach zum **Col du Bohomme***, der als das nördliche **Ende der Route des Crêtes** gilt (ist umstritten!)

Will man die Route des Crêtes bereits bei der gen. Kreuzung Calvaire in Richtung Colmar bzw. Turkheim verlassen, so bietet sich die interessante D 48 II an, die schon wenig unterhalb der Route des Crêtes 2 Eiszeitseen berührt.

Diese Route verläuft südöstlich durch Tannenwald leicht abwärts. Unterhalb der Straße das Hotel-Restaurant **Weißer See**

Weißer, Schwarzer und grüner See

Wegmarkierungen S. 94

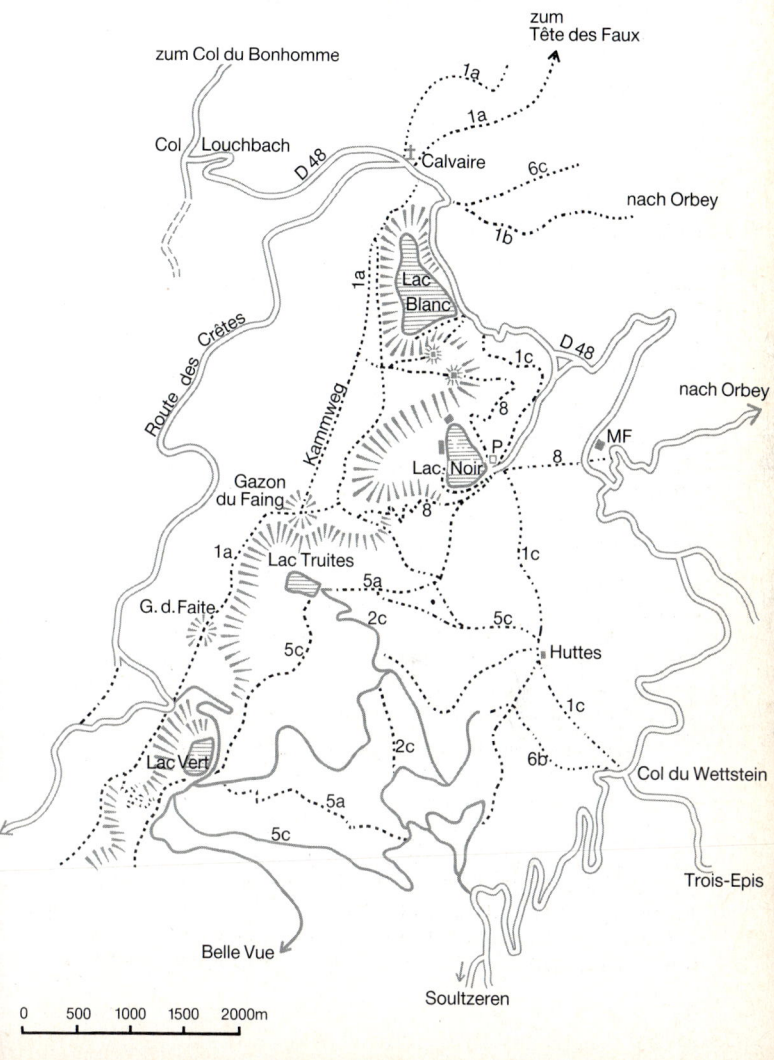

zum
Tête des Faux

zum Col du Bonhomme

Col Louchbach

D 48

1a

1a

Calvaire

6c

nach Orbey

1b

Lac
Blanc

1a

Route des Crêtes

Kammweg

D 48

1c

8

nach Orbey

Lac Noir

P.

MF

Gazon
du Faing

8

8

1c

1a

Lac Truites

G. d. Faite

5a

2c

5c

5c

Huttes

Lac Vert

1c

2c

6b

Col du Wettstein

5a

5c

Trois-Epis

Belle Vue

Soultzeren

0   500   1000   1500   2000m

und der darunter ausgebreitete See selbst, der seinen Namen offensichtlich zu Recht trägt, und zu dem die Straße 1,5 km über den matten- und baumbestandenen Hang abwärts führt und ihn an seiner südöstlichen Ecke berührt.

Der Weiße See (Lac Blanc 1054 m) ist mit fast 30 ha bedeckter Fläche und bis 60 m Tiefe der größte Vogesensee östlich des Kammes. Seine Entstehung ist ausschließlich glacial, also natürlich. Im S und W ist er von steilen Granitwänden begrenzt, die vom See aus über 200 m hoch zum Vogesenkamm ansteigen. Seinen Namen hat er wohl von dem weiß durchscheinenden Quarzsand seines Untergrundes, und vom See hat wieder der Fluß (Weiß) seinen Namen, dessen „Quelltopf" er ist.

Vom Weißen See führt die Straße durch den Tannenwald weiter abwärts, und nach 1 km an einem Gabeldreieck (Wegweiser) rechts ab (Aussicht!) zum

Lac Noir (Schwarzer See), der an seiner südöstlichen Ecke (Parkplatz) erreicht wird.

Der See hat eine etwa halb so große Oberfläche wie der Weiße See, ist bei 45 m tief und liegt in 954 m Höhe, bei Normalwasser also genau 100 m tiefer als der Weiße See, von dem er durch einen hohen Granitstock (Reisberg mit Seekanzel) getrennt, aber durch Druckstollen verbunden ist. Seine Entstehung ist ebenfalls glacial, er wurde jedoch durch einen Staudamm künstlich vergrößert. Am Nord- und Westufer liegen die Gebäulichkeiten des Elektrizitätswerks, das so eingerichtet ist, daß mit billigem auswärtigem Nachtstrom Wasser in den oberen See gepumpt wird, das dann zur Erzeugung von teurem Tagstrom wieder herabstürzen darf.

Vorne an der begehbaren Staumauer ein Parkplatz und das Hotelrestaurant (3 Zimmer). Über einen steilen Fußweg (rot-weiß-rot) erreicht man die Höhe des zwischen den Seen aufragenden Reisberg (1272 m) mit den Aussichtsbastionen Château Hans (nördlich und schwierig) und Chateau du Lac (oder Seekanzel, oder Rocher Belmont). Hauptsächlich von dem letzteren überblickt man beide Seen und die weite Umgebung. Fußweg von See zu See (WM gelber Balken) 3/4 Std., über Château du Lac usw. 1 1/2 Std.

Nun 1 1/2 km zurück zur Straßengabel und rechts abwärts. In der großen Haarnadelkurve nochmals eine besonders schöne Ausssicht, z.B. geradeaus zum Großen und Kleinen Hohnack, letzterer (links) mit einer Burgruine. Weiter abwärts, begleitet von anmutigen Matten mit einzelnen Bäumen, wobei verstreute abgeschliffene Felsblöcke an die Eiszeit erinnern. Kurz nach dem Forsthaus eine Straßengabel: Links führt die Hauptstraße D 48 über **Pairis** (ehemalige Zisterzienserabtei, heute Spital) und

Orbey ins Weißtal hinab (siehe S. 82). Rechts führt die zu beschreibende und sehr interessante Strecke (D 48 IV) über schöne Matten und mäßig ansteigend zum

Col du Wettstein (880 m), der mit einer zweiseitigen Fernsicht ausgestattet ist. Als einzige Querverbindung zwischen Weißtal und Münstertal war er im 1. Weltkrieg, vor allem 1915, sehr hart umkämpft. - Ein französischer Kriegerfriedhof (Cimetière des Chasseurs) mit 3000 Gefallenen erinnert hieran. *Eine der hier kreuzenden Straßen führt abwärts über Soultzeren nach Münster (11 km).* Die zu beschreibende Strecke (Richtung Trois-Epis) hält sich auf der Höhe des Bergzugs, umfährt links den 1 000 m hohen Hurlin (Hörnleskopf) und steigt zu dem aus dem 1. Weltkrieg bekannten Lingekopf (983 m) auf. Auf seiner Höhe (Rechtskurve) verlief lange Zeit die hart umkämpfte Frontlinie quer über den Berg in etwa Nord-Süd-Richtung. Ein Fußweg gestattet einen Rundgang durch die alten Stellungen. Aussicht ins Tal von Urbeis.

Nun wieder leicht abwärts entlang der Ostseite des Lingekopf, bis zum Kreuzungspunkt Bärenstall (976 m), der unterhalb des **Schratzmännele** (1010 m, auch ein Begriff aus dem Weltkrieg) liegt. Am Bärenstall befindet sich ein deutscher Kriegsfriedhof mit ca. 3600 Gefallenen, meist aus württembergischen und bayrischen Truppenteilen.

Weiter mäßig abwärts entlang des Nordabhangs, vorbei an einzelnen Stellungsresten. Der ehedem vollkommen zerschossene Wald hat sich im Verlauf der vergangenen 50 Jahre einigermaßen erholt. Ständig freie Aussicht ins obere Weißtal. Geradeaus der Petit Honack mit Burgruine (links) und der **Grand Hohnack**. Die Straße führt leicht aufwärts zum Fuß des letzteren und erreicht ihn am „Croix de Wihr" (Kreuzungspunkt, 893 m). Aufstieg auf Fußweg in 1/4 Std. Links ab führt ein weiterer Fußweg in 1/2 Std. zu dem mit einer Burgruine gekrönten **Petit Hohnack** (920 m).

Diese Burg war bereits im 11. Jahrhundert von den Grafen von Egisheim (vielleicht vom Vater des Papstes Leo IX.) als Besitzer des Urbis-(Orbey-)Tales erbaut worden. Später war eine Lehensherrschaft vorhanden, die sich nach der Burg benannte. Dann waren die Rappoltsteiner ihre Besitzer, bis sie 1655 von den Franzosen gesprengt wurde.

Die Ruine, die auf dem gewachsenen Fels aufgebaut ist, ist noch recht ansehnlich, trotzdem in der Vergangenheit in Anbetracht der Nähe von Wohnplätzen viele Steine als Baumaterial abgefahren worden waren. Vorhanden sind Reste des Bergfrieds in gut bearbeiteten Buckelquadern, sowie eines Rundturmes an der Ostecke, Umfassungsmauern mit Tor. Links des Eingangs befand sich der Palas mit Treppenturm. Rundbogige Fensteröffnungen.

Die Straße führt rund um den Südhang des Grand Hohnack, dabei Aussicht ins Walbachtal, dann wieder nach Norden auf Orbey und Labaroche. Unweit der Auberge Giragoutte bzw. MF. Obschel ist links der Abzweig einer Straße nach Orbey (9 km) und ins Weißtal. Halbrechts führt unsere Strecke teils dem Waldrand entlang, teils durch den Wald, dann an der Südflanke des mäßig hohen Frauenkopf vorbei, um **Trois-Epis*** zu erreichen (Wallfahrtsort, Denkmal Le Galtz usw.).

Dann in vielen Kehren durch den Hochwald abwärts, entweder durchs Weierbachtal nach **Niedermorschwihr,** oder über das Vogesenhüsle (Maisette Vosgienne) und durchs Liebscheltal nach **Türkheim,** wo beidesmal der Anschluß an die Weinstraße erreicht ist.

4.
Zufahrten zur Kammstraße

a. Das Lauchtal
(Guebwiller)

Durch dieses auch Blumental oder Florival genannte Tal führt die Straße N 430 (ca. 25 km), die die Rheinebene mit der Route des Crêtes bei dem berühmten „Markstein" verbindet. Sie weist, neben ihrem landschaftlichen Reiz, mit Guebwiller, Murbach und Lautenbach drei kunsthistorische Sehenswürdigkeiten internationalen Formats auf.

Ein erstes Wort sei **Issenheim** (Isenheim) gewidmet, dessen Namen niemand hören oder aussprechen kann, ohne an den in Colmar verwahrten Grünewald'schen Flügelaltar zu denken.

Dann **Guebwiller***, Kreisstadt und Hauptort des Lauchtales, mit seiner altehrwürdigen St. Leodegarkirche und seiner kaum vergleichbaren Lage in einem unerschöpflichen Wandergebiet.

Am westlichen Ende dieser Stadt erhebt sich links der Waldberg Hochkopf (oder Windkopf oder Liebenberg genannt). An dessen Abhang auf einem Felsvorsprung, knapp 100 m über der Talsohle, die Ruine der **Burg Hugstein.**

Diese wurde (Hugstein = Hugos Stein) ums Jahr 1216 von dem Murbacher Fürstabt Hugo von Rothenburg (nachmaliger Gefolgsmann des Kaisers Friedrich II. auf dessen Kreuzzug 1228) erbaut, und von dessen Nachfolgern, hauptsächlich im Jahr 1514, wesentlich erweitert und verstärkt. Aber schon 1524 wurde sie anläßlich eines bewaffneten Streits mit einem rivalisierenden Kollegen, Abt Rudolf von Stoer, zerstört.

Wenig oberhalb von Hugstein führt ein kurzer Abstecher (2 1/2 km) zu dem noch in seinem Torso respektheischenden Bau der Abteikirche der Herrenmönche von **Murbach*** (s.das.).

Weiter lauchaufwärts **Bühl**, ein Vorort von Guebwiller, mit seiner hoch am Abhang des Demberg gelegenen stattlichen Kirche, die einige seltsame alte Tafelbilder teils mystischen Inhalts (vergleichbar dem Schongaueraltar in Colmar-Unterlinden) birgt.

Noch weiter talaufwärts in einer von Krebs-und Dürrenbach durchflossenen Talausweitung das Dorf **Schweighouse,** wo nordwärts eine Straße über St. Gangolf (alte Wallfahrtskapelle, Campingplatz, siehe S. 125), den Sattel Bannstein (478 m) und Gauchmatt (rumänischer Friedhof) nach Soultzmatt (9 km) führt.

Wenig oberhalb liegt talfüllend das große Dorf **Lautenbach***, überragt von seiner romanischen Stauferkirche, Endstation der Lauchtalbahn. Wanderungen siehe bei Lautenbach* und Guebwiller*. Am oberen Ortsende rechts das Tal des Kleinen Sulzbach. *Hier führt ein Fahrweg (und Wanderweg) zum Hochsattel* **Boenlesgrab** (865 m, 5 km) unweit des Petit Ballon (siehe auch bei Guebwiller*), und weiter über den Firstplan nach **Soultzbach-les-Bains*** (16 km).

Am südlichen Talrand das langgestreckte Lautenbach-Zell, das im 1. Weltkrieg starke Zerstörungen erlitten hatte.

Weiter talaufwärts links des Flusses eine Kirche, die man offensichtlich nicht „im Dorf gelassen" hat, denn das zugehörige Dorf **Linthal** (800 Einwohner) erstreckt sich diesseits des Flusses seitwärts weit rechts ins Seitental hinein, was vielleicht damit zusammenhängt, daß ein großer Teil des Dorfes im 1. Weltkrieg zerstört worden war.

Durch das genannte rechte Seitental führen Fußwege zum **Petit Ballon** (WM rotes Dreieck, 2 Std.) und zum **Col Hilsenfirst** (Hilsenfirstebene, 1121 m, WM rot-weiß-rot, 2 1/2 Std.). Weitere Fußwege zum **Lac de la Lauch** (WM blaues Kreuz, 2 1/2 Std., oder WM blaues Dreieck, 2 Std.), und zum **Lac du Ballon** (WM rot-weiß-rot, 1 3/4 Std., oder über Cascades Seebach 1 3/4 Std.).

Dann der Weiler Höfen-Sengeren, mit Linthal fast zusammengebaut, in dem nun sehr eng gewordenen Tal. 3 km danach links das **Tal des Seebach,** der der Ausfluß des Belchensees ist. Gleich vorne rechts auf dem Hügel geringe Reste der ehedem der Abtei

Murbach gehörigen Burguine Huserschloß. Rechts oberhalb der Wirbelkopf (auch Langenfeldkopf, 1290 m), der Spitzkopf (1279 m) und der Klintzkopf (1328 m), an welchem die Straße, beim MF-Dauvillers bzw. Niederlauchen (Campinggelegenheit), die Talebene verlassend, in Windungen hinaufführt, etliche Wildbacheinschnitte (hier meist „Runz" genannt) umgehend. Dabei verschiedentlich schöne Ausblicke ins Lauchtal und auf den nun nicht mehr fernen Großen Belchen, und weiter oben auch auf die Hotels des Markstein. Dann mit leichtem Gefälle zu dem schön in einem waldumrahmten Kessel gelegenen **Lauchsee** (Lac de la Lauch, 924 m).

Der 400 auf 450 m (11 ha) große See wurde um 1890 durch den Bau eines ca. 250 m langen Staudamms geschaffen. Hotel-Restaurant (Saison), Bade- und Campinggelegenheit.

Wanderwege führen talabwärts entlang der **Lauchfälle** nach **Linthal** (WM blaues Dreieck, 1 3/4 Std., sowie aufwärts zum **Col d'Oberlauchen** (WM gelber Balken, 1 Std.), zum **Markstein*** (WM blaues Dreieck 3/4 Std.) und zum **Lac du Ballon** (WM blaues Kreuz, 2 Std.).

Vom See aus sind es noch ca. 3 km auf schöner Aussichtsstraße zu dem 250 m höher gelegenen Hoteldorf **Markstein***.

b. Das Münstertal

Das Münstertal zieht sich von der Rheinebene bei Colmar bis zum Fuß des Vogesenkammes und ermöglicht den Zugang zu diesem, bzw. dessen Überschreitung nach Westen. Durchflossen ist es von der Fecht, die in Münster aus zwei Armen, der Kleinen und (nördlich) der Großen Fecht, gebildet wird. Hauptort ist Münster*, Sammel- und Versandplatz des berühmten Münsterkäse, der in den Melkereien auf den Höhen rings um das Tal erzeugt wird.

Die Mehrzahl der Taldörfer liegt am (sonnigen) nördlichen Talrand inmitten ihrer Weinberge, während sich am Südrand die Wälder meist bis ins Tal herabziehen, mit Ausnahme des „Rebberg" bei Soultzbach. An dieser wenig besiedelten Südseite verläuft die zunächst durchweg ebene Durchgangsstraße zum Col de la Schlucht und d'Hahnenbrunnen, während auf der Nordseite des Tales eine ruhigere und reizvollere Provinzstraße auf- und abschwingt und die dortigen Winzerdörfer miteinander verbindet.

Von **Türkheim** an der Weinstraße*, mit seinem altertümlichen Stadtbild, führt die Straße D 10 aufwärts zu den in seitlichen Einschnitten gelegenen Weinbaudörfern Zimmerbach und **Walbach,** letzteres mit einem Schlößchen, ein gotischer Giebelbau mit Wendeltreppenturm. Wallfahrt zu Notre-Dame du Chêne. Auf den jenseitigen Waldbergen vorne links die Pflixburg, darüber die Hohlandsburg mit ihrem breiten Mauergürtel (siehe bei Colmar*). Dann

Wihr-au-Val, das im zweiten Weltkrieg schwer beschädigt wurde. Ein steiler Pfad (auch ein Weg) führt auf den Sonnenberg mit der Wallfahrtskapelle Sainte Croix, und ein Wanderweg (WM blaues Kreuz) in ca. 1 1/2 Std. zu den beiden Hohnack usw. (siehe Troix-Epis*). Jenseits des Tales liegt in der Mündung des 10 km langen Krebsbachtals das Badestädtchen Soultzbach-les-Bains*. Dann erreicht man das stille

Günzbach, das sich in ein Wiesentälchen hineinzieht, durch das ein bezeichneter Wanderweg (der sich später teilt) in ca. 1 1/2 Std. auf die Höhe der Hohnackstraße beim Schratzmännele (s. Trois-Epis*) führt. Das anspruchslose Dörfchen ist als Wahlheimat des Urwalddoktors weltbekannt geworden. Jenseits in einem seitlichen Taleinschnitt das Dörfchen Griesbach-au-Val. Rechts davon am Abhang des Schloßwaldes erkennt man die Ruine des ehemaligen Schlossen **Schwarzenburg** (siehe bei Münster*).

In dem nun sich verengenden Fechttal erscheint das Städtchen **Münster*** im Blickfeld, das durch zwei Kirchtürme und einen hohen Schornstein markiert ist. Auf den zurücktretenden Berghängen sieht man allenthalben die hellgrünen Matten um die Melkereien, die zum erwandern reizen.

Bei Münster wird das Fechttal durch den sich hier einkeilenden Mönchberg geteilt. Die Nationalstraße N 417, die zum Col de la Schlucht führt, verläuft nördlich, zunächst entlang des Tales der Petite Fecht (Kleintal). (Durchs Großtal über Metzeral zum Col Hahnenbrunnen bzw. Breitfirst siehe folgende Seite.) Rechts oben sind die repräsentativen Hotelbauten von **Hohrodberg** (800 m) auszumachen, zu dem, kurz vor Stoßwihr rechts abzweigend, eine Straße (6 km) über das zugehörige Dorf Hohrod hinaufführt. (Von dort 3,5 km zur Hohnackstraße bzw. Schratzmännele - siehe bei Trois-Epis*).

Dann **Stosswihr,** das im 1. Weltkrieg in der Frontlinie lag, die sich von dem hart umkämpften Reichsackerkopf (771 m) links oben herabzog. Am Ende des nach 1918 völlig neuerbauten Dorfes wird das Tal der Kleinen Fecht (siehe auch Wanderungen

Münster*) verlassen, und die Straße steigt durch das enge Sult-
zernbachtal (Kleintal) aufwärts nach

Soultzeren, das im 1. Wltkrieg ebenfalls fast gänzlich zerstört
worden war.

*Wanderung zu dem dicht unterhalb des Hauptkammes gelegenen
Soultzerner See (Grüner See, 7 ha groß, 1044 m hoch, 2 Std.). Von
da in einer weiteren Stunde in nördlicher Richtung zu dem 3 ha
großen Lac des Truites (Forellensee) am Fuße des steilen Gazon du
Faing, mit 1061 m der höchstgelegenste See der Vogesen (siehe
auch bei Route des Crêtes*).*

Nach der sogenannten Inselbrücke am oberen Ortsende rechts
eine Verbindungsstraße zum Wettsteinpaß, links die Weiterfüh-
rung der Nationalstraße, die als wundervolle Panoramastraße aufwärts führt, vorbei am schöngelegenen Hotel Belle Vue, entlang
von mattenbedeckten Hängen, hoch über dem Tal der Petite
Fecht. Kurz nach dem Eintritt in den Wald zweigt rechts ein
Waldweg ab, der zum Soultzerner See (siehe oben) führt. Weiter
in einer Schleife um das auf einem Bergvorsprung gelegene Sanatorium Altenberg herum (1100 m), und dann in weitem, über seine ganze Länge zu übersehenden Bogen auf in den Granitabsturz
der Schlucht eingesprengter Straße aufwärts. Überwältigender
Ausblick zwischen Himmel und Erde: der erste Bergvorsprung ist
der Krappenfels (Rabenfels), dahinter der Doppelhöcker des
Großen und Kleinen Hohneck. Zuletzt gibt ein kleiner Felsdurch-
bruch den Durchtritt zur Häusergruppe **Schlucht*** (1159 m) und
damit zur Route des Crêtes* frei.

*Die den Touristen so beglückende Schlucht-Kunststraße wurde
1 Jahr vor Ausbruch des Deutsch-französischen Krieges, offensichtlich aus strategischen Gründen, hergestellt.*

Ein weiterer möglicher Aufstieg zur Route des Crêtes (ab Münster) erfolgt durch das **Tal der Großen Fecht** (Großtal). Dieses ist
ein verhältnismäßig breites, von Waldbergen besäumtes freundliches Wiesental, dem man die blutigen Kämpfe, die sich hier 1915
abspielten, nicht mehr ansieht.

Die erste Ortschaft ist **Luttenbach,** etwas abseits der Straße,
nach der Zerstörung neu aufgebaut.

*Hier beginnt ein Fahrweg zum Petit Ballon (10 km), der ent-
lang des Furchtales und an der Melkerei Ried vorbei bis zur Melkerei Kahlerwasen führt. Von dort 1/2 Std. zu Fuß - Der Weg ist auch
Wanderweg und mit rotem Schrägkreuz bezeichnet.*

Dann das ebenfalls jenseits in einem Taleinschnitt gelegene Dorf **Breitenbach,** mit deutschem Kriegerfriedhof auf dem Krähenberg, 2 km über dem Ort (WM roter Punkt). Wanderwege zum Petit Ballon.

Schräg gegenüber das Dorf **Mühlbach** mit ca. 800 Einwohnern, am Fuß des Reichsackerkopf (Sattelkopf). Touristenstandort, Fahrweg zum Col du Sattel (Reichsackerkopf), sowie Fußweg dorthin und zu den beiden Hohneck (WM blauer Punkt, 3 Std.). Außerdem Fahrweg nach Le Gaschney (Wintersportplatz usw.) über Col du Sattel oder den Schiessrothriedsee.

Talaufwärts in Sichtweite liegt **Metzeral** (480 m), der Hauptort des Großtals, der nach dem 1. Weltkrieg ebenfalls vollkommen neu wiederaufgabaut werden mußte. Heute beliebter Luftkurort und Touristenstandort. Wegen der zahlreichen Wanderwege siehe bei Stadtbeschreibung Metzeral*.

Die auf die Höhe führende Straße folgt nun dem südlichen der beiden hier zusammenstoßenden Quelltäler und durchquert **Sondernach** (540 m), ebenfalls Touristenstandort (s. bei Metzeral*).

Die neuerbaute Straße D 27 führt mit teilweise starker Steigung in vielen Windungen am Osthang des Schnepfenrieder Berges hinauf.

Nach 6 km Anstieg, vorbei an der Kahlfläche Oderrück, rechts ein Abzweig zum Schnepfenriedwasen (1 km) mit der aus einer Melkerei entstandenen Touristenstation **Schnepfenried,** *ca. 1100 m, Luftkurstation und Wintersportplatz unweit nördlich unterhalb des Schnepfenriedkopf (1254 m), mit 2 Hotels und Touristenbetten und Lifts.*

Die neue Straße führt weiter aufwärts, mit Ausblick in das einsame Sondernacher Fechttal, dessen gegenüberliegende Talseiten in die kahlen Kuppen des 1270 m hohen Hilsenfirst (links), und des 1290 m hohen Wirbelkopf auslaufen. Dann wird in 1183 m Höhe der **Col du Platzerwasel**, ein Sattel zwischen Schnepfenriedkopf und Nonselkopf erreicht).

Ab hier bequemer Fußweg in mäßiger Steigung über den Kamm des Schnepfenrieder Berges zum Aussichtspunkt Schnepfenriederkopf (1254 m).

Damit wechselt der Ausblick von dem östlichen Sondernacher nach dem westlich gelegenen Mittlacher Fechttal mit dem darüber ansteigenden Hauptkamm, während die Straße entlang des Westhangs des Nonselkopf (1268 m) und des Lauchenkopf (1314 m) aufwärts führt. Wenig mehr als 5 m unterhalb der Straße befindet sich eine der verschiedenen Quellen der Fecht. Noch weiter aufwärts über den **Breitfirst** und kurz abwärts zur Route des Crêtes*

c. Das Tal der Weiss
(Kaysersberger Tal)

Die Strecke führt von Colmar* über Ingersheim mit schönem Höhenfernblick auf das Hoteldorf Trois-Epis* überragt von dem 730 m hohen Galtz mit Kriegerdenkmal. Dann ein Stück entlang der Weinstraße (s.S. 59) bis **Kaysersberg***. Über die Weißbrücke talaufwärts entlang der teilweise noch rebenbepflanzten Vogesenberge.

*Abstecher: Hinter Alspach rechts durch ein hübsches Wiesental aufwärts nach **Fréland** (Urbach), und weiter mäßig aber stetig aufwärts durch schönen Buchenwald mit Ausblicken, zum Col de Fréland 831 m (Fahrweg über Sanatorium Salem zum Großen Birschberg **(Brézouard)**, 1228 m, mit einmaliger Aussicht, 11 km). Oder von hier evtl. über **Aubure*** (Altweiler, mit 790 m das höchstgelegene Dorf des Elsaß) abwärts ins Strengbachtal.*

Bei dem Weiler **Hachimette** (Eschelmer) ein weiterer

*Abstecher: Links 3 km aufwärts nach **Orbey** (Urbeis, 500 m) in einem Wiesenhochtal, Luftkurort, viele Wanderungsmöglichkeiten, z.B. in 2 Std. zum Weißen See (WM blauer Balken). Anschluß an die Route des Crêtes (siehe B 3). Busverbindung mit Colmar über Kaysersberg. Die abseits gelegenen Teilgemeinden Remomont, Hautes-Huttes und Basses-Huttes sind ebenfalls Luftkurorte.*

Von Hachimette geradeaus das liebliche Béhinetal aufwärts über **Lapoutroie** (Schnierlach) nach **Le Bonhomme** (Diedolshausen, 690 m), ein nach der Zerstörung im ersten Weltkrieg neu aufgebauter Luftkurort und Wintersportplatz mit Hotels und starkem Touristenverkehr. - Oberhalb des Dorfes geringe Reste der aus dem 11. und 14. Jahrhundert stammenden Gutenburg, die aber angeblich schon die ehedem hier durchführende Römerstraße bewacht haben soll. Busverbindung mit Colmar und St.Dié. Auskunft: Mairie, PLZ 68650.

Wanderungen *z.B. südlich über den Rabenbühl auf den **Buchenkopf** (Tête des Faux, 1220 m, 1 1/2 Std., Weltkriegsstellun-*

gen), weiter über den Immerlinskopf (1215 m) durch den Forêt des deux Lacs in 1 Std. zum Lac Blanc (WM roter Balken).

Nördlich Abzweig der Straße D 48, die über den Col des Bagenelles ins Liepvretal (Ste-Marie-aux Mines) führt (siehe B 4 d).

Südwestlich auf der N 415 entlang des Béhinetales weiter aufwärts. Links der kahle Tête des Faux (1220 m), schöne Ausblicke, dann durch Tannenwald zum **Col du Bonhomme*** (949 m, ehemalige Grenze), Hotels und starker Touristenverkehr. Auskunft: Mairie Bonhomme, PLZ. 68650. Von hier führt die N 415 westabwärts nach Lothringen, und die Kammstraße D 48 über den Col du Louchbach zum Anschluß an die Route des Crêtes oberhalb des Weißen See (siehe B 3).

d. Durchs Liepvretal
(Ste-Marie-aux-Mines)

Das Tal der Liepvre (Lebertal, Markirchertal) wird landläufigerweise als Grenze zwischen den südlichen und mittleren Vogesen betrachtet. Auch politisch war der Leberfluß streckenweise Grenze zwischen den Herrschaftsbereichen der Grafen von Rappoltstein und der westfränkisch orientierten Herzögen von Lothringen, was so weit ging, daß diese Grenze sogar mitten durch das Städtchen Markirch (Ste-Marie-aux-Mines*) verlief. Die Strecke bildet sowohl straßenmäßig, wie per Bahn eine wichtige Querverbindung über die hier nur noch mäßig hohen Vogesen. Gleichzeitig ermöglicht die Straße durch das Liepvretal und über den Col du Bonhomme den Anschluß an die berühmte Höhenstraße Route des Crêtes (siehe Abschn. B 3.)

Die Strecke beginnt an der Weinstraße bei **Châtenois** (Kestenholz), und führt zunächst in das hier sehr breite Gießental. Rechts oben die beiden Scherweiler Schlösser (siehe S. 56). Geradaus auf der der Höhe die Frankenburg (siehe nachstehend), und links oben die Hohkönigsburg*.

Straßengabelung bei Val-de-Villé. Rechts führt die Straße N 424 durch Gießenbach über Villé* zum Champ du Feu. Das Liepvretal mit der N 59 verläuft geradeaus und erreicht die Bahnstation **Hurst** (Gare de La Vacelle).

Linkerhand führt ein Fuß- und Waldweg in etwa 1 3/4 Std. durch Tannen- und Kastanienwald über den Gumbelfels zur Hohkönigsburg* aufwärts. Rechtsab kreuzt die Nebenstraße D 167 die

*Bahnlinie und führt durch den Wald aufwärts zu dem schöngelege-
nen Weiler La Vancelle (Wanzel, 427 m, Sommerfrische). Doch
zuvor, beim Forsthaus Brand, zweigt nördlich ein Fußweg ab (WM
rotes Schrägkreuz), der zu dem 650 m hoch gelegenen Col du
Frankenbourg führt. Hier entweder links zum 855 m hohen Altenberg, oder rechts zu der aussichtsreichen* **Frankenburg** *(703 m),*
auch Krüterschloß genannt, nach dem ehemals zugehörigen Dorf
Gereuth (elsässisch „Krüt"), das nördlich unterhalb der Burg
liegt.

Der Gipfel des Berges diente offensichtlich bereits in prähistorischer
bzw. keltischer Zeit als Fliehburg, finden sich doch auf drei Seiten, vor allem auf der Südseite, Mauerwälle, die mit ihren mit Schwalbenschwanz-
kerben versehenen Steinklötzen große Ähnlichkeit mit der bekannnten
Heidenmauer des Odilienberges* aufweisen. Dann geht die Sage, daß bereits der Frankenkönig Chlodwig (5./6.Jahrhundert) hier eine Burg gehabt habe, woraus wohl auch ihr Name entstanden ist. Geschichtlich ist
die erste urkundliche Erwähnung aus dem Jahr 1105. In jener Zeit war sie
im Besitz der Grafen von Werd, die sich in der Folge nach dieser Burg benannten. Im 15. Jahrhundert waren es die Herren von Lützelstein, die als
neue Besitzer die Burg im Jahre 1447 mit einem Aufwand von 1000 Gul-
den restaurierten und verstärkten. Jedoch schon 1582 wurde sie durch
Brand zerstört.

Erhalten sind Reste des weithin sichtbaren runden Berfrieds, des Palas,
der Kapelle und der Umfassungsmauern.

Von Hurst aus weiter entlang des sich nun verengenden Leber-
tals (von La Vacelle auch eine direkte Straße abwärts) nach

Liepvre (Leberau), einem großen Dorf mit Textilindustrie, ehemals Blei-und Silberminen), das im Umkreis eines im 8. Jahrhundert gegründeten Benediktinerklosters entstanden ist. Dieses ist
verschwunden, bis auf die unteren Stockwerke eines romanischen
Kirchturms, der die Besonderheit verrät, daß die zugehörige
Kirche ehedem in Süd-Nord-Richtung stand, was aus der in
der Turmhalle (gleichzeitig Chor) an der Ostwand angebrachten
Sakramentsnische geschlossen werden kann (Evangelienseite).

*In der Umgebung das schöne Rumbachtal mit dem Col de Fou-
chy (608 m).*

Weitere 5 km talaufwärts das große Marktdorf **Ste-Croix-aux-
Mines** (Heilig Kreuz) mit 2500 Einwohnern, mit Tabak- und
Textilindustrie. Schöne Lage zwischen den bis auf die Talsohle
herab bewaldeten Bergen.

In einem der Seitentäler der Weiler Petit Rombach, und darüber auf einem isolierten Hügel die Burgruine **Hoheneckrich** *(Eschery, 500 m), im 13. Jahrhundert vom Ortsadel errichtet. Vorhanden sind nur noch geringe Mauerreste, gestützt durch Strebemauern. Nach Süden war ein kleines Vorwerk vorhanden .*

Dann weitet sich das Tal, um Platz zu machen für die hübsche kleine Stadt
Ste-Marie-aux-Mines*, wo weltberühmte Schottenstoffe hergestellt werden. Die Stadt steht auf einem wichtigen Verkehrsknotenpunkt: Nach O erreicht man über den wenig ausgeprägten Col de Ribeauvillé die Gegend um Colmar, und nach W gewinnt man mit der N. 59 über den Col de Ste-Marie-aux-Mines (seit 1976 führt auch eine Straße in einem umgebauten ehemaligen Bahntunnel unten hindurch) das Lothringische Hügelland. Geradeaus führt die D 48, unsere Strecke, in Richtung der Hochvogesen.

Zunächst hinter Ste-Marie der Vorort **Echery** (Eckrich), der älteste Teil der Stadt, mit seiner alten Klosterkirche (links auf der Höhe mit Zeltdachturm). Etwas flußaufwärts La Petite Liepvre (Klein-Leberau), kleine Sommerfrische in schöner Umgebung. Weiterhin entlang des Liepvreflusses und in Windungen am westlichen Fuß des Brézouard aufwärts bis zum **Col des Bagenelles** (Diedolshauser Höhe, 903 m).

Wanderungen: 1. Aussichtsberg Brézouard (siehe bei Aubure*) entlang eines befahrbaren Weges über die Melkerei (Restaurant) Haycot (Bluttenbergmatt) zum Fuß des Berges (4 km, Parkplatz). Aufwärts in 1/2 Std. - 2. Zum Col de Bonhomme (1 1/4 Std.), entweder auf Forstweg oder auf dem Kammweg über den Roßkopf (1128 m).

Vom Paß nun wieder abwärts entlang eines Seitentales der Béhine nach **Bonhomme** (Diedolshausen, 690 m, siehe S. 83), wo die Strecke in die Nationalstraße N 415 (Colmar - St-Dié) einmündet. Mit dieser führt sie entlang des oberen Béhinetales an aussichtsreichen Hängen aufwärts, teilweise durch Tannenwald, zum **Col du Bonhomme*** (Paß von Diedolshausen, 949 m), der ein wichtiger Ost-West-Übergang ist.

Unsere Strecke (D 48 II)zweigt von der Paßstraße scharf links in südlicher Richtung ab und führt in gerader Linie entlang des Kammes mit der ehemaligen deutsch-französischen Grenze über die Louchbachsenke hinweg zum Col du Louchbach (978 m),

Kreuzungspunkt etlicher Straßen und Wege. Von hier östlich bergauf zu der

Straßenkreuzung Calvaire (1145 m), wo der Anschluß an die Route des Crêtes (Vogesenkammstraße, siehe Abschn. B 3) erreicht ist. Hier kann entweder scharf rechts abbiegend diese Tour angesetzt werden, oder die Fahrt geradeaus über den Weißen und Schwarzen See und die Hohnackstraße (Trois-Epis) fortgesetzt bzw. beendet werden (Beschreibung siehe S. 72 bis S. 76).

5.
Die Vogesenstraße
(Champ du Feu)

Die westlich von Obernai beginnende und sich bis zum Donnersberg erstreckende, z.T. ganz neu erbaute Höhenstraße D 214 ist gewissermaßen die „Route des Crêtes" der Mittleren Vogesen, verläuft sie doch etliche Zeit in Höhen um 1000 Meter. Ihr besonderer touristischer Vorteil ist, daß sie vom „Einfallstor" Straßburg aus in kürzester Zeit (35 km) zu erreichen ist.

Zufahrt, wie erwähnt über **Obernai*** mit seinem mittelalterlichen Stadtbild und dem berühmten Sechseimerbrunnen, das einen kurzen Besuch verdient. Dann westlich **Ottrott** an der Weinstraße, überragt von seinen beiden Schlössern und dem Odilienberg*. Das Ehntal aufwärts erreicht man **Klingenthal,** das 1720 von Solinger Messerschmieden als Hammerschmiede gegründet wurde. Links oben nochmals die Ottrotter Schlösser. Dann bleibt links der Abzweig nach dem Odilienberg mit dem darüber errichteten Dreistein unbeachtet.

Weiter das Ehntal entlang, dann im Windungen (Aussichtspunkte) durch den Hochwald aufwärts, wo beim **Forsthaus Rothlach** (935 m) eine Zufahrtstraße von Welschbruch - Hohwald einmündet.

Zum Aussichtspunkt **Neuntelstein** *(971 m, WM gelbes Dreieck) ca. 20 Minuten.*

Nun nochmals kräftig aufwärts zur Höhe Sommerhof mit **Rocher de Rathsamhausen** (1048 m). Ein Abzweig nach Rothau im Bruchtal blieb unbeachtet. Zunächst noch durch schönen Wald, dann beginnt der lange Hochfeldrücken, der hauptsächlich aus abgeschliffenem Granit besteht, wo der Baumwuchs fast zum Erliegen kommt; dagegen ist die niedere Flora alpinen Charakters sehr artenreich und interessant.

Dann erreicht man das Zentralstück des **Champ du Feu,** die Höhe 1099 mit dem 20 m hohen Aussichsturm mit Orientierungstafel, den die Straße in ihre Mitte nimmt. Viel Parkraum! (Der französische Name ist zweilfellos aus Champ du faîte, was „Firstfeld" (Hochfeld) bedeutet, entstanden. Wintersportgelände.

Nun wieder abwärts, zunächst zum **Col de la Charbonnière** (960 m, Forsthaus mit Herberge), Kreuzungspunkt der Villé (Selestat) und das Bruchetal (durch das Steintal) verbindenden Straße D 57. Geradeaus steuert unsere Strecke, eine in diesem Abschnitt neuerbaute Panoramastraße, genau auf den mächtigen, aus dieser Sicht sargartig querliegenden **Donnerberg** (Climont 966 m, römisch: Clivus Mons) zu, der, aus hartem Sandstein bestehend, ca. 400 m aus seiner Umgebung aufragt, und an seinem „Bug" einen Aussichtsturm trägt. Der Berg gebiert - nicht eine Horaz'sche Maus, sondern, an seinem Westfuß, den bedeutenden Bruche-Fluß.

Zuvor nochmals ein Ost-West-Paß, der **Col de Steige,** mit derselben Funktion wie der vorige, jedoch 400 m tiefer liegend, und damit leichter zu passieren. (Hotelrestaurant Col de Steige mit ca. 35 Betten).

Die neue Straße umfährt den Cimont dicht an dicht, die Fermes Climont passierend, und erreicht in etlichen Serpentinen am **Col d'Urbeis** die Straße D 23/D 39, und damit ihren Endpunkt

Rückweg evtl. entlang der Straße D 39 über Urbeis - Villé nach Sélestat, oder entlang der Straße D 23 westwärts ins Tal der Bruche und dieser entlang abwärts (siehe Abschn. B 6).

Falls noch weiterer Bedarf an Höhenluft besteht, kann die Route des Crêtes (siehe Abschn. B 3) wie folgt in kürzester Zeit erreicht werden: Ostwärts entlang der D 39. Nach 8 km (hinter der Ortschaft Urbeis) rechts aufwärts über den Col de Fouchy (608 m) nach Liepvre (siehe Abschn. B 4 d) und weiter über Ste-Marie-aux-Mines* das Liepvretal aufwärts.

Besonders lohnend ist es, an das Ende dieser Tour den eingehenden Besuch des besonders schönen und abwechslungsreichen Tales der Bruche (Breuschtal, siehe nachfolgender Abschn.) anzuzuschließen und damit eine Rundfahrt auszuführen.

6.
Das Bruche-Tal

La Bruche (die Breusch) entspringt als zarte Quelle am Fuß des mächtigen, an die 400 m aus seiner unmittelbaren Umgebung aufragenden Sandsteinbergstocks Climont, doch schon nach wenigen Sprüngen hat sie bei Saales ihr endgültiges Bett gefunden, das sie mit der Eisenbahn und der Nationalstraße N 420 (Straßburg-Dié) teilt.

Die dem Lauf des Flusses folgende Beschreibung erleichtert das Voransetzen einer anderen Tourenstrecke, z.B. die Vogesenstraße (Abschn. B 5) oder die Route des Crêtes (B 3), oder nur die Zufahrt über das Liepvretal (B 4 d).

Saales,
eine kleine Ortschaft mit 1200 Einwohnern, liegt in 560 m Höhe in einem Talkessel, in dem etliche der Quellbäche der Bruche zusammenfließen. Sommerkurort und Touristenstandort.

Umgebung: 1. Der Voyemont (Schauberg 789 m), der das Bruchetal nach Süden begrenzt und einen schönen Talblick ermöglicht. WM rot-weiß-rot, 1 Std. - Eventuell weiter über den Abatteux (699 m) zum Climont (966 m, 2 1/2 Std., siehe S. 81).

2. Zum Solamont (WM rotes Kreuz, 895, 1 Std.) und Chateau St. Louis zusammen 2 Std.).

Dicht bei Saales liegt **Bourg-Bruche** mit Straßenverbindung nach dem östlichen Landesteil über den Col de Steige. Dann flußabwärts

St-Blaise (Heiligblasien)
Westlich dieses Ortes liegt zwischen dem Bruche-und dem Senonestal der seltsame, fast scheibenförmige Gebirgsstock **Hautes Chaumes** *in einer Ausdehnung von ca. 50 qkm, der durch einschneidende und z.T. gewundene Täler mehr als zehnfach polypenartig eingelappt ist. Der seltsamste Teil ist* **La Chatte Pendue** *(Katzenstein, 900 m), von wo man in einen phantastischen 400 Meter tiefen nierenförmigen Kraterkessel blickt. Der Wanderweg (WM gelber Punkt) führt in 3 Std. über Plaine, Champenay und das MF Falle durch den Kessel auf die Höhe des Katzensteins. - Rückweg evtl. über den östlich gelegenen Col de la Chatte (siehe auch bei Rothau).*

Wenig flußabwärts das Dorf **Fouday** (Breusch-Urbach). *Von hier führt die Straße D 57 ostwärts in das* **Steintal,** *das im 30jährigen Krieg verödete und verarmte und erst durch die Bemühungen* des Pfarrers Oberlin (1740-1826) wieder zu auskömmlichem Wohlstand kam. (Vgl. den Roman „Oberlin" von dem Elsässer Friedrich Lienhard). Pfarrer Oberlin wirkte im Pfarrhaus in Waldersbach, wo ein kleines Museum sein Andenken wach hält. Begraben liegt er in Fouday, in der Nähe des schlichten romanischen Kirchleins (12./13. Jahrhundert), das in seiner Turmhalle (ehemaliger Chor) ein hübsches spätgotisches Sakramentshäuschen mit eiserner Gittertür enthält. Die schöngelegenen Dörfer des Steintales sind inzwischen beliebte Urlaubsorte geworden.

Oberhalb des Dorfes **Bellefosse** (Schöngrund, besitzt ein Schwimmbad) liegt das ehemalige **Château de la Roche** (Steinschloß 1/2 Std.), ehemaliger Sitz der Herrschaft Steintal, zerstört 1472 durch den Bischof von Straßburg, ein richtiges Adlernest auf hohem Fels.

Die Steinstraße führt weiter zum Col de la Charbonnière (Vogesenstraße) aufwärts.

Weitere 5 km abwärts, angekündigt durch den 100 m hoch im Talgrund stehenden Felsen „Petit Donon de Rothau", der rührige Marktflecken

Rothau

(2000 Einwohner) mit Textilindustrie. Für Feierabend und Tourismus sorgt ein Sportzentrum mit Stadion, Freibad, Campingplatz erster Kategorie und Unterhaltungsraum.

In östlicher Richtung führt entlang des Rothaubachs die Straße D 130 (16 km) auf die Höhe der Vogesenstraße (B 5). Halbwegs abseits liegt Natzwiller mit der **Cascade de Serva** *im Hintergrund des Servatälchens. Dicht bei der Straße der* **Struthof,** *710 m, wo während des Krieges ein Konzentrationslager (Vernichtungslager) eingerichtet war, in dem viele Tausende, vor allem Ausländer, den Tod fanden. Der Ort ist zu einer internationalen Gedenkstätte gestaltet.*

Westlich führt eine Nebenstraße entlang des hübschen Albaytälchens zu der Häusergruppe **Les Quelles** am Fuße der bei St-Blaise genannten Hautes Chaumes. Von hier zum MF. Salm und Aufstieg zur **Burgruine Salm** (809 m, 1 1/2 Std.), die auf einem dem Tête Pelée (Kahlkopf) vorgesetzten Felsenkegel steht.

Die Burg war Amtssitz der ehemals bedeutenden Grafschaft Salm, Ende des 17. Jahrhunderts wurde sie zerstört. Vorhanden sind die Reste eines großen runden Turmes und der Umfassungsmauern.

Der Wanderweg blaues Kreuz führt längs des Vorbrückrückens über Les Quelles und den Col de la Chatte Pendue zur **Chatte Pendue** *(900 m) auf den Hautes Chaumes 2 1/2 Std.) - Evtl. Fortsetzung dieser Wanderung mit WM rotes Dreieck in nordwestlicher Richtung über die Hautes Chaumes, quer durch das obere Senonestal (Rabodeau-Bach) und aufwärts zum* **Lac de la Maix** *(663 m, 2 Std. ab Chatte).*

In Sichtweite talabwärts liegt **Schirmeck***, mit dem unmittelbar anschließenden La Broque zusammen ca. 6000 Einwohner. Straßenknotenpunkt, wichtigster Ort des mittleren Bruchetals, Sommerfrische, Touristenzentrum, südlich überragt von dem das Tal einschnürenden Schloßberg. Links oberhalb das hohe Kreuz des deutschen Kriegerfriedhofs Sattelkopf, dahinter der mächtige Donon (siehe bei Schirmeck*).

Unterhalb der Stadt verdoppelt sich die Bruchetalstraße: Links die Nationalstraße N 392, und rechts eine Provinzialstraße D 204, die sich bei Lutzelhouse wieder mit der Hauptstraße vereinigt. Sie ist außerdem sehr vorteilhaft, wenn man einen Umweg über Grendelbruch (Signal) und Château Guirbaden (sehr zu empfehlen) machen will.

Zunächst also Variation 1:

In Schirmeck links über den Fluß und das linke Ufer entlang nach **Hersbach** (Wanderung zum Donon, WM gelbes Dreieck, 2 1/2 Std., über den französischen Kriegerfriedhof, Kohlberg, Petit Donon und Col.). Dann begleitet ein langes Weinbergstück die Straße bis nach

Wisches, einem sehr alten Dorf, das bereits 810 als „Wisicha" erwähnt ist. Eine ehedem Chemin des Sarrazins genannte Römerstraße führt entlang (oberhalb) der Weinberge in Richtung Kriegerfriedhof Hersbach und zum Donon. An Altertümern gibt es einen alten Kirchturm (14. Jahrhundert) mit gotischen Fenstern, der zeitweise als Kapelle diente.

Ausflugsmöglichkeit zum Donon: Entweder die „ Römerstraße" aufwärts über den Kriegerfriedhof, oder mit WM gelber Punkt entlang des Netzenbach- und des Felsentales über den Petit Donon (3 Std.).

In dem nun sich verbreiternden Tal liegt **Lutzelhouse,** ansehnliches Bauerndorf mit Textilindustrie.

Wanderung mit WM weißer Balken entlang des Langbergs aufwärts zum Col de Narion. Rückweg mit WM roter Balken über den Rocher de Mutzig (1009 m), Porte de Pierre (Türgestell) und MF. Kappelbronn, von dort mit WM rot-weiß-rot. Zusammen 4 1/2 Std. (Von Lutzelhouse bis MF. Kappelbronn ein befahrbarer Waldweg.)

In Lutzelhouse, sowie 2 km unterhalb des Dorfes, mündet die von Schwarzbach kommende rechtsseitige Talstraße (Variation 2) in die Nationalstraße zurück. Doch zunächst weiter auf der Nationalstraße nach dem 3 km entfernten

Urmatt, Dorf mit 1000 Einwohnern, ebenfalls schon 810 (Hurmusa) erwähnt. Nach Norden öffnet sich eine leicht ansteigende, unbewaldete Ebene, die von dem kräftigen Haselbach (Riveau de Haslach) durchflossen wird.

Dort liegen die Ortschaften **Oberhaslach*** *und* **Niederhaslach*** *(3 km), die zu besuchen sehr lohnt, zudem von dort weitere interessante Ausflüge gemacht werden können (siehe bei Oberhaslach* und Wangenbourg*).*

Nach Süden Fußwege (weißer oder gelber Balken) nach Grendelbruch usw. (siehe S. 92).

Weiter abwärts entlang des nun sehr stattlich gewordenen Flusses. Von links der Zufluß des Haselbaches mit einer weiteren Zufahrtsstraße nach den beiden Haslach. Fluß, Bahn und Straße zwängen sich nun durch den vom Rocher du Corbeau (links) begrenzten Engpaß, und verlassen damit den Waldgürtel der Vogesen, der nun weitgehend von Weinbergen abgelöst wird. Links oberhalb das Weinbauerndorf

Heiligenberg. Von rechts mündet die aus dem Mageltal (Grendelbruch, Gribaden, Mollkirch) einmündende Straße, auf die hiermit zurückgekommen sein soll als

Variation 2,

beginnend nochmals in Schirmeck: Von dort am Stadtrand geradeaus bzw. halbrechts auf die D 204. Gleich rechts ein Tälchen mit dem Weiler **Barembach** mit Ausflugsmöglichkeiten (Forstweg) entlang des Tales zum Struthof (s.S. 89) oder zum Roßberg oder nach Grendelbruch usw.

Nun dem rechten Talhang entlang nach Russ, das gegenüber von Hersbach (1 km) liegt. Wanderung entlang des Rußbachtales (Forstweg) zum Roßberg, Champ du Messin usw.

In dem nächstfolgenden Dorf **Schwarzbach** führt ein Abzweig links über Mühlbach oder Wisches zur Hauptstraße, rechts verläuft die Grendelbrucher Straße D 204 nach Umgehung des Schwarzbachtales leicht bergauf zur „Höhe von Grendelbruch" (Wegegabel, 550 m). Von da Abfahrt und Überblick über das malerisch auf einem Wiesenhöhenrücken über dem Mageltal gelegene Dorf

Grendelbruch, (600 m, Plz. 67190)

ein beliebter Sommerkurort. Den Kurgästen stehen 2 Hotels sowie Privatzimmer zur Verfügung. Bahnhof in Mühlbach (5 km), Wisches (7 km), hauptsächlich aber Heiligenberg (11 km).

Umgebung

1. Das SIGNAL GRENDELBRUCH (752 m) mit schöner Rundsicht. Man erreicht es in 2 km Aufwärtsfahrt Richtung Kriegerfriedhof bzw. Muckenbach.

2. Zur VOGESENSTRASSE (Hochfeld) mit WM rot-weißrot. Das fast geradelinige Mageltal aufwärts über die Forsthäuser Roßberg (rechts abseits) und Magel zur Melkerei Rothlach (2Std.).

3. Zum FALKENSTEIN am Bruchberg.

4. Nach HEILIGENBERG (Bahnhof) mit WM rot-weiß-rot, über Burgruine und Forsthaus Guirbaden (siehe Ziff. 6) und den Mollberg (1 3/4 Std.)

5. Zum HEIDENKOPF (786 m, WM gelber Punkt, 2 Std.) über Purpurkopf (auch Purpurschloß und Feengarten genannt, mit dreifachem Ringwall), Holderbusch und Col du Heidenkopf. Auf dem Heidenkopf ein Aussichtsturm des Vogesenclubs. Daneben geringe Reste einer mittelalterlichen unbekannten Burganlage. Um den Gipfel des Berges ein alter (evtl. vorgeschichtlicher) Wallgraben.

6. Zur Ruine GUIRBADEN (564 m) über den Rocher de Grendelbruch (WM rot-weiß-rot, 3/4 Std.). Fahrweg: ins Mageltal abwärts und nach 4 km links auf Waldweg aufwärts zum Forsthaus Guirbaden. von dort in 10 Minuten zur Ruine.

Diese stellt, zusammen mit St. Ulrich und Hohbarr, wohl die bedeutendste und anschaulichste Burgruine des Elsaaß dar (die Hohkönigsburg ist keine „Ruine" mehr!), was allein schon aus deren Ausmaßen (260 zu 60 m) hervorgeht.

Die auf einem Porphyrfelsen stehende Burg ist seit dem 10. Jahrhundert bekannt, wo sie dem Grafen vn Egisheim gehörte. Später kam sie an die Bischöfe von Straßburg. Im 30 jährigen Krieg wurde sie zerstört.

Die Burg bestand aus drei durch Gräben getrennten Teilen, die jedoch durch gemeinsame dreifache Ringmauern zusammengefaßt waren. Die Mitte nehmen die herrschaftlichen Wohnungen ein, östlich die Zitadelle mit dem Bergfried, und westlich die Esplanade mit der Valentinskapelle und einem viereckigen Turm. Die erhaltenen Teile stammen aus romanischer Zeit, z.B. die Umfassungsmauer mit Rundarkaden am östlichen Teil, sowie der Palas. Hier wurden z.T. die ursprünglich rundbogigen Fenster nachträglich in „moderne" viereckige Renaissancefenster umgewandelt.

Die Valentinskapelle, die auf das 11. Jahrhundert zurückgeht, aber wiederholt restauriert wurde, war ehedem als Wallfahrtsort viel besucht. Noch heute wird sie bei Tierkrankheiten aufgesucht.

Leider wurde die Ruine von den Umwohnern jahrhundertelang als Steinbruch benützt.

Im Tal unterhalb der Burgruine Guirbaden kreuzen etliche Straßen und Wege: Südlich die Straßen nach Klingethal (3 km) und Boersch (5 km), und ein Waldweg zum Col du Heidekopf. Ostwärts nach Rosheim* (7 km). und nordwärts nach Gressweiler-Dinsheim an der Bruche. Außerdem flußabwärts über Mollkirch nach Heiligenberg (5 km).

Besuchen wir kurz die **Kapelle Klösterle,** *ein interessantes Bauwerk aus dem Jahre 1770, mit romanischen Bauteilen aus dem 11./ 12. Jahrhundert, renoviert im 15. Jahrhundert (Inschrift von 1485 - eine unten offene „8"= 4). Dann noch das stille* **Mollkirch,** *das wie vorher Grendelbruch hübsch auf einer schmalen erhöhten Terrasse über dem Mageltal gelegen ist. Am südlichen Ortsende führt ein weiterer Fußweg in 1/2 Std. zur Burgruine Guirbaden.*

Dann weiter das Mageltal abwärts zum Bahnhof Heiligenberg-Mollkirch, und über Damm und Brücke zur Hauptstraße bei **Heiligenberg,** *das seinerseits 100 m über der Durchgangsstraße liegt.*

In Fortsetzung der Bruchetalstrecke (siehe auch S. 86) erreicht man das unterhalb seiner Weinberge gelegene **Dinsheim** (im 10. Jahrhundert Dunginisheim) und, vorbei an dem Aussichtsfelsen „Felsburg", das Städtchen

Mutzig, allbekannt als Stadt des Bieres (Trotz der umliegenden Weinberge!) mit ca. 4500 Einwohnern. Intressante romanische Kirche aus dem 11./12. Jahrhundert, eine dreischiffige Basilika, mit später angebauter gotischer Chorapsis. Am westlichen Stadtende ein gotisches Tor aus dem 14./15. Jahrhundert.

Die Hügel nördlich über der Stadt wurden vor 1914 zu einem starken Fort augebaut, das den Austritt aus dem Bruchetal bewachen sollte.

Wenig östlich erreicht man **Molsheim*** und damit den Anschluß an die Weinstraße (siehe Abschn. B 2).

7.
Wanderwege

Die Vogesen sind ein ganz besonders ideales Wandergebiet, das infolge seiner verhältnismäßig dünnen Besiedelung die Ruhe und Einsamkeit bietet, die der heutige Mensch immer wieder haben sollte. Besonders sind sie auch für den gehmüden Großstädter zu empfehlen, da sie mit geringen Ausnahmen leicht begehbar sind. Kahlflächen auf den Höhen ermöglichen manchmal über Stunden hinweg unbegrenzte Fernsicht.

Der Club Vosgien hat in jahrelanger Arbeit mehr als 12 000 km wichtige Wanderwege erfaßt und markiert und außerdem vier Karten der wichtigsten Wandergebiete im Maßstab 1:50 000 herausgebracht, (erhältlich u.a. beim Reise- und Verkehrsverlag Stuttgart-W).

In diesen Wanderkarten, wie auch in den Skizzen des vorliegenden Goldstadt-Reiseführers, sind die **Wegemarkierungen** einheitlich wie folgt gekennzeichnet:

1	= waagrechter Balken	a	= rot
2	= Dreieck	b	= blau
3	= Rhombus	c	= gelb
4	= Kreuz	d	= grün
5	= Scheibe (Punkt)	e	= weiß
6	= Schrägkreuz		
7	= senkrechter Balken		
8	= rot-weiß-roter Balken		
9	= Kreis		

Die von den einzelnen Städten bzw. Touristenstandorten ausgehenden Wanderwege sind bei den betreffenden Stadt- bzw. Streckenbeschreibungen aufgeführt. Abgesehen davon gibt es drei Hauptwege, die längs der Vogesen verlaufen und mit rotem, blauem und gelbem Querbalken gekennzeichnet sind. Der wichtigste davon ist der mit rotem Querbalken gekennzeichnete **Parcours Principal,** der von Weißenburg bis Masevaux verläuft und sich weitgehend an die Vogesenkämme hält, wobei er u.a. auch entlang der Route des Crêtes verläuft.

Nach der vom Club Vosgien ausgearbeiteten Wegeführung kann die 440 km lange Wegestrecke in 17 Tagen erwandert werden, wobei keine Tagesetappe länger als 34 km ist und am Ende einer jeden ein gutes Hotelbett gefunden werden kann.

Damit man jederzeit auch unterwegs diesem

Höhenweg Roter Balken

zusteigen kann, sei er nachstehend mit allen Zwischenstationen aufgeführt:

		km		
1. Tag:	Wissembourg - Scherhohl - Loewenstein - . . .	km		
	Hohenbourg - Fleckenstein - Froensbourg -			
	Wasigenstein - Obersteinbach	28	7	3/4 Std.
2. Tag:	Obersteinbach - Wittschloessel - Windstein			
	- Wineckerthal - M.F. Buchwald - Liese -			
	Grand Wintersberg - Niederbronn-les Bains . .	22	5	1/2 Std.
3. Tag:	Niederbronn-les-Bains - Wasenbourg - Gr.Arns-			
	berg - Wimmenau - La Petite-Pierre	33	9	Std.
4. Tag:	La Petite-Pierre - Graufthal - Oberhof - Saverne	23	5	1/2 Std.
5. Tag:	Saverne - Haut-Barr - Brotsch - Haberacker - La			
	Hoube - Dabo - Wangenbourg	28	7	1/2 Std.
6. Tag:	Wangenbourg - Schneeberg - Nideck - Urmatt . .	20	5	Std.
7. Tag:	Urmatt - Porte de Pierre - Rocher de Mutzig -			
	Narion - Donon - Schirmeck	31	8	3/4 Std.
8. Tag:	Schirmeck - Struthof - Champ du Feu - Hohwald	22	6	Std.
9. Tag:	Hohwald - Welschbruch - Ste-Odile - Menelstein			
	- Landsberg - Barr	21	5	1/4 Std.
10. Tag:	Barr - Andlau - Ungersberg - Bernstein - Orten-			
	bourg - Châtonois	29	8	1/2 Std.
11. Tag:	Châtenois - Haut-Koenigsbourg - Thannenkirch			
	- Châteaux de Ribeauvillé - Ribeauvillé	20	5	1/2 Std.
12. Tag:	Ribeauvillé -Aubure - Brezouard - Le Bonhomme	27	8	Std.
13. Tag:	Le Bonhomme - Tête des Faux - Lac Blanc -			
	Schlucht - Hohneck - Lac de Schiessrothried -			
	Fischboedlé - Metzeral	34	9	Std.
14. Tag:	Metzeral - Herrenberg - Markstein - Gr. Ballon .	29	7	1/2 Std.
15. Tag:	Grand Ballon - Firstacker - Freundstein - Silber-			
	loch - Molkenrain - Engelsbourg - Thann	22	6	Std.
16. Tag:	Thann - Staufen - Col du Hundsrücken - Ross-			
	berg - Belacker - Lac des Perches - Haute Bers -			
	Ballon d'Alsace	31	8	Std.
17. Tag:	Ballon d'Alsace - Wissgruth - Bearenkopf -			
	Sudel - Masevaux	19	5	Std.

Eine französische Besonderheit ist das **Wasserwandern** mit angemietetem Hausboot oder Einmietung in einem Kahnhotel, beginnend in Straßburg, Richtung Saverne. Auskunft erteilt das französische Fremdenverkehrsamt in Frankfurt.

C
STÄDTE UND SEHENSWÜRDIGKEITEN
(alphabetisch)

ANDLAU

(ca. 2000 Einwohner) ist ein hübscher kleiner Weinort in dem freundlichen Tal des Andlaubachs. Die Entstehung und Geschichte des Städtchens ist eng mit der des Klosters verknüpft. Letzteres war ein Stift für adlige Fräuleins, das nach der Ordensregel des Hl. Benedikt geführt war, und unmittelbar dem Papst unterstand. Gegründet wurde es um 880 von Richardis, der verstoßenen Ehefrau des Karolingers Karl III. (der Dicke), der 881 deutscher Kaiser und 884 französischer (westfränkischer) König geworden war, aber bereits 887 abgesetzt wurde. Eine Bärin soll ihr den Gründungsort gezeigt haben. Die vornehmen Insassinnen dieses Klosters hatten das Ausnahmerecht, ins weltliche Leben zurückzukehren und zu heiraten. Das Kloster hatte Zoll- und Marktrecht und seine jeweilige Äbtissin den Titel einer Reichsfürstin.

Nach fortschreitendem Rückgang seit dem 17. Jahrhundert machte die französische Revolution auch diesem Kloster ein Ende.

Ein berühmter Sohn der Stadt war Peter Hemmel, genannt Peter von Andlau (1422 bis 1502), der größte Glasmaler seiner Zeit.

Sehenswürdigkeiten

In dem Städtchen sind etliche Häuser aus dem 17. und 18. Jahrhundert erhalten. Das bedeutendste Bauwerk ist die romanische **Stiftskirche,** die im wesentlichen im 12. Jahrhundert errichtet und deren Langhaus um 1700 erneuert wurde. Der westliche Teil der Krypta soll auf die Richardiszeit zurückreichen. Kunstgeschichtlich bedeutsam ist das Flachrelief im Tympanon des Portals (Christus mit Petrus und Paulus, und der erste Sündenfall; rechts und links der Christusgruppe ein Vogelsteller und ein Bogenschütze -

Illustration zum 91. Psalm Vers 3 und 5). An der Westfassade ein seltsamer Fries mit Jagd- und Ritterszenen, Monstren usw. In der um 1700 barock umgebauten Richardiskapelle (Südwand) befindet sich der Reliquienschrein hinter dem Hochaltar.

Auf dem Marktplatz, der von dem altertümlichen Rathaus und dem Renaissanceschloß der Grafen von Andlau flankiert ist, steht ein Brunnendenkmal für die Stadtpatronin. Ein weiteres älteres befindet sich in der Nähe; es zeigt die ehemalige Kaiserin im Büßerhemd.

Auskunft: Syndicat d'Initiative, Mairie (Rathaus): Plz 67140.

Unterkunft: 3 Hotels, 2 private Ferienheime, abgelegen im Wald, und zwar MF (Forsthaus) Gruckert (1 1/2 Std.), und MF Haselbach (1 3/4 Std.). Voranmeldung erforderlich (Siehe nachstehend „Ausflüge" Nr. 2).

Verkehr: Bahnhof in Eichhoffen (3 km) Busverbindung mit Barr usw.

Wanderungen:

1. Zu den Ruinen Château d'Andlau und Château de Spesbourg. Am westlichen Ortsende (bei dem Steinbruch, aus dessen Granit die Spesburg erbaut ist, bzw. bei km 20) rechts aufwärts (WM rotes Schrägkreuz) zur **Spesbourg** (475 m, ca. 3/4 Std.). Diese Burg wurde im 13. Jahrhundert errichtet und im 16. zerstört. Viereckiger Bergfried; schöne Aussicht aus den feinen gotischen doppelbogigen Fenstern. - Ein weiterer Aufstieg beginnt 1/2 km vorher, mit WM blauer Punkt. -

Weiter aufwärts zu dem **Kreuzweg** beim MF (Forsthaus) **Hungerplatz** (546 m, Rasthaus). Von hier östlich den Kamm entlang meist abwärts (1/2 Std.) zur **Ruine Hoh-Andlau** (451 m), auffällig durch die beiden guterhaltenen Ecktürme. Diese ehemalige Stammburg der Grafen von Andlau wurde erbaut im 14. Jahrhundert, restauriert im 16. und bewohnt bis zum Jahr 1806. Von der Terrasse schöne Aussicht ins Elsaß.

Von Hoh-Andlau abwärts über den Col du Crax, wobei noch nach links aufwärts ein kleiner Abstecher zur der Kuppe des Crax (431 m, geringe Ruinenreste einer im 13. Jahrhundert zerstörten Burg), oder entgegengesetzt südwestlich, zum Rocher Ste-Richardis (WM blaues Dreieck) gemacht werden kann. (Zusammen ca. 2 1/2 Std.).

Von Barr* aus ist die Anfahrt des MF Hungerplatz per Auto möglich.

Vom Kreuzweg Hungerplatz führen auch 2 Pfade (je 2 1/2 Std.) zum Hohwald* und zwar der Kammpfad (WM weißer Balken), und parallel südlich der in halber Höhe dem Hange entlangführende sogenannte Niveaupfad (WM gelber Punkt).

2. Auf den **Ungersberg** (3 Std.). Man folgt der WM roter Balken, beginnend bei der Stiftskirche, bis zum **MF Gruckert** (600 m, 1 1/2 Std., evtl. Unterkunft). Weiter in 20 Minuten zum **MF Haselbach.** (Zufahrt zu den beiden Forsthäusern kann auch über Itterswiller und Reichsfeld (Departementalweg D 204) erfolgen). Von MF Haselbach ist es nicht mehr weit zum **Col (Paß) de l'Ungersberg.**

Kreuzweg: Richtung Vellevue - Champ du Feu (2 Std., WM Weißer Balken), bzw. RICHTUNG VILLE (1 1/2 Std., WM rotes Kreuz, bzw. RICHTUNG CHÂTENOIS, (4 Std., WM roter Balken).

Dann stetig aufwärts zur Kuppe des Ungersberg (901 m). Von hier bzw. dem Aussichtsturm prachtvolle Rundsicht.

Hier sollen im Jahr 1493 die ersten, die Bauernkriege (Bundesschuh) einleitenden Zusammenkünfte stattgefunden haben.

3. Viele variable Autoausflugsmöglichkeiten in die Vogesen über **Le Hohwald***, z.B. zum Champ du Feu an der Vogesenstraße (siehe Abschn. B 5), sowie zahllose kleine und große Rundfahrtvariationen auf wenig befahrenen Straßen.

AUBURÉ

(Altweier, 500 Einwohner), mit 807 m das höchstgelegene Dorf im Elsaß, westlich von Ribeauvillé, mit weitverstreuten Häusern. Gesuchter Höhenluftkurort in schöner Lage inmitten ausgedehnter Fichten- und Kiefernwälder. Dementsprechend gibt es hier einige Sanatorien u.s.w.

Altweier war vom 14. bis 18. Jahrhundert ein Lehen der Grafen bzw. Herzöge von Württemberg.

Auskunft: Mairie Aubure, PLZ. 68150.
Unterkunft: in Hotels, Pensionen und vielen Privatzimmern. Campingplatz.
Verkehr: Bahnstationen in Ribeauvillé (17 km) und Ste-Marie-aux-Mines (14 km) in westlicher Richtung. Busverbindung nach beiden Städten.

Wanderungen:

1. **Zum Brézouard** (Großer Brischberg oder Brischbuckel, 1229 m). Der alemannische Name stammt von „Brisch" = Heidekraut. Nordöstlich davon, durch einen flachen Sattel mit Hütte getrennt, der Kleine Brischberg. Der Brischberg war im 1. Weltkrieg hart umkämpft, weil er einen weitumfassenden Überblick ermöglicht.

a. Zufahrt mit Wagen: Abzweig beim Col de Fréland in Richtung Salem (2 km). Unweit des Col ein Aussichtspavillon, der 1918 von Anhängern der württembergischen Monarchie zu Ehren des Thronfolgers Albrecht von Württemberg als „Schutzherrn" von Altweier (siehe oben) errichtet worden war. Weiter auf Forstweg (11 km). Unterhalb (westlich) des Brézouard Parkgelegenheit am Wege. Von da Aufstrieg in 1/2 Std.

b. Fußmarsch: Kammwanderung mit WM rot-weiß-rot (ca. 2 1/2 Std.) über Steinköpfel, Rehberg (Dreibannstein, 1144 m) und Kleiner Brischberg.

2. Nach **Fréland** und ins Weißtal (9 km) siehe Seite 82.

3. Nach **Ribeauvillé** (WM roter Balken, 3 1/2 Std.): Quer über das obere Müsbachtal, weiter über Roche du Tétra, Seelburghöhe mit Königstuhlfels (938 m), Forsthaus Bärenhütte und Burgruine Bilstein (757 m, siehe bei Ribeauvillé). Von hier entweder mit bisheriger WM weiter über Col de Seelacker und Burgruine Clausmatt (Nicolas), oder ab Ruine Bilstein nördlich abwärts ins Strengbachtal (kürzerer Weg).

4. Nach **Ribeauvillé** mit WM gelber Punkt über den Col de Fréland, die Straße abwärts und kurz vor der großen Kurve links auf Forstweg entlang und rund um den Kalblin, durch einen schönen Kiefernwald. Am südlichsten Punkt dieses Rundwegs ist bei einem Häuschen etwas oberhalb der Straße eine **Aussichtsplattform** hergerichtet, die aufzusuchen sehr lohnt. Weiter auf dem Forstweg nach Ursprung (600 m, 1 1/4 Std.), Chapelle St-Alexis, Col de Seelacker usw. wie Ziff. 3.

5. Kombination von Wanderung 3 und 4, indem man im Obrelauf des Müsbachtals (Ziff.3) gleich rechts zum Col du Kalblin ansteigt (WM rot-weiß-rot), und auf der Südseite des Schnellgalgen abwärts nach **Ursprung.** Hier entweder wie Ziff. 4, oder südwärts in einer knappen Stunde über die Chappelle St. Jean nach **Alspach** im Weißtal.

6. Nach **Kaysersberg** (ca. 3 Std.), entweder wie Ziff. 5, oder wie Ziff. 4 bis Chapelle Alexis, und von da südwärts durchs Bogenbachtal.

BALLON D'ALSACE

Dieser Gebirgsstock, auch Elsässer oder Welscher Belchen genannt, und bis 1245 m hoch, ist der südliche Eckpfeiler der Vogesenkette. Beim eigentlichen Ballon handelt es sich um eine runde und bequem zu begehende Kuppe, über die zu Zeiten die deutsch-französische Grenze verlief. An dominierender Stelle dieser Grenzlinie steht ein Denkmal der Jeanne d'Arc Jungfrau von Orleans).

Zufahrt vor allem durch das Tal der Doller über **Masevaux*** (22 km), **Niederbrück** mit monumentaler Madonnenstatue, geschaffen von dem Bildhauer Antoine Bourdelle, einem Schüler Rodins. Dann

Kirchberg mit seiner auf einem Moränenhügel stehenden alten Kirche, mit aus dem 13. Jahrhundert stammendem Turm.

Abstecher: zum **Lachtelweiher** (1 Std. südwestlich) in 740 m Höhe am Fuß des Bärenkopf (1074 m), 1,5 ha groß, mit Herberge und Campinggelegenheit.

Bei dem unweit gelegenen **Oberbruck** beginnt ein Abzweig (teilweise Fahrweg) zu den nördlich gelegenen Seen, und zwar:

Lac Neuweiher (1 1/2 Std., 824 m), bestehend aus 2 Stauseen mit 1 und 4 ha, in herrlicher Umgebung. Badegelegenheit und Campingmöglichkeit.

Lac des Perches (Sternsee, 984 m, 2 Std.), ehemaliger Gletschersee, durch Stauung auf 4 ha vergrößert, am Fuß des Sternseekopf (Seehorn, 1224 m) und des Col-du-Lac-des-Perches

(1070 m), letzterer ein Kreuzungspunkt zahlreicher Wanderwege. Übrigens: Das Baden im Sternsee ist nicht ungefährlich!

Oberhalb des nun folgenden **Sewensee** mit seiner vielgestaltigen Flora liegt, ebenfalls nördlich der Straße, der reizvolle **Alfeldsee** (620 m) zwischen bewaldeten Bergen, der durch Aufstauung entstanden ist. Dann aufwärts entlang der aus strategischen Gründen erbauten Alfeldstraße bis zur Kammhöhe Langenberg (1057 m) mit schönem Ausblick nach Süden. Bei der ehemaligen Grenzlinie dreht die Straße nach N entlang bzw. etwas unterhalb der Kammhöhe. Von links die aus Giromagny heraufführende Serpentinenstraße. Nach ca. 3 km der Col du Ballon. Hier (beim Ferme-Hotel) Aufstieg zum Ballon in 1/4 Std.

Die beiden Gipfelhotels wurden im letzten Kriege schwer beschädigt.

BARR,

eine kleine Weinbauern- und Gerberstadt von ca. 5000 Einwohnern, liegt an der Ausmündung des Kirnecktales am Fuß der rebenbedeckten Ausläufer der Vogesen. Wegen seiner schönen Lage und dem abwechslungsreichen Hinterland ist ein beliebter Touristenstandort.

Der Ort ist bereits 788 urkundlich erwähnt, war jedoch im Lauf der Zeiten wiederholt abgebrannt.

An dem hochgelegenen Markt liegt das 1640 als Renaissancebau errichtete Rathaus, geziert mit einer schönen Loggia. Nahebei einige gotische Häuser aus dem 14. oder 15. Jahrhundert, die die verschiedenen Brände überlebt haben.

Auskunft: (ca. 200 Hotelbetten): Syndicat d'Initiative, Hotel de Ville (Rathaus) PLZ 67140.

Veranstaltungen und Sport: Schwimmbad, Angeln im Fluß. Stadtpark. Weinmarkt Mitte Juli mit Gratisproben. Weinlesefest am 1. Sonntag im Oktober mit Trachtengruppen usw.

Verkehr: Bahnstation. Busverbindung mit Colmar über Andlau und Sélestat, mit Straßburg über Obernai, mit Hohkönigsburg, Le Hohwald usw.

Wanderungen:

1. Zur **Ruine Château Andlau** (1 Std., WM rotes Schrägkreuz), oder über Col du Crax (WM blaues Dreieck). Von Château Andlau weiter aufwärts zum Forsthaus Hungerplatz (1 1/2 Std.) und zur Ruine **Château Spesbourg** (siehe auch bei Andlau*).

100

2. Dieselbe Tour kann mit dem Wagen gemacht werden: Kirneckaufwärts über Chantier Holzplatz. Von dort nach 1 1/2 km links aufwärts zum MF (Forsthaus) Hungerplatz. Hier Wagen abstellen und zu Fuß zur **Spesburg** (südlich, 1/4 Std.), und ostwärts zur Ruine **Hoh-Andlau** (1/2 Std.).

3. Wanderung zum **Hohwald*** über MF Welschbruch, entweder im Kirnecktal aufwärts (WM gelbes Kreuz), oder entlang des südwärtigen Kirnecktalhanges (Schettbergweg und Sentier de la Montagne), WM weißer Balken. - Beidesmal ab Welschbruch WM roter Balken. Zusammen 3 Std.

Dritte Möglichkeit: Ab Barr über Hungerplatz (WM weißer Balken) direkt zum Hohwald (2 1/2 Std.). Ab Hungerplatz entweder Kammweg WM weißer Balken, oder Niveaupfad WM gelber Punkt.

4. **Nach Ste-Odile*** (2 1/4 Std.) über Ruine Landsberg. Am Marktplatz bzw. an der Kirche vorbei durch die Weinberge aufwärts (WM roter Balken) zum MF Mönkalb (soll heißen Mönchshalde, 442 m, 3/4 Std.) und zur **Ruine Landsberg** (580 m, 1 1/2 Std.).

Diese eindrucksvolle Ruinensilhouette ist im Elsaß sehr bekannt, da sie, auf einem ostwärts vorspringenden Bergrücken gelegen, aus Nord und Süd von weither gesehen werden kann. Die Burg wurde um 1200 von Ritter Konrad von Landsberg erbaut. Bekanntestes Mitglied dieser Familie wurde Herrad, Äbtissin von Ste-Odile, Verfasserin des berühmten Hortus Deliciarum.

Am Forsthaus Landsberg entweder links entlang der WM roter Balken über Kiosk Jadelot und rechts aufwärts zu Wachtstein und entlang der Heidenmauer zum Männelstein (816 m) und über die Bloss (d.h. Blöße) zum Kloster, oder: beim MF Landsberg rechts (WM weißer Balken) in 1/2 Stunde zum Wolfstalbrunnen. Von hier entweder links über den Beckenfels (WM weißer Balken) oder rechts über die Odilienquelle (rotweiß-rot) in 1/2 Std. zum Kloster.

5. Nach **Ste-Odile*** mit dem Wagen (ca. 11 km). Das Kirnecktal entlang, dann nach einer Rechtskehre aufwärts durch den Wald mit Ausblikken. Nach 2 km Steigung Straßengabel mit Aussichtspunkt. (Evtl. kleine Wanderung zur nahegelegenen Ruine Landsberg - WM roter Balken). Westwärts weiter (unterhalb der Bloss zum Kreuzungspunkt de la Bloss). Hier rechts auf der N 426 2 km aufwärts, die Heidenmauer kreuzend, zum Kloster.

Rückweg evtl. über St. Nabor (Straße D 33, Einbahnstraße) oder etwas weiter, entlang der N 426 über Klingenthal, Ottrott (Spaziergang zu den Schlössern) und entlang der Weinstraße zurück nach Barr (zusammen ca. 30 km).

6. Nach **Gertwiller** (1 km, Honigkuchenherstellung) und **Bourgheim** (3 km, Winzerdorf mit romanischer Kirche aus dem 12. Jahrhundert).

BONHOMME (Col du)

(949 m) ist ein Hochpaß oberhalb des Dorfes Le Bonhomme im Tal der Weiß. Er ermöglicht die wichtigste ost-westliche Vogesenüberquerung aus Richtung Kaysersberg nach Saint-Dié am westlichen Fuß der Vogesen, mit entsprechend starkem Durchgangsverkehr. Von hier aus ist auch der Anschluß an die Route des Crêtes* möglich (vgl. Abschn. B 4c). Hierher planen die Fernfahrer mit Vorliebe das Ziel ihrer Tagesetappe. Ausreichende Bettenzahl und viel Parkraum steht zur Verfügung; die unvermeidlichen Souvenirboutiquen werden vor allem von den zahlreichen den Ausflugsbussen entsteigenden Tagestouristen umlagert.

Hier beginnt südwärts mit der D 148 die Route des Crêtes* (nach anderer Lesart erst 6 km entfernt bei der „Kreuzung Calvaire"); nordwärts führt die D 148 über den Col des Bagenelles nach Ste-Marie-aux-Mines* im Liepvretal (vgl. Abschnitt 4 d).

COLMAR

(70 000 Einwohner) ist die Hauptstadt des Département Haut-Rhin und Sitz des Appelationsgerichtshofs (Oberlandesgericht). Die Stadt hat eine bevorzugte Lage am Fuß und im Regenschatten der Vogesen, was einem trockenen und sonnigen Klima entspricht. Gleich am Westrand der Stadt beginnen die Weinberge, die nach oben in schöne Wälder übergehen.

Colmar ist nicht nur politisch, sondern auch in kultureller Beziehung das Pendant zu Straßburg. Ist es dort das Münster, ist es in Colmar der Isenheimer Altar, der allein schon eine weite Reise wert ist. Weitere berühmte Künstler wie Isenmann, Schongauer oder in neuerer Zeit Bartholdi, haben den Ruhm Colmars vermehrt.

Das alte Colmar, das sich um das Martinsmünster zusammendrängt, zeigt noch immmer das Bild einer mittelalterlichen deutschen Stadt des 16. Jahrhunderts und erinnert damit an seine bewegte geschichtliche Vergangenheit:

COLMAR - Altstadt

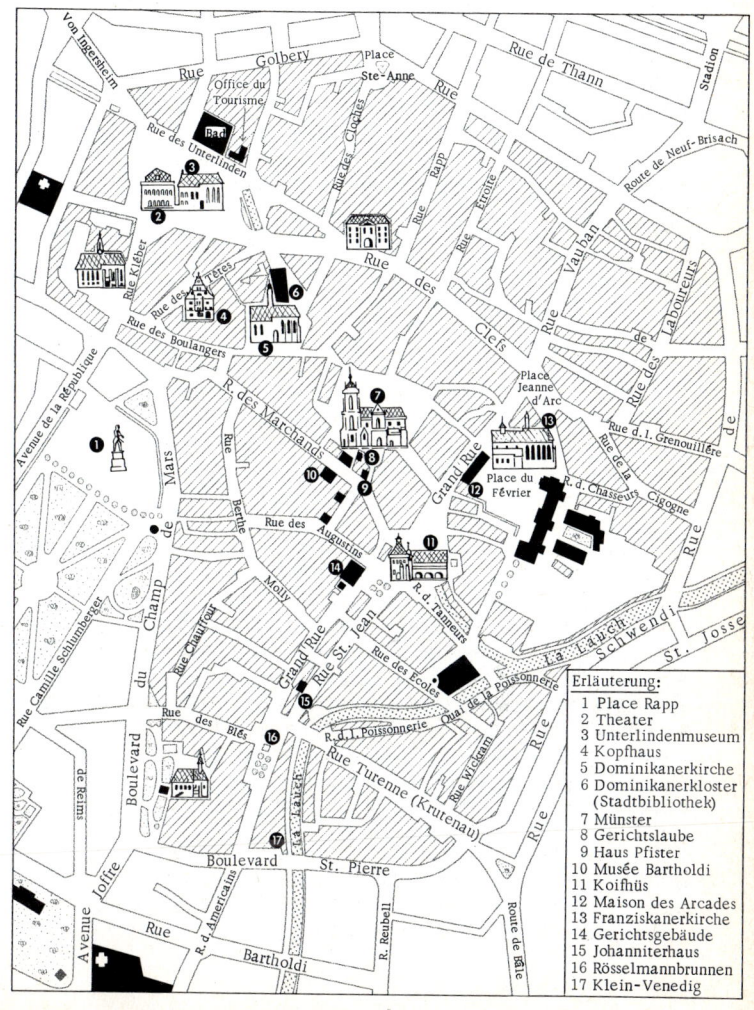

Erläuterung:
1 Place Rapp
2 Theater
3 Unterlindenmuseum
4 Kopfhaus
5 Dominikanerkirche
6 Dominikanerkloster
   (Stadtbibliothek)
7 Münster
8 Gerichtslaube
9 Haus Pfister
10 Musée Bartholdi
11 Koifhüs
12 Maison des Arcades
13 Franziskanerkirche
14 Gerichtsgebäude
15 Johanniterhaus
16 Rösselmannbrunnen
17 Klein-Venedig

Am Ufer des Lauchflusses, vermutlich an der Stelle der heutigen Lycée-Kirche, befand sich im 9. Jahrhundert ein fränkischer Königshof, Columbarium (= Taubenschlag) genannt. (Dieser Name läßt vermuten, daß sich zur Römerzeit an dieser Stelle der Begräbnisplatz des benachbarten Militärlagers Argentovaria (Horburg) befand, da „Columbarium" damals die landläufige Bezeichnung von Begräbnisstätten mit taubenschlagähnlichen Urnenwandnischen war).

Die sich um den Königshof entwickelnde Stadt stand unter der Protektion der Staufer, die sie 1226 zur freien Reichsstadt machten. Handel und Gewerbe, Kunst und Wissenschaft blühten in der rasch anwachsenden Stadt. Ihre Freiheit mußte sie wiederholt verteidigen, so im Kampfe gegen den Bischof von Straßburg und den elsässischen Landadel, bei dem sich der unvergessene Schultheiß Rösselmann besonders hervortat und dabei das Leben verlor; sowie im Abwehrkampf gegen Karl den Kühnen von Burgund. Die Stadt hatte eigenes Münzrecht. Zunächst der Reformation angeschlossen, wurde die Stadt durch äußere Machteinflüsse, besonders auch während des 30jährigen Krieges, in Glaubensdingen hin- und hergerissen. Gleichzeit kam sie auch politisch unter französische Herrschaft, die im Friedensvertrag von Rijswijk bestätigt wurde.

Zu Ende des zweiten Weltkrieges befand sich Colmar im Bereich der von den deutschen Truppen zäh verteidigten „Poche de Colmar" in der Frontlinie. Die Stadt wurde ohne Artillerievorbereitung und damit unzerstört am 2. Februar 1945 von den französischen und amerikanischen Truppen besetzt.

Sehenswürdigkeiten:

Ausgehend von **Place Rapp** (Parkplatz und Denkmal von Bartholdi - Jean Rapp, ein Sohn der Stadt, war General und Lebensretter des großen Napoleon) erreicht man entlang der Rue Kléber das

Unterlindenmuseum,

das kulturelle Herzstück der Stadt. Das im 13. Jahrhundert gegründete Bauwerk war ehedem das Dominikanerinnenkloster „Unter den Linden", das nach der französischen Revolution verwaiste. Seine heutige Bestimmung erhielt es im Jahr 1849.

Beim Eintritt gleich noch ein Stück Klostervergangenheit: der von einem schönen frühgotischen Kreuzgang umschlossene Hof, aufgeführt in rotem Vogesensandstein. Vier rundbogige Doppelarkaden mit Kelchkapitellen stammen offensichtlich aus dem Anfang des 12. Jahrhunderts, evtl. von einem früheren Bau.

In der von der Südgalerie aus zugänglichen **Klosterkapelle** befindet sich der Stolz des Museums, der berühmte Grünewald'sche

COLMAR. Das Altstadtviertel „Klein-Venedig"
am Ufer der Lauch.
Im Hintergrund der Turm des Münsters
mit seinem seltsamen pickelhaubenartigen „Notdach",
das ihm vor 400 Jahren nach einem Brand aufgesetzt wurde.

Isenheimer Altar.

Dieses sakrale Kunstwerk, das jährlich viele Zehntausende aus allen Teilen der Welt anzieht, soll seiner Bedeutung entsprechend ausführlich an anderer Stelle besprochen sein (siehe Abschn. A 7), um es dem aufnahmebereiten Touristen und Kunstfreund in seinem Gehalt weitgehend zu erschließen.

Das **Schiff der Kapelle** ist Martin Schongauer vorbehalten. An dieser Stelle soll nur auf folgende Kunstwerke hingewiesen werden.

Die VERKÜNDIGUNG (Nr. 33/34), die Martin Schongauer ebenfalls für die Antoniter in Isenheim gemalt hat und die dem weltberühmten Altarbild „Madonna im Rosenhag" im Martinsmünster kaum nachsteht. Dann eine PASSION auf 16 Tafeln, aus der Werkstatt Schongauers, gemalt für den Passionsaltar der Dominikanerkirche in Colmar. Auf der Rückseite von 8 Tafeln ist das

MARIENLEBEN

dargestellt, teilweise in mystischer Schau, wie zu Beginn als „Verkündigung" die Einhornszene (Nr. 26): Vier Jagdhunde mit Namen Varitas, Iustitia, Pax und Misericordia (Psalm 85:10) treiben das Einhorn (Sinnbild der Keuschheit, besonders in Beziehung zu Maria und Jesus, zugleich Sinnbild für Jesus selbst) in den Geschlossenen Garten (ähnliche Bedeutung), wo es im Schoße Mariens Zuflucht findet. Die Madonna ist von symbolischen Gegenständen umgegen, die der Ikonographie des Mittelalters bzw. der Mystik durchaus geläufig waren, aber heute fast vergessen sind: fons signatus (verschlossener Brunnen), vellus gideonus (Vlies des Gideon-Buch der Richter 6/37), urna aurea (goldenes Gefäß), der Turm Davids, das Tabernakel, sowie die Lilie, bereit, der Himmelskönigin als Szepter zu dienen. Dem Horn des Erzengel Michael entsteigt der Englische Gruß. Die porta clausa vervollständigt den hortus conclusus.

Der **Saal 3** (neben dem Eingang) ist den „frühen Meistern" des elsässische Raumes vorbehalten, insbesondere Gaspar Isenmann, der der Lehrer Schongauers gewesen war, dann Hans Wächtlin, Urban Huter, Wilhelm Stetter u.a.

Von einem unbekannten Meister des 14. Jahrhunderts stammt eine Kreuzigung (Nr. 57), das älteste Gemälde der Sammlung. Das bemerkenswerte hieran ist, daß in dem Goldgrund allerlei mehr oder weniger transzendale Figuren, Engel, Teufel usw. eingeprägt sind. Hier kommt besonders überzeugend zum Ausdruck, daß der Goldhintergrund bei den alten Meistern nicht „prächtige Staffage" ist, sondern daß er die „übersinnliche bzw. jenseitige Ebene" darstellt.

Das **Obergeschoß** ist vor allem der Volkskunst und der bürgerlichen elsässischen Vergangenheit gewidmet. Von hier aus erreicht man auch die Empore der Kapelle, wo noch weitere beacht-

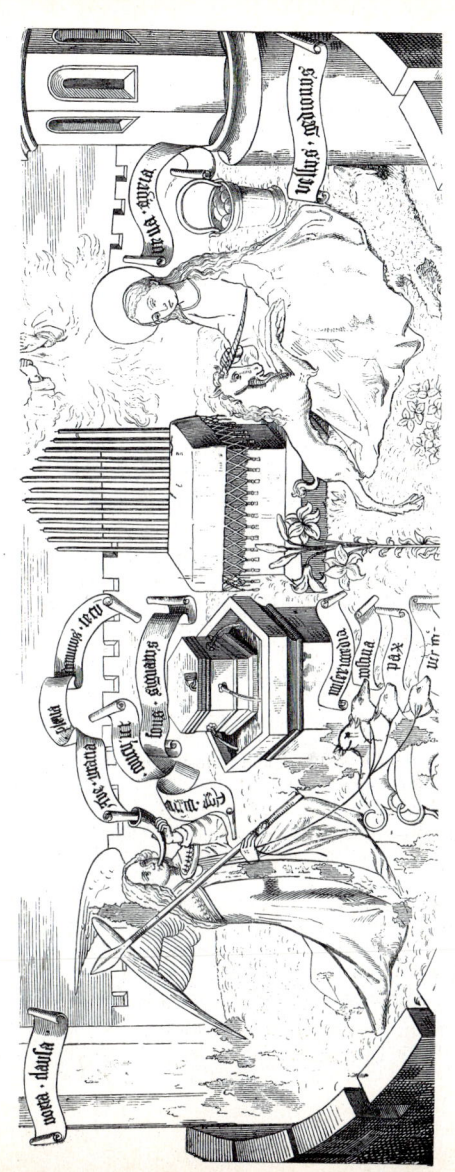

Vom Dominikaneraltar des Martin Schongauer im Unterlindenmuseum in Colmar:
Nachzeichnung der Tafel „Chasse Mystique" aus dem „Marienleben". Die reichhaltige Szene beinhaltet die Verkündigung bzw.
Empfängnis Mariä in mystischer Sicht (Beschreibung siehe nebenstehend).

liche Skulpturen und Bildwerke, u.a. ein großer Flügelaltar (Johannes d. T.) vorhanden ist.

Das **Untergeschoß** birgt bedeutende kulturelle Schätze der vor- und frühgeschichtlichen Vergangenheit, die der Boden des Elsaß freigegeben hat. Weiter eine Lapidariensammlung, vor allem mit Funden aus gallo-römischer Zeit, z.B. Altären und Grabsteinen aus dem römischen Kastell Argentovaria, das an der Stelle des heutigen Horburg (östlicher Vorort von Colmar) gelegen war.

Wenige Schritte entlang der Rue des Têtes (Nr. 19) befindet sich das

Kopfhaus (Maison des Têtes), ein sehr schöner und sehr typischer Renaissancebau aus dem Jahr 1609, der seinen Namen von einer Vielzahl von Kopfskulpturen an dem 2-stöckigen Erker herleitet.

Unweit davon, altstadteinwärts, die frühgotische

Dominikanerkirche, deren Grundsteinlegung im Jahr 1283 von Rudolf von Habsburg persönlich vollzogen wurde. Für einen Dominikanerbau typisch ist die puritanische Sparsamkeit und Strenge der architektonischen Zutaten, trotz zutagetretender Großzügigkeit. Im Inneren schöne Glasmalereien aus dem 14. Jahrhundert. Die Altäre (Ende 18. Jahrhundert im Stil Louis XV. und Louis XVI.) wurden nach vorübergehender Profanierung der Kirche erst nachträglich aus der in der Revolution aufgehobenen Abtei Marbach hierher versetzt.

Hier befindet sich das berühmteste und bestdatierte Werk Martin Schongauers, die

Madonna im Rosenhag (siehe nebenstehend),
die 1473 aus der Hand des damals erst fünfunddreißigjährigen Meisters hervorging. Sie vereinigt klassische Monumentalität mit deutscher Innigkeit, und immer wieder, und nicht zu Unrecht, wurde sie als die deutsche Sixtinische Madonna angesprochen.

Von einer erhaltenen Kopie des ursprünglichen Werkes weiß man, daß das Bild das Mittelstück eines Triptychons war, dessen Flügel verschwunden sind. In der Zeit des Barock wurde das Bild in den heute vorhandenen geschnitzten Nischenrahmen eingezwängt, wozu es von allen Seiten stark beschnitten wurde. Insbesondere fiel der obere Teil weg, wo Gottvater mit der Taube des Heiligen Geistes auf dem Goldgrund schwebte. (Die von der Taube ausgegangenen Strahlen sind oberhalb der Krone noch zu erkennen.)

Maria sitzt auf einer blühenden Wiese; nicht als „Nur-Demutsmadonna" unmittelbar auf der Erde, sondern darüber, entsprechend der christ-

lichen Ideenverbindung von Selbsterniedrigung und Erhöhung. Dieselbe Spannung war ehedem durch den ideellen Gegensatz der lieblichen Pfingstrose links zu einer (inzwischen rechts abgeschnittenen) szepterhaften Schwertlilie gegeben.

Vor den abstrakten, unendlichen Goldgrund als Inbegriff der Raumlosigkeit der Ewigkeit, schiebt sich als dünne und zerbrechliche, aber immerhin vorhandene Wand das Filigran des Rosenhags, in dem Dompfaff, Rotkehlchen, Blaumeise und Distelfink unbekümmert jubilieren; nicht Stimmungsraum ist hier die Natur, sondern Augenzeuge der Schöpfung.

Beim Jesuskind ist das Kindhafte durch frühkluge Besinnlichkeit ersetzt. Der Blick Mariens ist nach innen gerichtet; in ihrem Gesicht ist das Wissen von kommendem Erdenleid, und die Bereitschaft, es zu tragen.

Das Bild war von Januar 1972 bis Juni 1973 in Diebeshänden.

In dem danebenliegenden **Dominikanerkloster** ist seit 1940 die reichhaltige **Stadtbibliothek** untergebracht, die neben 25 000 Bänden über 1 000 Handschriften aus dem 6. bis 18. Jahrhundert, sowie eine Münzen- und eine Lithographiensammlung enthält. Auf dem Dominikanerplatz ein schöner Renaissancebrunnen mit habsburgischem Doppeladler.

Durch die schmale Rue des Serruriers (Schlossergasse) gelangt man zum Münsterplatz mit dem

St. Martinsmünster.

Es wurde an der Stelle einer ehemaligen romanischen Kirche im 13. Jahrhundert zunächst nach romanischer Konzeption begonnen und später gotisch weitergebaut. Die Haupt-(West-)Fassade ist, vermutlich wegen zeitweiliger wirtschaftlicher Schwierigkeiten, verhältnismäßig einfach gestaltet. Auch von den zwei geplanten Türmen kam nur der südliche zur Ausführung. Dieser ist 72 m hoch; der Helm ist schon vor 400 Jahren abgebrannt, und wurde kurzerhand durch eine niedere pickelhaubenartige Kuppel ersetzt, die er noch heute trägt. Sehr schön ist das früher entstandene **Nikolausportal,** das an der Südseite in den Querbau führt.

Dieses entspricht zeitlich und künstlerisch etwa dem Südportal des Straßburger Münsters. Das Tympanon ist bogig unterteilt und in seinem unteren Teil (Nikolauslegende) romanisch. Nach der Umstellung der Baukonzeption auf das „moderne" Gotisch (vermutlich durch den aus französischer Schule stammenden „Maistres Humbret" - siehe unten) wurde eine Spitzbogenwölbung darübergelegt (Christus erweckt die Toten). Gleichzeitig wurde die Türöffnung durch Auseinanderrücken der Säulen über die Breite des romanischen Tympanons hinaus erweitert, und zur Abstützung des nun trägerlos gewordenen Giebelfeldes ein Mittelpfeiler eingesetzt. Der äußere Bogen der Portalwölbung zeigt eine Folge von 13 buntgemischten Figuren (Heilige, Apostel, Engel, Könige usw.). Eine derselben, auf der linken Seite die vierte von unten (mit Reißbrett und Winkelmaß), stellt den bereits erwähnten Maistres Humbret dar, wie aus einer neben der Figur herlaufenden Inschrift hervorgeht. Übrigens: Ein deutscher Name mit einem französischen Meistertitel!

Die dreischiffige Basilika ist mit 72 m im Innern ziemlich lang. Den Chor umgeben 10 kleine Kapellen, die mit Durchgängen untereinander verbunden sind. Chorgestühl, Altar und Kanzel sind gute Nachbildungen neueren Datums.

In der Nachbarschaft des Münsters finden sich weitere interessante Gebäude, so die **Gerichtslaube** (Ancien Corps de Garde), die 1575 als Wachtstube und Zeughaus erbaut wurde. Schönes Renaissanceportal und Erker. Daneben das **Haus Pfister,** wohl das hübscheste Haus Alt-Colmars, das sich ein wohlhabender Hutmacher im Jahr 1537 erbauern ließ; mit Holzgalerien, Erkertürmchen und Treppenturm.

Schräg gegenüber das **Musée Bartholdi,** Geburtshaus des 1834 geborenen Bildhauers, der u.a. durch die von ihm geschaffenen Monumentaldenkmäler Löwe von Belfort und Freiheitsstatue im Hafen von New-York weltbekannt wurde. Das Museum enthält vor allem Originalmodelle und Abgüsse seiner Werke.

Durch die Rue des Marchands erreicht man das **Kaufhaus** (Koifhüs bzw. Ancienne Douane), ein repräsentativer gotischer Bau aus dem Jahr 1480, der im Erdgeschoß dem Stapeln von Zollwaren und im Obergeschoß als Schöffengericht und zeitweise der Ratsversammlung des Zehnstädtebundes diente. Ein im 16. Jahrhundert aufgeführter Anbau hat eine schöne Außentreppe. In der hier befindlichen Pförtnerwohnung wurde der nachmals berühmte napoleonische General Rapp geboren. Ein Durchgang führt zu dem an der Ostseite gelegenen Place de l'Ancienne Douane mit dem von Bartholdi geschaffenen Schwendibrunnen.

Der elsässische Feldhauptmann Lazarus von Schwendi soll in den Türkenkriegen im 16. Jahrhundert aus Ungarn die Tokayerreben mitgebracht haben.

Wenige Schritte nördlich, entlang der Grand'Rue, noch einige interessanten Gebäude: das **Maison des Arcades** (genannt: „die Arkaden"), das mit seiner zwischen Erkertürmchen eingespannten Bogenfront das Straßenbild beherrscht. Erbaut wurde es 1609 als Pfarrhof der danebenliegenden protestantischen Kirche, ehemals **Franziskanerkirche.** Letztere enthält schöne Glasgemälde aus dem 14. und 15. Jahrhundert, darunter eines von Peter von Andlau. Jenseits des Platzes des Alte Hospital.

Vor dem Kaufhaus liegt der Obstmarkt. Von hier aus entlang der Grund'Rue in südlicher Richtung, bemerkt man rechts an der Ecke der Rue des Augustins das **Gerichtsgebäude** aus dem 18. Jahrhundert, wo lange Zeit der Appelationsgerichtshof tagte. Daneben ein stimmungsvolles Denkmal des blinden Colmarer Fabeldichters und Pädagogen Konrad Pfeffel (1736-1809). Etwas weiter südlich das **Johanniterhaus** (Maison des Chevaliers de St-Jean), das 1680 im Renaissancestil erbaut wurde und mit seinen Arkadenloggias recht venezianisch wirkt. Wenig südlich davon der von Bartholdi geschaffene **Rösselmannbrunnen** an der Einmündung der Rue Turenne. Von der hier über die Lauch setzenden Brücke, sowie von der benachbarten Brücke St-Pierre aus, hat man einen hübschen **Blick auf Alt-Colmar** bzw. das im Vordergrund entlang des Flußes liegende sogenannte „Klein-Venedig" (→Abb).

Die **Neustadt** erstreckt sich vor allem südlich des Champs de Mars, bzw. des Bahnhofs, wo sich auch die Präfektur und der neue Appelationsgerichtshof (1906 - daneben das Bartholdidenkmal) befinden. Die neuen Wohnviertel entwickeln sich z.Z. jenseits der Bahnlinie westwärts in Richtung zu den Ortschaften Ingersheim, Logelbach und Wintzenheim.

Auskunft: Syndicat d'Initiative neben dem Unterlindenmuseum. PLZ 68000.

Unterkunft: ca. 20 Hotels, Ferienwohnungen, Privatzimmer, Jugendherbergen, Campingplatz.

Bildung und Unterhaltung: Musée d'Unterlinden, 9-12 und 14-17 (18) Uhr, (im Winterhalbjahr dienstags geschlossen.)

Musée Bartholdi, 30, Rue des Marchands, 9-12 und 14—18 Uhr, (Sonntagnachmittag sowie dienstags geschlossen.)

Musée d'Histoire Naturelle, Parc du Château d'eau, geöffnet Donnerstag und Sonntag von 14—17 Uhr, von November bis Juni (einschließlich) auch Samstagnachmittag.

Theater neben dem Musée d'Unterlinden. Aufführung französischer und elsässischer Stücke (Oktober bis Mai).

Stadtbibliothek im ehemaligen Dominikanerkloster.

Mardis Folkloriques (Volkstümliche Dienstage) von Mitte Juni bis Mitte September: Volkstänze vor dem Kaufhaus, abends 21.30 Uhr.

Serenadenkonzerte im Dominikanerkloster, donnerstags von Mitte Juni bis Mitte September.

Karnevalszug an Fastnachtssonntag.

Weinmarkt mit Volks- und Trachtenfest in der Woche des 15. August.

Sauerkrautfest (Konzert, Tanz, Folklore) in der ersten Hälfte des September.

Kleinbahnrundfahrten.

Colmar. Das Pfisterhaus

Sport: Freiluftbad am Illufer bei Horburg. Radrennbahn. Hallenbad (neben Unterlinden) mit Wannen- und Medizinalbädern. Sonntags und montags geschlossen.

Verkehr: Bahnknotenpunkt Richtung Freiburg/Br. und Basel.
  Busverbindung mit
Straßburg (über Riquewihr – Ribeauvillée – Sélestat – Barr – Obernai), Labaroche (über Trois Epis), Orbey (über Kaysersberg), Marckolsheim (über Grussenheim), Guebwiller (über Rouffach), Gerardmer (über Münster und La Schlucht), St-Dié (über Le Bonhomme), Ste-Marie-aux-Mines, Mülhausen (über Guebwiller) und mit Freiburg im Breisgau (über Neuf-Brisach).
  Busabgänge beim Bahnhof (Gare).

Ausflüge:

1. Die **Route des 5 Châteaux** (ca. 28 km). Über Eguisheim* an der Weinstraße aufwärts nach Husseren-les-Châteaux. Von hier in kurzem scharfen Anstieg zum Schloßberg (591 m) mit Parkplatz. Von da in 5 Minuten zu den **Drei-Exen,** die den mittelalterlichen Namen von Egisheim (Egse) bewahrt haben. Es handelt sich um die Ruinen von drei beisammenstehenden Burgen aus dem 11. und 12. Jahrhundert, die wahrscheinlich eine zusammenhängende Festung bildeten. Zeitweilige Besitzer waren u.a. die Grafen Egisheim-Dagsburg und der Bischof von Straßburg. Die Burgen wurden 1466 während einer Fehde mit der Stadt Mülhausen zerstört. Schöne Aussicht auf die Oberrheinische Ebene.

4 km weiter entlang der Kammstraße bis zum Hohlandburgsattel (kann auch zu Fuß in 1 Std. gemacht werden – WM gelbes Kreuz). Von hier Aufstieg in 8 Minuten zur **Hohlandsburg** (644 m) mit prächtiger Aussicht. Um 1280 erbaut, war sie Eigentum der Habsburger, später der Barone von Schwendi. 1633 von den Schweden und 1635 von den Franzosen zerstört. Es handelt sich um eine große, viereckige Anlage, deren Außenmauern durchweg erhalten und weithin sichtbar sind.

Nach weiteren 2 km Abwärtsfahrt links die **Pflixburg** (445 m) über dem Münstertal. Sie wurde zu Anfang des 13. Jahrhunderts erbaut und war Reichsbesitz. Im 15. Jahrhundert gehörte sie den Rappoltsteinern.

Von hier abwärts ins Münstertal und über Wintzenheim zurück nach Colmar.

2. Über die südliche Weinstraße (siehe Abschn. B 2) und die **Route des Crêtes** (siehe Abschn. B 3).

3. Zu einer Schlemmermahlzeit in das einzige Dreisterne-Restaurant des Elsaß, die **Auberge de l'Ill** der Brüder Haeberlin in Illhaeusern, 16 km nördlich von Colmar.

DAGSBOURG

(meist nur Dabo genannt – auch auf den Landkarten) ist ein aus etlichen Teilgemeinden und Filialen zusammengesetztes Dorf unweit von Saverne*, mit zusammen über 3000 Einwohnern. Der Kern des waldumgebenen Dorfes, ein beliebter Erholungsort in 480 m Höhe, liegt malerisch und luftig in und um einen Bergsattel, flankiert von dem 180 m höheren

Schloßberg.

Dies ist ein hoher, zur Hälfte mit Wald ummantelter Kegel mit einem mächtigen Sandsteinfelsen auf der Spitze, der seit dem 9. Jahrhundert und während des ganzen Mittelalters mit einer starken Burg der Grafen von Dagsburg besetzt war. Diese wurde 1679 von den Franzosen nach Belagerung zerstört, worauf im Jahr 1889 zu Ehren des Papstes Leo IX. hier eine Kapelle (Chapelle St-Leon) errichtet wurde.

Das Geschlecht der Grafen von Dagsburg, das von dem legendären Frankenherzog Etticho abstammen soll, verschwägerte sich um die Jahrtausendwende mit den Grafen von Egisheim (s. das.). Aus der Ehe zwischen Hugo IV. von Egisheim und der Gräfin Heilwig von Dagsburg wurde am 21.6.1002 Graf Bruno, der nachmalige und heiliggesprochene Papst Leo IX. geboren. Um die Ehre, sein Geburtsort zu sein, streiten sich Eguisheim als Vaterstadt und Dagsburg als Mutterstadt.

Nach dem Aussterben der Grafen von Egisheim (1144) ging deren Besitz an die Familie Dagsburg über, die damit eine der reichsten des Landes war, doch, sic transit gloria mundi – bereits 80 Jahre später war auch dieses Geschlecht erloschen und die Dagsburg kam als Straßburger Lehen nacheinander in verschiedene Hände, und im Jahr 1679 war auch ihr Ende gekommen, das zu einer Auferstehung in der friedlichen Gestalt einer Kapelle führte.

Der Aufstieg erfolgt zu Fuß von Dabo aus in 1/2 Std. oder, auf einer guten Fahrstraße, die ca. 2 km oberhalb von Dabo von der Landstraße abzweigt und rechts aufwärts führt. Auf der Höhe Parkplatz und Gasthaus. Einzigartige Aussicht von der Plattform und besonders vom Turm. Von hier auch nette Draufsicht auf Dabo mit seinem kreuz- bzw. x-förmig um die Kirche ausgebreiteten Grundriß.

Weitere Wanderungen:

1. Zum **Hopstein** (nordwestlich auf der Höhe) mit Felsenwohnungen, ehemalige Behausungen armer Leute.

2. Zum **Heidenschloßfels** (1 Std., WM gelbes Kreuz) über Hopstein, Petit Ballerstein, Rocher des Corbeaux (Grabbenfels, d.h. Rabenfels) und den Weiler Ballerstein dicht unterhalb der Kuppe des Grand Ballerstein (530 m). Nun nicht mit der WM abwärts nach Schäferhof, sondern rechts

auf der Höhe bleibend, zu dem nordwestlich vorgeschobenen Heiden-schloßfels oder Heidenschlössel. Hier ist eine alte Umwallung unbekann-ter Herkunft vorhanden. Aussicht.

3. Ins Tal **Weiße Zorn** südlich von Dabo (WM rotes Dreieck).

4. Ins Tal **Gelbe Zorn** (WM gelber Punkt und rot-weiß-rot) über Forst-haus Jägerhof.

5. Nach **Wangenbourg*** (WM gelbes Kreuz, 3 Std.) über den Schloß-berg (1 1/2 Std.), abwärts und am gegenüberliegenden Schloßkopf vorbei, entlang des Nordhangs des Schmittenbergs, Eichelberg, Himbeerfels, Wolfsberg (ca. 700 m), und entlang des Mühlbergs steil abwärts nach dem 300 m tiefer gelegenen Engenthal, einem Teilort von Wangenbourg.

Variation: Mit WM roter Balken bzw. rot-weiß-rot in ca. 2 1/2 Std. südwestlich unter dem Schloßberg entlang über Wolfsgrubkreuz, Schmit-tenberg (Reservoir). Dann südlich aufwärts zu dem zwischen Eichelkopf (links) und Großem Roßkopf gelegenen **Schleife-Col** (Wegekreuz), und abwärts, entweder entlang des Waldwegs (rot-weiß-rot) oder steiler mit WM roter Balken.

6. Nach **La Hoube** (1 Std., 600 m), hochgelegener Luftkurort, Teilge-meinde von Dabo mit 400 Einwohnern und neuem Frauenkloster. Wan-derweg: Gegenüber der Schloßbergauffahrt links abwärts quer durchs obere Baerenbachtal.

7. Nach **Saverne*** (Zabern) siehe daselbst.

Unterkunft: Etliche kleine Hotels, auch in den Teilgemeinden, Privatzimmer, Campinggelegenheit.

Auskunft: Mairie, PLZ 67710.

DAMBACH-la-Villé

ist ein hübsches Bauern- und Winzerstädtchen an der Weinstraße. Seine teilweise noch guterhaltene Stadtmauer hat noch 3 Tortür-me. Im Stadtzentrum, etwas abseits der Hauptstraße, ehrwürdige, alte und gepflegte Häuser. Rathaus aus dem 16. Jahrhundert.

Einen knappen Kilometer oberhalb des Städtchens liegt die Ka-pelle **St-Sebastien,** ehemals die Kirche eines im 13. Jahrhundert abgegangenen Dorfes. Sie ist ein romanischer Bau, etwa aus dem 12. Jahrhundert, dem nachträglich ein gotischer Chor angehängt wurde. Im Innern ein schöner geschnitzter Renaissance-Barockal-tar aus dem Jahr 1640, der das Thema der Auffindung des Jesus-knaben im Tempel darstellt. Ein Beinhaus enthält einen großen Teil der Gebeine der im Bauernkrieg 1525 in der Umgebung er-schlagenen Bauern.

Auskunft (ca. 100 Gastbetten): Syndicat d'Initiative, PLZ 67650.

Wanderungen:

1. Zur **Ruine Bernstein** (562 m, 1 Std.), die sehr schön am Abhang des Waldberges Dachfirst (663 m) gelegen ist, mit prachtvoller Aussicht. Zugang entweder über St-Sebastien (WM weißer Punkt) oder vom südlichen Stadtende ausgehend (WM gelbes Kreuz).

Die Burg wurde im 11. Jahrhundert vermutlich von den Grafen Egisheim gegründet und war im 13. Jahrhundert Sitz einer bischöflichen Vogtei, bei welcher Gelegenheit sie weiter ausgebaut wurde. Im 30jährigen Krieg durch Brand beschädigt und verlassen, wurde sie während der französischen Revolution 1789 zerstört.

Die ausgedehnte Ruine ist sehr gut erhalten und sehr sehenswert. Die Architektur zeigt Rundbogen, im Palas außerdem Zwillingsfenster. Jeder der Türme gehörte zu einem der vier in verschiedenen Höhen gelegenen Burgbezirke, die durch Treppen miteinander verbunden waren. Der äußere Burghof enthält einen gewölbten Gang, der zu einem in den Felsen gehauenen Brunnen führt. Die zweite Ringmauer umschloß Wirtschaftsgebäude, die mit Wohnungen überbaut waren. In der Ecke ein kleiner Turm, der vielleicht als Kapelle gedient hatte. Der nächstfolgende und kleinste Burghof ist von 2 Türmen und 2 Toren umgrenzt und diente offenbar nur zur Verstärkung der vierten, inneren Burg, die auf einem höhergelegenen Felsen erbaut ist und den Palas und den keilförmigen fünfeckigen Bergfried enthielt, der demjenigen der Ortenburg gleicht.

Fortsetzung des Wanderwegs nach Süden zu den Scherweiler Schlössern (WM roter Balken, 1 Std.) ist möglich.

2. Zu den **Scherweiler Schlössern** über Dieffenthal (WM rotes Dreieck, 2 Std., siehe S. 56).

EBERSMUNSTER,

ein kleines, freundliches, von etlichen schmalen Wasserläufen durchzogenes Dorf, 9 km nordöstlich von Schlettstadt, unweit der Durchgangsstraße N 83. Es hat die einzige große **Barockkirche** des Elsaß, deren drei hübsche Zwiebeltürme manchen eiligen Passanten zu einem Abstecher nach der 1 1/2 km seitwärts liegenden Kirche veranlassen.

Die Benediktinerabtei „Aprimonasterium" war im 7. Jahrhundert unter Herzog Eticho gegründet worden, doch die ungeschützte Anlage wurde immer wieder, zuletzt im Bauernkrieg und im 30jährigen Krieg gebrandschatzt. Die zurückgekehrten Mönche bauten im Jahr 1727 wieder auf. Die Kirche wurde von dem Vorarlberger Barockmeister Peter Thumb konstruiert, aus dessen hand auch etliche andere Barockkirchen im süddeutschen Raum hervorgegangen sind.

Das Kircheninnere ist ein lichter und fröhlicher Raum mit großzügigem Tonnengewölbe, dessen freie Flächen Raum für großformatige **Deckengemälde** bieten, so in der Vierungskuppel das Gemälde Mariä Himmelfahrt, aus der Hand von Magès (1759). Der Chor mit dem die ganze Vertikale füllenden Hochaltar, über dem noch eine riesige Krone schwebt, und das reichgeschnitzte **Chor-gestühl,** zeigen die Pracht des Barocks, trotzdem vermißt man wohltuend die in Barockkirchen oft anzutreffende verwirrende Überladenheit. Auch die **Kanzel** zeigt diese Zurückhaltung. Ihr fast einziges Zugeständnis an das Barock ist die lebensvolle Gestalt des starken Simson, der (als Gerechter) auf einem Löwen steht (91. Psalm 13); zugleich das ihm zustehende Attribut.

Die **Orgel** wurde von Silbermann in derselben Zeit wie die Kirche erbaut (1731).

Unterkunft: 1 Hotel

Auskunft: Mairie, PLZ 67600.

EGUISHEIM

(ca. 1700 Einwohner) ist ein uraltes Städtchen an der Weinstraße unweit von Colmar. (Der „älteste Einwohner", der zur Cromagnonrasse zählende „Homo Egisheimiensis", einige Zehntausend Jahre alt, befindet sich im Colmarer Unterlindenmuseum). Der Charakter der Stadt war von jeher wehrhaft, so ist die Anlage der Stadt ein abgerundetes Achteck. Schmale Häuser sitzen abweisend auf der Stadtmauer und kehren ihre oft mit hübschen Treppen oder Erkern gezierte Eingangsseite der innen rundumlaufenden Gasse zu. Ja noch eine zweite Rundgasse gibt es, so daß man das Städtchen in verschiedenen Variationen innen umwandern kann.

Im Zentrum gibt es den Schloßplatz mit der sog. **Pfalz,** einer achteckigen ehemaligen Wasserburg aus der Stauferzeit. Erhalten ist die Ringmauer, in deren Mitte ehedem der turmartige, ebenfalls achteckige Bergfried und, seitwärts angelehnt, ein kleiner romanischer Palas der Grafen von Egisheim stand. In diesem (nach anderer Version auf der Dagsburg) soll der aus dem Geschlecht der Grafen von Egisheim stammende, später heilig gesprochene Papst Leo IX. (1002-1054) geboren worden sein. Seit 1890 steht auf diesem Platz eine romanisierte Kapelle, die seinem Andenken gewidmet ist und eine Reliquie dieses Stadtpatrons birgt. Der Tag des Hl. Leo (19. April) wird hier besonders festlich begangen.

Ein anderes interessantes Baudenkmal ist der **romanische Turm** (1220) einer inzwischen erneuerten Kirche. In der Turmhalle befindet sich ein ehemals als Durchgang zum Langhaus dienendes

118

spätromanisches Tor, begrenzt von vier Halbsäulen mit Knospen-
kapitellen und Blattwerkkämpfer. Darüber auf dem Türsturz die
Klugen und die Törichten Jungfrauen, ein Thema, das in romanischer und gotischer Zeit mit Bedacht über und an den Kircheneín-
gängen behandelt wurde.

Auch der Renaissancebrunnen vor dem Rathaus (16. Jahrhundert) hat die örtlich so beliebte Achteckform. Er trägt das Wappenschild der Stadt und ehedem eine eiserne Laterne. Auch noch
etliche weitere Baudenkmale gibt es zu entdecken.

Auskunft: Mairie, PLZ 68420.
Unterkunft: in 2 Hotels und diverse Privatzimmern.

Umgebung:

Die **Drei-Exen** (Trois-Châteaux d'Eguisheim) auf dem Vogesenrand,
ca. 6 km westlich, deren drei hohe Turmruinen ein Wahrzeichen dieses
Landstrichs sind. Man erreicht sie über den hochgelegenen Weinort **Husseren**, 3 km von Eguisheim entfernt. Von hier weitere 3 km über eine gute, aber steile Straße, die Route des 5 Châteaux (siehe bei Colmar*) oder
ab Husseren zu Fuß mit WM roter Balken in 1/2 Stunde.

Die Burgen Weckmund und Wahlenburg stammen aus dem 11. Jahrhundert und
sollen vom Grafen von Eguisheim, dem Vater des Papstes Leo IX., errichtet worden
sein, während die nördliche Dagsburg, die die größte und schönste ist, von den Erben
der Eguisheimer, den Grafen von Dagsburg, 100 Jahre später erbaut wurden. Zeitweise waren die Burgen zu einer einzigen Festung zusammengefaßt. Dies war auch
der Fall, als sie 1466 in den „Sechs-Plapper-Krieg" (Plapper = eine kleine Münze),
hineingezogen und dabei von der Streitmacht von Mülhausen, Kaysersberg und
Türckheim zerstört wurden.

ESCHAU,

kleines Dorf 12 km südlich von Straßburg, unweit der Straße N
68. Stiftskirche der Bendediktinerinnen aus dem 10. und 11. Jahrhundert, mit Ottmarsheim und Avolsheim wohl die älteste Kirche
des Landes. Einfachste Formen aus der Zeit der Herausbildung
des romanischen Stils. Basilika in Kreuzform.

GÉRARDMER

(10 000 Einwohner), ein vielbesuchter Sommer- und Winterkur-
ort mit ca. 25 guten Hotels und einem Spielcasino, liegt in 665 m
Höhe westlich unterhalb des Vogesenkammes. Im Frühling sind es
die Narzissenwiesen (Achtung giftig), und sommers vor allem die

schöngelegenen Seen, die die Gäste anziehen, und auch die Wintersportplätze entlang der Route des Crêtes (15 km zum Col de la Schlucht) sind leicht zu erreichen.

Am Ende des letzten Krieges wurde die Stadt schwer in Mitleidenschaft gezogen.

Der **Lac de Gérardmer** ist 2 km lang, 750 m breit, und von mit Tannen bewaldeten Bergen umgeben. Er ermöglicht alle Arten des Wassersports, sowie den Fischfang.

Der **Lac de Longemer** (Langensee) liegt ca. 5 km talaufwärts in 750 m Höhe, nahe bei dem Kurort Xonrupt-Longemer. Er ist etwa ebensolang, aber nur 500 m breit und von Wiesen und Wäldern eingesäumt. Der See kann auf bequemem Weg umgangen und auch umfahren werden.

Noch weiter talaufwärts (1 Std.) der kleine **Lac de Retournemer,** der von den Cascades de la Vologne gespeist wird. Er zeichnet sich durch die Bläue und Reinheit seines Wassers aus.

Von hier kann man auf steilem Waldsträßchen die zum Col de la Schlucht führende Steige erreichen.

Umgebung:

1. Die **Tour du Lac** (Rundgang um den See) in ca. 1 1/2 Std. Etwas oberhalb der südwestlichen Ecke des Sees befindet sich die Cascade de Mérelle.

Diese Runde kann auch mit dem Wagen ausgeführt werden.

2. Zum **Saut des Cuves** (= Bottiche) unweit des Hotels gleichen Namens, halbwegs zwischen den beiden großen Seen (1 1/2 Std.).

3. Zu den **Lacs de Longemer und de Retournemer** (siehe oben), die von dem Flüßchen Vologne durchflossen werden (12 km oder 3 Std.).

4. Zum **Col de la Schlucht*** (15 km auf der N 417) über Longemer und den **Roche du Diable** (bei dem Tunnel) mit Aussicht auf die Seen (siehe auch S. 72).

5. Nach **La Bresse.** Über die Seen wie Ziff. 3, dann weiter über den **Col des Feignes** (954 m) ins Tal der Moselotte. In einem kammwärtigen Seitental der **Lac de Blanchemer.** Nach weiteren 5 km der Lac des Corbeaux (Rabensee, 895 m) in einem bewaldeten Bergkessel. Hotel, Rundweg, Fischfang.

La Bresse (630 m, 5000 Einwohner) ist eine ruhige und weit auseinandergezogene Sommerfrische im Tal der Moselotte, umgeben von Tannenwäldern. Herstellung von „Münsterkäse".

Die Rückfahrt nach Gérardmer führt über den **Col de la Grosse Pierre** (953 m), durch **Bas-Rupts** im Tal des Bouchot, und über den **Col du Haut de la Côte** (799 m). Gesamte Rundfahrt ca. 40 km.

6. Nach **Fraize** und **Plainfaing** (Luftkurorte) durch das Hochtal der Meurthe (Straße D 23), das mit zahlreichen Sägemühlen besetzt ist.

Rückfahrt durch das Tal der Petite Meurthe. Nach dem Weiler Sachemont geht es durch den Engpaß **Défilé de Straiture** mit dem oberhalb gelegenen „Schneeloch" Glacière de Straiture.

Weiter über den **Col du Surceneux** (810 m).

Unterkunft: Viele gute Hotels in Gérardmer, la Bresse und Fraize. Viele Ferienwohnungen und Privatzimmer. Campingplätze bzw. Campinggelegenheiten an den Seen.

Auskunft: Gérardmer: Syndicat d'Initiative, Place de la Gare.
La Bresse: Syndicat d'Initiative, Mairie.
Fraize: Mairie.
Plainfaing: Syndicat d'Initiative, Poste de l'Alsace.

Der GRAND BALLON

(1424 m), der höchste Berg der Vogesen, liegt auf einem seitlichen Ausläufer des Hauptkammes, von diesem durch den breitflächigen Hochpaß Col du Haag getrennt. Sein deutschsprachiger Name Großer Belchen wird auf den in vorgeschichtlicher Zeit hier verehrten keltischen Sonnengott Bel bzw. Belen zurückgeführt. Die Kuppe war im 1. Weltkrieg zu einer französischen Festung ausgebaut.

Die Route des Crêtes★ passiert den genannten Hochpaß, wo das Hotel du Grand Ballon für Luftkuren und Wintersport (Vgl. Abschn. D 9) bereitsteht. Viel Parkgelegenheit.

Von der Route des Crêtes (beim Hotel) kann man die felsige Kuppe in 20 Minuten erreichen. Die dortige Orientierungstafel ergänzt die umfassende Aussicht auf große Teile des Vogesenkammes, zum Schwarzwald und evtl. zu Jura und Alpen.

Auskunft: Hotel du Grand Ballon bzw. S.I. Guebwiller, PLZ 68500.

Umgebung:

1. Hartmannsweiler Kopf (956 m, französisch: Vieil Armand, was dem französisch ausgesprochenen (H)artmannsweiler entspricht und im französischen Soldatenjargon so entstanden ist), einer der am schwersten umkämpften Punkte der Front des 1. Weltkriegs, an dem 60 000 deutsche und französische Soldaten verbluteten. Vorhanden sind noch viele Gräben und Unterstände. 22 m hohes, weithin sichtbares Gedenkkreuz an der Stelle der ehemaligen französischen Frontlinie. Von dem Felsen beim „eisernen Kreuz" wundervolle Übersicht über die Ebene (um die es damals bei den Kämpfen ging). Kleines Museum. Jugendherberge.

Im Sattel unweit der Route der **Kriegerfriedhof Silberloch** mit mehreren Beinhäusern und zahllosen Gräbern französischer Soldaten (die deutschen Gefallenen wurden später in andere Friedhöfe, z.B. bei Sennheim, umgebettet).

Fußweg vom Grand Ballon (WM roter Balken) ca. 4 Std. über Ferme du Ballon (1/2 Std.), Firstacker (1 Std.), Kohlschlag (1 1/2 Std.), Freundstein 2 1/4 Std.), Silberloch (3 1/4 Std.).

1/2 Std. westlich des Silberloch (WM roter Balken) die Kahlfläche **Molkenrain** *(1125 m). Campinggelegenheit.*

2. Die Burgruine **Freundstein** (928 m) auf einem Felskegel südlich oberhalb des Kohlschlagsattel, unweit der Route des Crêtes. Die Burg war im 13. Jahrhundert im Besitz der Abtei Murbach und später der Herren Waldner von Freundstein. Mehrmals zerstört, zuletzt im Bauernkrieg. Wiederaufgebaut, wurde die Burg 30 Jahre später durch den Blitz so zerspellt, daß sie aufgegeben wurde. Erhalten ist der massige Bergfried (Wohnturm?), der mit seinem Felsenfundament 50 m in die Höhe reicht.

Entfernung zum Kohlschlagsattel 1/2 Std., zum Großen Belchen 2 1/4 Std.

3. **Lac du Ballon** (986 m), etwa 200 zu 350 m groß, nördlich des Grand Ballon. Ursprünglich natürlicher Gletschermuldensee, von der Murbacher Abtei vergrößert und von Vauban im 17. Jahrhundert durch eine Staumauer noch mehr erweitert, um den Wasservorrat für einen Kanal zum Transport der Mineralien zum Bau der Festung Neuf-Brisach zu gewinnen.

Der steil unter der Straße (Col du Haag) gelegene See wird über einen Zick-Zack-Weg (WM rot-weiß-rot) in 3/4 Std. erreicht.

4. **Markstein★** (1241 m) an der Route des Crêtes, 8 km nordwestlich des Großen Belchen. Luftkur- und Wintersportzentrum (siehe Abschn. D 9) an der Einmündung der von Guebwiller hierherführenden Lauchtalstraße. Heidehochfläche. Drei Hotels, Wintersporteinrichtungen aller Art usw.

Auskunft: S.I. Markstein, PLZ 68500.

Der Markstein liegt am Höhenwanderweg. Wanderung abwärts zum Lac de la Lauch (WM blaues Dreieck) in 1/2 Std., nach Linthal über die Cascade 2 1/4 Std. Straßenverbindung durchs Lauchtal nach Guebwiller (vorbei am Lauchsee) 24 km.

5. **Lac de la Lauch** (925 m). Seine Ausdehnung von 400 zu 450 m wird durch einen 250 m langen Staudamm erreicht, der Ende des letzten Jahrhunderts erbaut worden war. Hotel, Baden, Campinggelegenheit.

6. Wanderung nach **Lautenbach*** im Lauchtal (WM rot-weiß-rot, 2 1/2 Std.) über Rödelen, Liesewasen und Wolfsgrube.

7. Nach **Guebwiller*** siehe daselbst.

8. Nach **Soultz*** siehe daselbst.

9. Nach **Moosch** im Thurtal (WM rot-weiß-rot), ausgehend vom Col du Haag, 2 1/2 Std.

10. Nach **St-Amarin** im Thurtal (WM gelber Balken) über die Geishauser Höhe, wie Ziff. 9.

11. Nach **Willer-Sur-Thur** (WM gelbes Kreuz), vom Col du Haag ausgehend über Sattelfels (1168 m) und den Weiler Neuhausen (2 1/2 Std.).

12. **Kammwanderweg** siehe Abschn. B 7.

GUEBWILLER,

eine Kreisstadt mit ca. 11000 Einwohnern, liegt am Eingang des „Florival" (Blumental) genannten Tales der Lauch. Die umgebenden Hänge sind mit Weinbergen bedeckt (berühmt ist der „Kitterle"), doch hat sich der wirtschaftliche Schwerpunkt inzwischen auf die Industrie (Textil und Maschinenbau) verlagert.

Besonders auch wegen der Nähe der Hochvogesen ist auch der Fremdenverkehr nicht unbedeutend.

Die Geschichte von Guebwiller ist eng mit derjenigen der Abtei Murbach verbunden. Die Stadt ist als Meierhof der letzteren entstanden und wurde im 18. Jahrhundert als „Gebunvilare" erstmals mit Namen erwähnt. Dann entwand sich der sich vergrößernde Ort mehr und mehr der Herrschaft der Fürstäbte und war im 13. Jahrhundert mit einer Mauer umgeben, die ihr gegen die Machtansprüche Murbachs, wie auch gegen die Söldner des Grafen Armagnac (1445) gute Dienste leistete. Im 30jährigen Krieg hatte die Stadt viel zu leiden.

Sehenswürdigkeiten:

Hauptlebensader der sich am rechten Ufer der Lauch entlangziehenden Stadt ist die Rue de la République. An dieser liegt auf Ost-West-Richtung schräggestellt, die

Pfarrkirche St-Léger

(St. Leodegar), die im wesentlichen im 12. Jahrhundert unter den Hohenstaufen in der Zeit des Übergangs vom romanischen zum gotischen Stil entstanden ist. Gotisch ist der erst im 14. Jahrhundert entstandene Chor. Der fünfschiffigen Basilika mit Querschiff fehlt die in den gotischen Kirchen das Elsaß gewohnte lichte Höhe. In weiterem Gegensatz dazu steht das barocke Chorgestühl. Die Fassade öffnet sich zu einer breiten Vorhalle und endigt in 2 hohen, ungleichen Türmen. Schönes Mittelportal mit dem segnenden Christus zwischen Maria und St. Leodegar in Tympanon. Beachtlich die verschieden gearbeiteten Säulen und Kapitelle. Über der Vierung ein achteckiger Storchenturm.

Neben der Kirche wurden 1972 bei Ausschachtungsarbeiten die Grundmauern einer um 1230 errichteten achteckigen **Stadtburg** der Murbacher Äbte entdeckt.

123

An derselben Straße, in Bahnhofsnähe, liegt die **Eglise Notre-Dame** (Liebfrauenkirche bzw. Unterkirche), die 1760 bis 1785 vom letzten Fürstabt von Murbach in klassizistischem Stil erbaut wurde. Der erfahrene Schnitzer Sporrer und dessen Kinder (Sohn und Tochter) haben an der Innenausstattung gearbeitet. Im Querschiff Basreliefs mit den 4 Kirchenvätern. Über dem Hauptaltar die Darstellung von Mariä Himmelfahrt (Sporrer), umgeben vom „Tod des Hl. Leodegar" und des Hl. Ludwig. Wundervolle Raumwirkung.

In der Nähe die ehemalige **Eglise des Dominicains,** die heute nicht mehr sakral verwendet wird. Sie stammt aus dem 14. Jahrhundert und hat strenge, gotische Formen. Beachtlich ist der guterhaltene Lettner (Empore) und etliche Fresken. Im Chor ist das **Musée du Florival** mit archäologischen Funden und heimat- und volkskundlichen Erinnerungsstücken untergebracht.

An dem 1514 erbauten **Rathaus** ist besonders das gotische Eckürmchen mit Stadtwappen interessant.
Kriegerfriedhof beider Weltkriege.

Auskunft: Syndicat d'Initiative, 79, Rue de la République, PLZ 68500.

Unterkunft: Etliche Hotels und Pensionen, Campinggelegenheiten in der Umgebung, Jugendherberge in Lautenbach (8 km).

Unterhaltung und Sport: Schwimmbad bei Issenheim (Piscine Olympique), Wintersport in der Umgebung. Festival de Musique von Juni bis September in der Dominikanerkirche. Weinlesefest.

Verkehr: Bahnstation der Lauchtalbahn (Nebenbahn; zu den Hauptbahnanschlüssen Merxheim und Bollwiller je 7 km). Busverbindung mit Cernay, Colmar und Mülhausen.

Wanderungen:

1. Zum **Großen Belchen** (Grand Ballon*, 1424 m, 3 1/2 bis 4 Std.). Ausgehend vom Westausgang der Stadt oder der Rue Joffre (Gymnasium, WM rot-weiß-rot bis zum Belchen) über Col Peternit (563 m, 1 Std.), am Geißkopf (736 m) vorbei zum Wegekreuz Münsteräckerle (650 m, 1 1/2 Std. Aussicht ins Rimbachtal). Von hier südlich der Fußweg über Ebeneck (oder nördlich der Forstweg über Waldeck) zum **Judenhutplan** (939 m, 2 1/2 bzw. 2 3/4 Std.), Kreuzweg mit Rasthaus des Vogesenklubs, Campinggelegenheit, Brunnen. Ab hier zum **Grand Ballon,** in 1 Std. über den westlich verlaufenden Fußweg (rot-weiß-rot), o d e r in 1 1/2 Std. nördlich entlang des Rödelswegs (Chemin du Roedelen), ebenfalls rot-weiß-rot.

Rückweg evtl. über einen der bei „Grand Ballon"* bezeichneten weiteren Wanderwege oder über die Route des Crêtes.

2. Zum **Aussichtspunkt Soultzer Nase** (WM blaues Dreieck). Ausgehend vom Cimetière militaire zur Nez de Soultz (477 m, Aussicht auf den Hartmannsweiler Kopf, die Ebene und den Schwarzwald). Zurück, am Heidebuckel (552 m) vorbei, über Bildstöckle. Insgesamt 1 1/2 Std.

3. Nach **Murbach*** (3/4 Std.). Ausgehend etwa von der ehemal. Seillerweiheranlage (WM roter Punkt) über Ruine Hugstein (1216 zum Schutz der Abtei Murbach erbaut, 1542 zerstört, siehe auch S. 76). Von hier nach 5 Minuten rechts in Spitzkehre (WM gelber Punkt) einbiegen, in Richtung Hochkopf, Rimlishof (Hotel), Pont-St-Barnabé (Hotel).

4. Zum **Hartmannsweiler Kopf** (Vieil Armand, 956 m, ca. 4 Std.). Am südöstlichen Stadtende bei der Sägmühle rechts abgehend (WM blauer Punkt), unterhalb der Soultzer Nase entlang der Weinberge, und abwärts nach **Jungholtz** (3/4 Std., 700 Einwohner, Gasthaus, Sanatorium St-Anne). Weiter nach **Thierenbach** (1 Std., 2 Hotels, Campinggelegenheit, Wallfahrtskirche Ste-Vierge seit 1135, Exvotos). Bei der Kirche links abbiegen (WM rotes Schrägkreuz), vorbei an der Tafeleiche. Nach der Brücke über den Wuenheimer Bach (Calvaire-Sühnekreuz) gleich rechts der Straße entlang (WM rot-weiß-rot) und bald wieder links bergauf. In halber Höhe (1 1/2 Std. seit Thierenbach) die **Cantine Zeller** (742 m, Unterkunft). Von hier in 1 1/4 Std. in steilem Anstieg zum **Vieil Armand** (956 m, Gräben und Unterstände aus dem 1. Weltkrieg, Nationaldenkmal), wobei man halbwegs rechts auf den Sentier de Crête (roter Balken) übergewechselt war. (Siehe auch bei „Grand Ballon"*.)

5. Nach **Bergholtz-Zell** (1 Std., WM weißer Balken). Ausgehend vom Bahnhof, entlang der Straße D 3 b am linken Flußufer, dann nach einigen Minuten links aufwärts in die Weinberge und diesen entlang. (Gleich vorn am Osthang ist das berühmte Gewand Kitterle.) Siehe auch Abschn. B 2.

6. Zum **Col du Bannstein** (2 1/2 Std., Rückweg über Bühl ca. 2 Std.). Hinter dem Bahnhof (WM gelber Punkt) die Weinberge aufwärts. Zunächst Aussichtspunkt Unterlinger, dann Missionskreuz (1/2 Std.), **Oberlinger** (1 Std.). Hier stand ehedem ein bis zum Unterlinger reichendes römisches Kastell. Dann Wegekreuz Dreibannstein (1 1/2 Std.). Weiter nordwestlich entlang WM roter Punkt über die Höhe des Schimberg (571 m) und abwärts zum **Col du Bannstein** (478 m).

Von hier in südlicher Richtung abwärts entlang WM blauer Punkt, nach **St-Gangolphe** (1/4 Std., 410 m). Campinggelegenheit, spätgotische Kapelle (1446), Renaissancebrunnen aus dem 17. Jahrhundert (1664 und 1788). Nach der Überlieferung hat die ungetreue Frau des heiligen Gangolf bei der Treueprobe im Wasser des Brunnens eine schwarze Hand davongetragen. Dieses Orakel wird dementsprechend noch heute gerne befragt. Weiter abwärts nach Bühl (Vorort von G.), 1/2 Std.

7. Auf den **Petit Ballon** (Kleiner Belchen oder Kahler Wasen, 4 Std.). Ausgehend von Bühl (Vorort von G.) entlang der Lauchtalstraße (WM gelbes Kreuz) nach **Schweighouse.** Westlich durch die Weinberge aufwärts zum Langrücken. Nach dem Kreuzweg Großmatt entlang des Dorn-

silrückens durch den Lautenbacher Forst zum **Col Bönlesgrab** (ca. 3 Std., 866 m, Herberge, Aussicht ins Münstertal und zum Vogesenkamm) – der Name wird auf Belen, Sonnengott der Kelten, zurückgeführt. (Der Col Bönlesgrab ist auch ab Lautenbach über einen Fahrweg zu erreichen.)

Von Bönlesgrab mit WM gelber Balken über **Schellimatt** (3 1/2 Std., 1037 m, Jugendherberge, Aussicht ins Lauchtal) in einer weiteren halben Stunde zum **Petit Ballon** (1268 m, Herberge, Naturfreundehaus, s.S. 150). (Die WM gelber Balken führt übrigens noch weiter westwärts über den Lac de la Lauch (2 1/2 Std.) zur Route des Crêtes beim Hundskopf (4 Std.). **Rückweg** (ca. 3 Std.) evtl. entlang der ein rotes Dreieck zeigenden WM, später durch das langgestreckte **Linthal** abwärts (2 Std.). Von hier zu Fuß das Lauchtal abwärts (10 km) oder zur Bahnstation Lautenbach* (2 km).

8. **Issenheim** (Isenheim, 3 km). Hier stand ehedem das Antoniterkloster, für das Mathias Grünewald zu Anfang des 16. Jahrhunderts den sog. Isenheimer Altar geschaffen hat, der sich heute im Unterlindenmuseum von Colmar* befindet. Von dem Kloster selbst sind nur noch geringe Reste vorhanden.

9. **Lautenbach*** (8 km) mit seiner romanischen Stiftskirche.

HAGUENAU,

Industrie- und Handelsstadt mit 28 000 Einwohnern, liegt am Ufer der Moder und inmitten des Haguenauer Forstes, der zum großen Teil Eigentum der Stadt ist. Zentrum der Holz- und Hopfenwirtschaft.

Der Stauferkaiser Barbarossa erweiterte im 12. Jahrhundert die von seinem Vater hier erbaute Burg zu einer Kaiserpfalz mit Kapelle, in der lange Zeit die Reichskleinodien aufbewahrt wurden. Bereits 1162 wurde „Hagenowe" freie Reichsstadt und der Mittelpunkt glänzender Reichstage, dann Mitglied des Zehnstädtebundes. 1678 kam sie an Frankreich, wobei die 54 Türme umfassenden Befestigungsanlagen sowie die Burg restlos niedergelegt, die Stadt verbrannt wurde. Übriggeblieben sind folgende

Sehenswürdigkeiten:

Die 1189 geweihte **Kirche St. Georg,** ein romanisches Bauwerk mit gotischen Seitenschiffen und Chor (13. Jahrhundert). Der Hauptturm über der Vierung trägt die beiden ältesten Glocken (13. Jahrhundert) des Elsaß. Die Kirche und ihre Einrichtung wurde in der französischen Revolution schwer in Mitleidenschaft gezogen, ebenso im Verlauf des Zweiten Weltkriegs.

Der romanische Innenraum der Kirche ist gotisch überwölbt. Gegenüber der Kanzel die geschnitzte Kolossalfigur Christi aus

dem Jahr 1488 (Inschrift am Torso). Im rechten Querhausarm
schöner Altaraufsatz aus dem 16. Jahrhundert (Jüngstes Gericht).
Im Chor ein schlankes spätgotisches Sakramentshäuschen
(15. Jahrhundert), fast 10 m hoch.

Ein weiteres schönes Baudenkmal ist die **Kirche St. Nikolaus,**
die unweit der Porte de Wissembourg liegt. Ihre Gründung wird
Kaiser Barbarossa zugeschrieben, der achteckige, niedrige Turm
kann als Überrest jener ersten Kirche betrachtet werden. Die übrigen Bauteile wurden im 14. Jahrhundert in gotischem Stil errichtet. Das Schiff (ohne Querschiff) zeigt die für die Gotik typische,
in die Höhe strebende Linie. Die Bauteile sind ausnehmend fein
und zierlich gearbeitet. In einem Nischenraum des rechten Seiten-
schiffes ein Heiliges Grab, schöne, spätgotische Bildhauerarbeit
aus dem 14./15. Jahrhundert. Dabei ein spätgotischer Taufstein.
Bemerkenswert ist auch das geschnitzte Chorgestühl, gefertigt im
18. Jahrhundert im Renaissancestil.

Von den ehemaligen Befestigungsanlagen hat nur der Ritter-
turm (Tour des Chevaliers, 14. Jahrhundert) überlebt.

Allerlei Einrichtungen:

Museum mit Erzeugnissen und Erinnerungsstücken aus der
Umgebung, Fundstücke, vor allem aus dem Hardtwald, volkskundliche Gegenstände, Stadtbibliothek.

Stadion, Freibad, Campingplatz.

Auskunft (ca. 300 Gastbetten): Syndicat d'Initiative, 8, Grand'Rue, PLZ 67500.

Umgebung:

1. Der **Hagenauer Forst,** der sich rings um die Stadt, vor allem aber in
nördlicher Richtung, erstreckt. Er umfaßt ca. 14000 ha Mischwald und
steht im Besitz von Stadt und Staat. Viele Spazierwege. Viele antike
Fundstätten, Tumuli usw. Durch viele Klöster in seiner Umgebung kam er
im Mittelalter zu dem Beinamen ,,Heiliger Forst".

2. Der Wallfahrtsort **Marienthal,** 5 km südöstlich der Stadt, ein altes
Kloster mit im letzten Jahrhundert errichteter Kirche. Das Gnadenbild ist
auf das 13. Jahrhundert zu datieren, eine weitere Madonna mit Kind etwas jünger.

3. Das Töpferdorf **Soufflenheim,** 19 km quer durch den Forst. Auf dem
befestigten Friedhof eine Abendmahlsgruppe in Lebensgröße, 1932 in
Terrakotta von der Kunsttöpferei Léon Elchinger hergestellt.

Nahebei **Rountzenheim,** wo man ,,bei Marguerite" einkehren sollte.

4. **Walburg,** 11 km nördlich von Hagenau, kleines Dorf mit großer
klösterlicher Vergangenheit am Rande des Heiligen Forst. Übriggeblie-

ben ist eine gotische Kirche der Benediktiner, erbaut 1456 (Datum an einem Pfeiler des Choreingangs). Im Chor schöne Glasgemälde aus dem Jahr 1461. Aus derselben Zeit das Chorgestühl. Links des Altars spätgotisches Tabernakel.

5. **Surbourg** (749 Suraburgum genannt) liegt 12 km nördlich der Stadt, an der Nationalstraße N 63. Von dem im 7. Jahrhundert von König Dagobert II. gegründeten Kloster ist noch die Kirche vorhanden, eine kreuzförmige Basilika frühromanischen Stils (10. Jahrhundert) von noch primitiver Schwere, mit gedrungenen Säulen. Chor und Querschiff verraten den Übergangsstil des beginnenden 13. Jahrhunderts.

HOH-KÖNIGSBURG

Die „auf neu" hergerichtete Ritterburg Haut-Koenigsbourg, mit 757 m etwa 500 m über der Rheinebene gelegen, ist eine Sehenswürdigkeit ersten Ranges, zudem den Besucher zusätzlich ein wundervolles Panorama erwartet und eine bequeme Zufahrt vorhanden ist.

Geschichte: Der einzelstehende kegelförmige Berg ist erstmals im Jahr 774 als „Stophanberg" (Staufenberg) erwähnt (Stof oder Stauf = Humpen). Von einer befestigten Anlage „Castrum Estuphin" ist erstmals im Jahr 1147 die Rede, doch dürfte die Burg schon 60 Jahre früher von dem als Burgenbauer bekannten Stauferherzog Friedrich II. (der Einäugige) als weiteres Bollwerk gegen Lothringen errichtet worden sein.

Auf dem westlichen Teil der gratartig gezogenen Bergspitze stand in ca. 200 m Entfernung eine zweite Burg, die jedoch bald aufgegeben wurde und verfiel, so daß nur noch ihr Ruinenname „Ödenburg" bekannt ist.

Seit 1192 urkundlich Königsberg benannt, ging die Burg mit dem Niedergang der Staufermacht in den Besitz der Herzöge von Lothringen über, die die Landgrafen von Werd und die Grafen von Rathsamhausen und von Hohenstein damit belehnten, die sie später ihrerseits an die Bischöfe von Straßburg verkauften. Im 15. Jahrhundert war die Burg in der Hand von Raubrittern, weshalb sie im Jahr 1462 von den Truppen der geschädigten Städte Straßburg, Colmar und Basel eingenommen und zerstört wurde, und dabei in habsburgischen Besitz überging. Dann wurde der als Landsknechtführer in habsburgischen Diensten gestandene schweizerische Graf von Thierstein mit der Burg belehnt, der von ihm mit Zuschüssen von Straßburg wieder instandgesetzt wurde. Sie war damit um 1500 eine der stärksten Festungen des Landes, verfiel aber unter den Nachfolgern der Thiersteiner.

Im 30jährigen Krieg wurde sie von den Schweden belagert und mußte sich wegen Nahrungsmangel ergeben, worauf sie von den Schweden in Brand gesteckt wurde.

Die Ruine geriet mit den umliegenden Waldungen schließlich in die Hände der Stadt Schlettstadt, die dieses mit Unkosten verknüpfte Objekt im Jahr 1899 dem deutschen Kaiser Wilhelm II. anläßlich dessen Besuch in ihrer Stadt zum Geschenk machte. Der Kaiser ließ die Burg in den folgenden Jahren durch den in dieser Sparte erfahrenen Berliner Architekten Bodo von Ebhard auf Kosten des Reichs und des

---

Die vor knapp 100 Jahren „erneuerte" HOH-KÖNIGSBURG.

Reichslandes Elsaß-Lothringen in den mutmaßlichen Zustand der Zeit um 1500 versetzen, was natürlich nur unvollständig gelingen konnte, da entsprechende Pläne aus jener Zeit fehlten und außerdem von seiten des Auftraggebers ein Ergebnis erwartet wurde, das dessen romantischen Vorstellungen von der „alten Ritterherrlichkeit" entsprach. So ist also diese Musterburg entstanden, der man tatsächlich ein teils romantisches, teils lehrhaftes Gepräge nicht absprechen kann.

Entsprechend der kammartig gezogenen Bergspitze ist auch die Burg sehr langgestreckt (270 m). Sie besteht aus dem Zentralbau (Hochburg) mit Bergfried, dem östlichen Vorwerk, und dem westlichen Bollwerk, das die schwächste Stelle der Burg in Richtung zur Ödenburg schützen sollte.

Der Eingang befindet sich in der Mitte der Südseite, dann erreicht man den eher schloß- als festungsartig nachgebauten Torbau, der zum äußeren Burghof führt. Hier gibt es ein schönes, elsässisches Fachwerkhaus mit Wachtstube, Küche und Schmiede, sowie, etwas überraschend, eine Windmühle.

Nun betritt man links durch den Rundturm das erste Tor der Hochburg, dem sich aufwärtsführend noch einige weitere anschließen. Sehr überzeugend wirkt das vierte, nach dem angebrachten Relief LÖWENTOR benannt, und mit stabiler Zugbrücke. Über dem Türsturz befindet sich noch das Hohenstaufenwappen aus dem 12. Jahrhundert.

Vorbei an den geräumigen Wirtschafts- und Kellerräumen gelangt man in den INNENHOF mit Brunnen, dann über eine Wendeltreppe in die Räume im 2. Stockwerk des Nordflügels. Das Zentralstück ist hier der FESTSAAL mit eindrucksvoller Strebepfeilerarchitektur. Die Einrichtung erscheint ziemlich theatralisch und erinnert an die historisierenden bayrischen Königsschlösser. Dazu gehört auch der 1917 an dem Kamingitter (unten) angebrachte Ausspruch Wilhelms II: „Ich habe es nicht gewollt." Neben dem Festsaal das Lothringer Zimmer, dessen Einrichtung ein Geschenk von Einwohnern aus Metz ist.

Quer über die KAPELLENEMPORE (rechts unten die Kapelle) erreicht man die mit Renaissancemöbeln ausgestattete Kemenate. Auf einer Wendeltreppe geht es abwärts zu weiteren Wohnräumen und zu der kleinen SCHLOSSKAPELLE, deren Fensternische als Altar ausgebildet ist. Der unmittelbar unter dem Festsaal gelegene und gleichgroße RITTERSAAL ist als Rüstkammer eingerichtet und enthält entsprechende Mordinstrumente. Der Jagdsaal zeigt Dutzende datierter Abschußtrophäen des Kaisers. Von hier führt eine Zugbrücke über den Bärengraben in den ummauerten SCHLOSSGARTEN, und eine weitere in das von zwei gewaltigen Rundtürmen flankierte BOLLWERK, das besonders stark ausgebaut ist. Ein paar Geschütze (Nachgüsse) stehen hier ein bißchen verloren herum, aber umso enormer ist die Aussicht, auch rückwärts auf die Burganlagen selbst.

Durch den Nordturm evtl. Abstieg in den Felsenhof und, um die Bollwerkfront herum, durch den südlichen Zwinger zum Ausgang.

Auf einem Fußpfad kann der ganze Bergkamm umgangen werden. Dabei passiert man auch die auf dem westlichen Ende des Kammes vorhandenen Ruinenreste der ehemaligen **Oedenburg.** Ihr Name erscheint erstmals 1417, so daß sie also offensichtlich bereits zu diesem Zeitpunkt „öde lag". Vorhanden ist insbesondere noch eine gut gearbeitete Palaswand mit zwei schönen gotischen Fenstern.

Die Anfahrt (viel Parkgelegenheit bei der Burg) kann über Sélestat – Kintzheim (12 km) oder über St-Hippolyte (8 km) oder über Bergheim – **Thannenkirch** (Erholungsort) – Schänzel (Schwedenschanze, Hotel) insgesamt 13 km erfolgen. 2 km unterhalb der Burg das Hotel-Restaurant Hohkönigsburg (ca. 50 Betten), PLZ 67600.

Zu Fuß zu gehen ist auch hier lohnend, aber entsprechend dem genannten Höhenunterschied ziemlich anstrengend. Von St-Hippolyte, Orschwiller und Kintzheim aus führen Fußwege auf die Burg. Für den Aufstieg sind 2 Stunden zu rechnen. In **Kintzheim** lohnt es sich, die wenig oberhalb des Dorfes gelegene Burgruine „mitzunehmen" (s.S. 57).

Ein weiterer Aufstieg ist möglich von dem nördlich im Liepvretal gelegenen Bahnhof Hurst (Vancelle) aus in 1 3/4 Std., vorbei am Gumbelfels, im Herbst zu verbinden mit „Kastanienernte".

LE HOHWALD

ist ein Touristenort in einem Wiesenhochtal (600 m) der mittleren Vogesen, inmitten ausgedehnter Tannenwälder. Seine Attraktion ist die freie Natur, in der man hier stundenlang wandern kann, ohne kaum einmal jemandem zu begegnen. Dementsprechend ist der Ort vor allem auf den Fremdenverkehr eingestellt, wozu die zahlreichen Hotels und Pensionen ca. 400 Fremdenbetten bereithalten.

Auskunft: In Quartierfragen wende man sich an das Syndicat d'Initiative, Büro hinter der protestantischen Kirche, PLZ 67140.

Verkehr: Nächste Bahnstation ist Eichhoffen (10 km) an der Weinstraße. Busverbindung dorthin, sowie nach Barr und Straßburg. Entfernung von Straßburg 46 km.

Unterkunft: Zahlreiche Hotels und Pensionen, alle in schöner freier Lage. Außerdem viele Privatzimmer. Campinggelegenheit, Jugendherberge (Naturfreunde). Babysitter.

Unterhaltung und Sport: Minigolf, Forellenfang, während der Sommersaison Kino. Fête des Sapins (Tannenfest) am 3. Sonntag im Juli. Lokales Fest (Messti) an Pfingsten.

Wanderungen:

Viele kleine und große Spaziergang- bzw. Ausflugsmöglichkeiten auf großenteils ebenen und gutbezeichneten Wegen (siehe Skizze).

Einige Beispiele:

1. Zur **Cascade des Andlaubachs** über protestantische Kirche, WM roter Punkt, 1 Std. Über Pension Beau-Séjour mit WM roter Balken 1 3/4 Std. (Hang-Rundweg).

2. Zum **Champ du Feu** (1009 m) über die Cascade WM roter Punkt, 2 Std. (Vgl. Abschn. B 5).

3 Zur Refuge **Chaume des Veaux** über die Cascade, WM roter Punkt, 1 1/4 Std.

4. Zur Melkerei **Métairie** (930 m) über die Cascade und den Rocher Métairie, WM weißes Kreuz, 1 1/4 Std.

5. Zum **Odilienberg*** (WM roter Balken, 2 1/2 Std.) über MF **Welschbruch** (755 m, Erfrischungen, 3/4 Std.).

6. Zum **Neuntelstein** (Nientelstein, 971 m, Aussichtspunkt) WM gelbes Dreieck, 1 Std. Von dort weiter zur Wirtschaft **Rothlach** in 1/4 Std.

7. Nach **Barr** (WM weißer Balken, 3 Std.) Über Vivier, Dielenplatz (3/4 Std.) und **Château Andlau** (2 Std.).

8. Zur **Petite Bellevue,** (WM blaues Kreuz, 1/2 Std.).

9. Zur **Grande Bellevue,** WM gelber Punkt, 1 Std., Abgang bei der Villa Belle-Vue.

10. Zum **Kreuzweg** (WM blaues Kreuz, 1 Std.). Von dort zur Cascade Kreuzweg mit WM rotes Kreuz, und zur Pelage mit WM weißer Balken.

11. Nach **Villé*** (WM rot-weiß-rot, 2 1/2 Std.) siehe bei Villé*.

Kleine Autoausflüge:

1. **Ste-Odile*** (9 km) über MF Welschbruch.

2. Auf die **Vogesenstraße** über Welschbruch, Neuntelstein, Rothlach, **Champ du Feu** (1100 m), Col de la Charbonnière, Kreuzweg und zurück (ca. 25 km).

3 Nach **Villé*** (15 km).

4. Zur **Hohkönigsburg*** (36 km über Villé – Châtenois).

5. Ins **Breuschtal** (s. B 6) und zum **Donon** (36 km, s. bei Schirmeck*)

KAYSERSBERG,

eine hübsche kleine mittelalterliche Landstadt von 3000 Einwohnern, liegt am Ausgang des Tales der Weiß, inmitten berühmter Weinberge und überragt von dem mächtigen Rundturm seiner Burg. Trotz der hier im 2. Weltkrieg stattgefundenen Kämpfe konnte sie sich ihr malerisches Stadtbild erhalten.

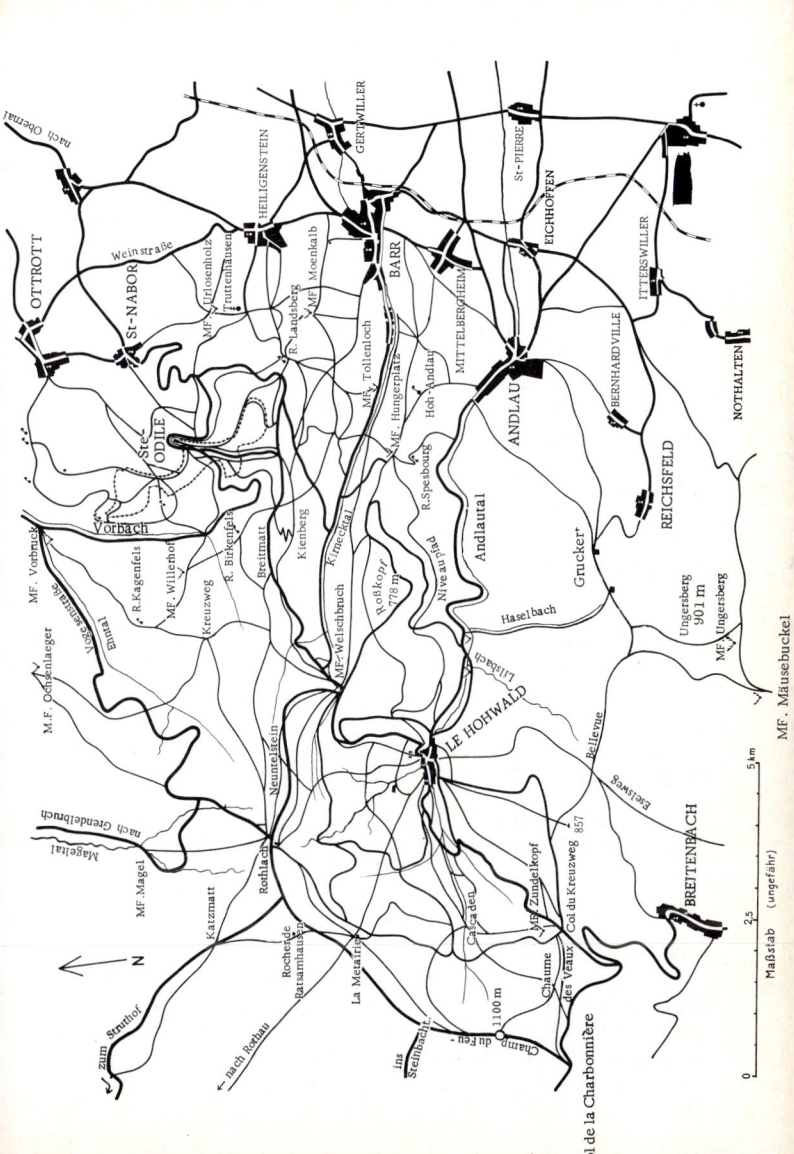

MF. Mäusebuckel

Maßstab (ungefähr)

0   2,5   5 km

Col de la Charbonnière

Im Jahr 1226 tritt die Siedlung als „Castro Keisersperg" und Besitz des Hohen-staufenkaisers Friedrich II. erstmals ins Blickfeld der Geschichte. (Die von dem Humanisten Beatus Rhenanus gewählte Bezeichnung „Caesaris Montem" ist nur die lateinische Übersetzung und hat, entgegen anderslautender Behauptung, mit einer Herleitung von dem römischen Feldherrn Cäsar nichts zu tun.) Stadt und Burg wurden als Bollwerk gegen die Herzöge von Lothringen stark befestigt. 1293 wurde der Ort Freie Reichsstadt und 60 Jahre später Mitglied des elsässischen Zehnstädtebundes. Anläßlich der französischen Revolution mußte die Stadt ihren verdächtigen Namen ablegen und hieß 10 Jahre lang Montlibre (Freiberg).

Sehenswürdigkeiten:

Dominierend ist die **Pfarrkirche vom Heiligen Kreuz,** über deren Vierung sich der viereckige überkuppelte Turm erhebt. Die Kirche wurde im ausgehenden 12. Jahrhundert im romanischen Übergangsstil begonnen (Querhaus mit Turm, Pfeiler des Mittelschiffs, Hauptportal), während Chor und Nebenschiffe Ende des 14. und im 15. Jahrhunderts in gotisch ausgeführt wurden, so daß der Bau irgendwie improvisiert wirkt.

Sehr beachtlich ist das in der Hauptsache romanische **Hauptportal** mit der Marienkrönung im Tympanon. Die Erzengel Michael und Gabriel schwingen Rauchfässer. An den Säulenkapitellen Pelikane und doppelschwänzige Sirenen. Im Hauptschiff zieht vor allem die Kreuzigungsgruppe (15. Jahrhundert) den Blick auf sich. Im **Chor** erhebt sich der im 16. Jahrhundert von Hans Bongartz von Colmar geschnitzte wundervolle **Altaraufsatz,** offensichtlich nach Passionsbildern von Schongauer gearbeitet. Ein weiteres beachtliches Kunstwerk ist ein Heiliges Grab aus dem 16. Jahrhundert die verschließbare Vertiefung in der Brust des Fronleichnam diente ehedem zur Aufnahme der Hostien in der Karwoche). Ebenfalls aus dem 16. Jahrhundert stammt ein Hl. Jakobus und das Basrelief einer Pieta, beide Meister Hans von Colmar zugeschrieben.

Das Glasgemälde links des Portals, Christus zwischen den Schächern, gilt als Werk des berühmten Peter von Andlau aus dem 15. Jahrhundert.

Nur eine schmale Gasse trennt die Kirche von dem 1520-1604 erstellten repräsentativen

Renaissance-Rathaus,

das einen typischen Erker und einen hübschen Treppenturm hat, und innen einen sehenswerten holzvertäfelten Ratssaal.

Hinter der Kirche, in Anlehnung an den Friedhof, die aus dem 15. Jahrhundert herrührende

Chapelle St-Michel,

die als 2. Stockwerk über einem Beinhaus errichtet ist. Die Kapelle ist mit alten Fresken und einem seltsamen Kruzifix aus dem 14. Jahrhundert geschmückt.

Auf dem Platz vor der Pfarrkirche der barocke Steinbrunnen, der die 200 Jahre ältere Statue des Kaisers Konstantin tägt. Ein weiteres Denkmal etwas südlich des Rathauses erinnert an den berühmten vorreformatorischen Straßburger Kanzelredner Johannes Geiler, genannt von Kaysersberg († 1510), der in Kaysersberg aufgewachsen ist. Einem anderen Sohn der Stadt, dem weltberühmten Urwalddoktor **Albert Schweitzer,** der 1875 hier im evangelischen Gemeindehaus (neben dem Obertor) geboren ist, wurde mit dem 1981 eröffneten **Centre Culturel Albert Schweitzer** ein Denkmal gesetzt.

Wenige Schritte stadtaufwärts trifft man eine weitere Gruppe schöner Baudenkmale. Insbesondere ist es die über die Weiß führende malerische

Befestigte Brücke

aus dem Jahr 1514, die mit einer Brustwehr und Schießscharten versehen ist. Ein seit 1616 auf der Brücke gestandenes spätgotisches Heiligenhäuschen wurde 1944 zerstört und anschließend erneuert. Die Brücke ist von reizvollen mittelalterlichen Häusern umgeben, z.B. dem Badhaus, ehemals Hostellerie du Pont (Gasthaus zur Brücke), ein hoher Fachwerkbau von 1600. Daneben über Eck ein weiteres Fachwerkhaus von 1592, in dem das heimatkundliche **Museum** untergebracht ist. Jenseits der Brücke links das **Maison Brief,** ein sehr stattlicher Fachwerkbau aus dem 16. Jahrhundert (von hier aus auch ein besonders schönes Gesamtbild mit Brücke, Häusergruppe und Schloß). Wenig flußaufwärts die ehemals zum Pairiser Hof gehörige Oberhofkapelle (ehedem Notre-Dame de Scapulaire).

Das Stauferschloß (Château)

erhebt sich mit seinem runden, massigen Bergfried unweit oberhalb des Museums. Es war keine Herrenburg, sondern die Zitadelle der Stadt und in die Stadtummauerung mit einbezogen. Die Burg wird im Jahr 1226 zusammen mit der Stadt als Eigentum der Staufer erwähnt. Verschiedene Kaiser waren hier zu Gast. Im Bauernkrieg, wo Kaysersberg auf Seiten der Bauern stand, erlitt die Burg etliche Schaden. Im 30jährigen Krieg wurde sie von dem kaiserlichen Burgvogt verlassen, offensichtlich weil sie in Anbetracht einer von oben möglichen Beschießung trotz ihrer hohen Schildmauer nicht verteidigungsfähig war. In der Folge verfiel die Burg und wurde zum Teil als Steinbruch benutzt.

Auskunft: Syndicat d'Initiative, PLZ 68 410.

Unterkunft: in Hotels, Ferienhäusern und in Privatzimmern, mit zusammen ca. 300 Betten. Campingplatz.

Unterhaltung: Beheiztes Freibad, organisierte Rundfahrten und Rundwanderungen, Museum, Kunstausstellungen, Weinmarkt in der Osterzeit.

Umgebung:

2 km nordwestlich der Stadt der Vorort **Alspach.** Hier stand seit dem 10. oder 11. Jahrhundert ein Kloster, das durch den Grafen Adelbert von Calw, einem Verwandten des Papstes Leo IX., der Hirsauer Kongregation unterstellt worden war. Trotz Brandschatzung im Bauernkrieg war es, und besonders die Klosterkirche, noch verhältnismäßig gut erhalten, wurde jedoch anschließend durch Umwandlung in eine Fabrik weitgehend unkenntlich gemacht.

Etwa 1 km nördlich davon lag in einer malerischen Waldschlucht das Klösterchen Sankt Johann, in dem seit dem 14. Jahrhundert Minoriten hausten. Dazu gehörte eine Kapelle, von der es in einer Beschreibung aus dem Jahr 1682 heißt: „In dieser capel werden vill walfarten verricht, absonderlich braucht man mit andacht und nutzen das wasser des brünleins vor der kirchen".

Ob es sich bei der heute dort am Wege stehenden **Chapelle St-Jean** noch um dieselbe Klosterkapelle handelt, ist ungewiß.

Wanderungen:

1. Zum **Wetterkreuz** auf dem Griesköpfel (WM blaues Kreuz, 3/4 Std.) mit schöner Aussicht. Aufgang bei der Chapelle St-Wolfgang.

2. Nach **Trois-Epis*** (WM blaues Kreuz, 2 1/2 Std.) über Wetterkreuz (oder kürzer durch das Geisbrunnental), Chapelle Flieger, Walbachtal und Rocher du Corbeau. (Siehe auch bei Trois-Epis*).

3. Nach **Labaroche-Chapelle** (2 1/2 Std., WM blaues Kreuz, beginnend beim Leitschweg (Leichtweg). Von Labaroche evtl. abwärts nach Hachimette (WM blaues Dreieck, 1 Std.) oder südlich zum Hohnack (WM gelbes Kreuz, 1 Std., siehe auch bei Trois-Epis*).

4. **Rundwanderung** entlang der WM rot-weiß-rot, nach Alspach, Bahnhof Fréland, dann nördlich aufwärts über MF Wasserfels, entlang dem Obstabhang des Kölblin nach **Ursprung,** Chapelle St-Jean, Alspach, Kaysersberg (zusammen 5 bis 6 Std.).

5. Nach **Ursprung** (WM gelber Punkt, 2 Std.) durchs Bogenbachtal über MF Toggenbach (1 Std.) und Chapelle St-Alexis (1 1/2 Std.).

6. Nach **Ribeauvillé*** (WM blaues Kreuz, 3 1/2 Std.) über den nördlichen Hangweg Rocher des Corbeaux, Haute Schwertz (666 m), Brudermatt (1 3/4 Std.), Col de Seelacker (2 1/4 Std.) und Sylo (Nicolas, Claus-

matt), eine schlechterhaltene Burgruine auf einer Bergkuppe am Anfang des Stillthals.

7. Nach **Riquewihr*** entlang der Weinberge (1 1/2 Std.). Vor Kientzheim links abzweigen, durch den Einschnitt zwischen Vogesenabhang und Sigolsheimer Berg hindurch.

LAUTENBACH

(ca. 1500 Einwohner) ist ein ansehnliches Dorf im Mittelteil des Lauchtales, unweit nördlich des Grand Ballon.

Das Dorf entstand im Umkreis eines im 9. oder 10. Jahrhundert gegründeten Benediktinerklosters, das bald darauf Kollegiatstift wurde. Die im 12. Jahrhundert errichtete zugehörige romanische Stiftskirche ist die jetzige **Pfarrkirche St. Michael und Gangolf**, während von den übrigen Klosteranlagen nur noch geringe Reste vorhanden sind.

Die Kirche ist eine dreischiffige Basilika mit Querhaus. Dominierend ist die **Westfassade** mit vertikaler Dreiteilung (Trinität!), unter jeweiliger Betonung des Mittelstücks. Besonders beachtlich die dreibogig geöffnete Narthex (Vorhalle) mit wundervollem romanischem Kreuzgewölbe, dessen Wulstrippen aus den mit Flechtwerk, Köpfen usw. verzierten Kapitälen der vier Rundsäulen und den entsprechenden Wandpfeilern aufsteigen. Das dahinterliegende **Innenportal** ist besonders wegen der mit allerlei seltsamen monsterhaften Figuren versehenen Verbund-Kapitälen über den gekuppelten Säulen interessant.

Von den beiderseits vorgesehenen Türmen kam nur einer zur Ausführung und dieser erst in neuerer Zeit.

Beachtlich ist auch das **Portal an der Südseite,** mit dreigeteiltem Tympanon mit Simson und dem Löwen, umgeben von phantastischen Tieren (12. Jahrhundert).

Der ehemals ebenfalls romanisch gewesene **Chor** wurde später abgebrochen und durch einen gotischen ersetzt.

Die Innenarchitektur ist unter Stucküberzügen großenteils verschwunden. Beachtlich ist die wundervoll gearbeitete KANZEL, die in die Übergangszeit der Renaissance zum Barock (17./18. Jahrhundert) einzuordnen ist. Die porträthaft charaktervolle Schnitzerei zeigt die Madonna mit Kind, zwischen den Evangelisten. An der Rückwand der Gute Hirte, und über dem von Blumengirlanden umhangenen Baldachin auf hochgestülpten Akanthusfächern der Erzengel Michael (Konpatron der Kirche) mit Flammenschwert und Seelenwaage, den Satan unter den Füßen.

Im CHOR schönes gotisches Gestühl mit sehr vielgestaltigen Skulpturen aus Fabel, Legende und Symbolik. An seiner Ostseite ein schönes Glasfenstergemälde, teilweise aus dem 16. Jahrhundert.

Seitlich der Kirche, jenseits des Schulhofs, ein **Kreuzgang** aus dem 16. Jahrhundert mit Netzgewölbe.

Auskunft: Mairie, PLZ 68610.

Unterkunft: Etliche kleine, zum Teil einfache Hotels. Privatzimmer. Jugendherberge auf der Schellimatt, ca 5 km Richtung Boenlesgrab. Ca. 100 Betten auf dem Markstein (1200 m).

Wanderungen:

1. Zum **Col Boenlesgrab** und **Petit Ballon,** → bei Guebwiller*.
2. Nach **Murbach.** Entweder mit WM gelbes Kreuz über den Col Schrangen und (evtl. über die Burgruine Hohrupf) abwärts (1 1/2 Std.) oder mit WM rot-weiß-rot über den Col Wolfsgrube (1 Std.).
3. Zum **Lac du Ballon** und **Grand Ballon*** sowie zum **Lac de la Lauch** und zum **Markstein** (1200 m) an der Route des Crêtes. WM blaues Kreuz (nördlich der Talstraße) oder WM blaues Dreieck, südlich der Straße.

LEMBACH

(1700 Einwohner) ist ein sauberer und schmucker Erholungsort und Stützpunkt für Wanderungen, gelegen am nördlichen Rand der Vogesen, ca. 15 km westlich von Wissembourg. Man kann es als Zentrum des oberen Sauertales ansprechen.

Sehenswert ist die evangelische Kirche, die mit ihren romanischen Bauteilen auf das Jahr 1270 zurückreicht. In der Kirche eine originelle Kanzel, die aus dem vollen Stein gehauen ist.

1 km südöstlich, an der Straße nach Pfaffenbronn, befindet sich der Zugang zu einem ,,Tour à Chaux" genannten Werk der Maginotlinie, das auf eine Länge von 3 km begangen werden kann.

Auskunft (ca. 100 Gastbetten und ein Campingplatz): Verkehrsverein Lembach, 45 Route de Bitche (neben der ESSO-Tankstelle). PLZ 67510.

Umgebung:

Insbesondere die Burgruinen Fleckenstein (gut restauriert und begehbar gemacht), Hohenburg und Löwenstein. Näheres darüber siehe ,,Burgenfahrt", Seite 39 bis 49.

LICHTENBERG. Ausblick vom Schloß.

LICHTENBERG

ist ein kleines, abgelegenes Dorf in den Wäldern der Nordvogesen, das eben wegen dieser Abgeschiedenheit gerne von Erho-
lungsbedürftigen aufgesucht wird. Seine Geschichte ist geprägt
von dem 100 m über dem Dorfe liegenden

Schloß Lichtenberg,

das als Stammsitz der nachmaligen Grafen und Bischöfe von Lichtenberg eine bewegte Vergangenheit hat.

Der aus dem 12. Jahrhundert stammende erste Bau, der im folgenden Jahrhundert
vom Bischof von Metz zerstört wurde, ist nicht mehr vorhanden. Dann wurde von
Konrad von Lichtenberg, dem damaligen Bischof von Straßburg (bekannt als Erbauer der Westfassade des Straßburger Münsters und der Stiftskirche zu Haslach) im
Jahr 1286 eine festungsartige Burg errichtet, die nach dem Aussterben des Mannes-
stammes an den Schwiegersohn Philipp von Hanau überging. Einer dessen Nachkom-
men, Philipp IV., ließ die Burg von 1570 bis 1580 gründlich umbauen und verstär-
ken. Dabei blieb von der alten Burg nur der Kern erhalten, während insbesondere alle der unmittelbaren Verteidigung dienenden Mauern und Türme usw. neu aufgeführt wurden; ebenso der Palas mit Rittersaal, über dessen Portal das Bildnis der
Ehefrau des Erbauers, der Gräfin Eleonore von Fürstenberg, angebracht ist.

Im 30jährigen Krieg überstand daher die Burg mehrere Belagerungen, und erst der
neuen Kriegstechnik der Franzosen im Jahre 1677, die sich der Unterminierung be-
diente, erlag die Festung.

Doch schon 3 Jahre später wurde der hervorragend zu verteidigende Felsen durch
den französischen Festungsbaumeister Vauban erneut und nach damals modernsten
Gesichtspunkten befestigt. In der Folge war diese Festung zeitweise Garnison einer
Invalidenkompanie und Staatsgefängnis. 1870 (4 Tage nach der Schlacht von Wörth)
mußte die inzwischen doch veraltete Burg nach kurzer heftiger Beschießung kapitu-
lieren.

Von den noch erhaltenen oberirdischen Gebäulichkeiten ist der
Bergfried aus dem 13. Jahrhundert die älteste. Die übrigen Teile
stammen teils aus dem Philipp'schen Umbau des 16. Jahrhunderts, teils handelt es sich um die Vauban'schen Wälle und Kase-
matten, teils um Verstärkungen und Umbauten des 19. Jahrhunderts. Von der Höhe des Bergfrieds genießt man eine schöne Aussicht.

Das Dorf ging während der Belagerung der Burg durch die
Franzosen ebenfalls zugrunde, doch wurde es mit Unterstützung
durch den französischen Staat schnell wiederaufgebaut und bekam auch Zuzug von Angehörigen der Garnison, die sich hier
ständig niederließen. Von diesem Zuzug rühren auch die Weiler
Champagnie und Picardie mit ihren französischen Namen her.

Auskunft: Mairie (Rathaus) in (67340) Lichtenberg.

Unterkunft in 2 kleinen Hotels, sowie in Touristenherberge für Schlafsackbesitzer.

Verkehr: Busverbindung mit Bhf. Ingwiller.

Wanderungen:

1. Zum Bahnhof **Wimmenau** über den Hagelberg (1 Std.. WM roter Balken oder blaues Dreieck).
2. Nach **Rothbach** (WM blauer Balken, 1 Std.).
3. Nach **Ingwiller** über den Hochkopf (WM rot-weiß-rot, 1 1/2 Std).
4. Nach **Niederbronn** (siehe daselbst).
5. Nach **Baerenthal** (WM gelber Balken, 2 1/2 Std.). Von da mit WM weißes Dreieck in 1 1/4 Std. zum **Hanauer Weiher** (siehe bei Niederbronn*).
6. **Reipertswiller** (1/4 Std.) mit einem 1470 von Graf Jakob (s.S. 51) erbauten gotischen Kirchlein, in dem er später beigesetzt wurde.

MARKSTEIN

ist ein Hotel- und Ferienhausdorf an der Route des Crêtes, breiträumig gestreut über eine hügelige ausgedehnte Paßfläche in 1177 m Höhe (vgl. Abschn.B.3).

Markstein ist ein guteingerichteter Luftkurort und Wintersportplatz mit allen entsprechenden Einrichtungen wie Skilifte, Skischule usw.

Die Zufahrt erfolgt bevorzugt aus Richtung Guebwiller* (Lauchtalstraße), oder über die Route des Crêtes*.

Auskunft: Informationskiosk am Platze (PLZ. 68500).

Wanderungen:

1. WM roter Punkt südwärts durchs **Brüschertal** mit seinen Kaskaden; (Brüscher = Brauser) nach Ranspach im Thurtal (2 1/2 Std.).
2. Nordwärts auf verschiedenen Wegen zum **Lauchsee** (941 m); auch Fahrstraße dorthin.
3. Der **Höhenweg** Roter Balken. Siehe bei Abschn.B.7, sowie bei Grand Ballon*, Umgebung.

MARLENHEIM,

eine Weinbaugemeinde mit 3000 Einwohnern, unweit von Wasselonne. Verkehrsknotenpunkt Richtung Straßburg.

Der Sage nach die Heimat des Nibelungenhelden Hagen von Tronje. Diese Überlieferung kreuzt sich zweifellos mit der Tatsache, daß dieser Ort „Domus Marcilegensis" ehedem einer der bedeutendsten merowingischen Königshöfe war. U.a. residierte hier (592 bis 596) König Childebert II. (Sohn des Königs Sigbert und der Brunhilde), ebenso Theoderich II., Chlotar II. usw. Von der ehedem am Ortsausgang nach Kirchheim gelegenen Pfalz ist nichts mehr vorhanden.

Auskunft: Mairie, PLZ. 67520.

Unterkunft in 2- und 3-Sterne-Hotels mit zusammen ca. 120 Betten. Desgleichen mit Prädikat versehene Restaurants (Relais).

Umgebung:

1. **Kirchheim** (im Jahre 674 als Chilcheim erwähnt – deutlicher Anklang an die damaligen Königsnamen Chilperich und Childerich), 1 km südlich von Marlenheim. Hier stand ebenfalls eine Merowingerpfalz, von der noch Reste gezeigt werden. Vielleicht bildete diese mit Marlenheim eine Einheit?! (Siehe auch die Florentiuslegende von Niederhaslach*.)

2. **Wangen;** 2 km westlich von Marlenheim, Weinbauerndorf mit 700 Einwohnern. Turm aus dem 16. Jahrhundert, historischer Brunnen. Weinfest im Juli.

MARMOUTIER

(Maursmünster), ein Städtchen mit ca. 2200 Einwohnern, liegt 6 km südlich von Zabern an der Straße nach Straßburg. Seine Entstehung verdankt es der Abtei, die bereits im Jahr 555 von dem Hl. Leobardus gegründet worden sein soll. Geschichtlich ist die Einführung der Benediktinerregel im Jahr 724 durch den Abt Maurus, auf den der Name von Kloster und Stadt zurückgeht.

Das Kloster ist im Sturm der Zeit zugrundegegangen, überlebt hat die **Kirche,** die sich wie eine Gralsburg über die Bürgerhäuser erhebt.

Mit ihrem Bau wurde im 12. Jahrhundert begonnen, aus welcher Zeit die romanische Westfassade stammt, während das Langhaus und das Querschiff der Hochgotik des 13. Jahrhunderts zuzurechnen sind. Der Chor ist erst im 18. Jahrhundert entstanden, aber sehr gut gotisch nachempfunden.

Die **Westfassade** öffnet sich in einer Narthex (Vorhalle), die von zwei Seitentürmen flankiert und mit dem zurücktretenden Hauptturm überbaut ist. Auffallend sind die nur schlitzförmigen Fenster. Das gotische Langhaus zeigt in seinen unteren Baugliedern (Pfeiler usw.) die Merkmale des Übergangs aus dem Romanischen. Besonders ausgeprägt ist die gotische Form in den Fen-

Der MARKSTEIN ist ein Hotel- und Feriendorf an der Route des Crêtes.

142

stern des Querhauses. Beachtlich sind die Säulenkapitelle des Mittelschiffs und die korinthisch anmutenden reichverzierten Pfeilerkonsolen in den Seitenschiffen. Die Kanzel ist aus dem 16., die Silbermannorgel aus dem 18. Jahrhundert. Aus derselben Zeit das etwas überladene, aber gutgearbeitete Chorgestühl.

Auskunft: (ca. 50 Gastbetten): Mairie, PLZ. 67440.

Umgebung:

1. Der unweit nördlich am Hang erbaute Weiler **Sindelsberg** mit der im 14. Jahrhundert erbauten Kirche einer als Filiale von Maursmünster gegründeten Benediktinerabtei. Der vor der Apsis stehene Turm zeigt den Übergangsstil des 13. Jahrhunderts.

2. **Singrist** (von: Signum Christi), 2 km südlich, hat einen interessanten Glockenturm im Übergangsstil des 13. Jahrhunderts, ähnlich wie in Sindelsberg.

3. **Schloß Birkenwald** (5 km südwestlich), ein rechteckiges, von runden Türmen flankiertes Gebäude, das im Jahr 1562 von Nikolaus von Ingenheim hier am Hang im Renaissancestil errichtet wurde, und das seltsamerweise die Stürme der Zeit überdauert hat und noch bewohnt ist.
Im 12. Jahrhundert stand an seiner Stelle eine Burg.

MASEVAUX

(Masmünster), eine kleine Industrie- und Handelsstadt mit 3500 Einwohnern. Wichtigster Wohnplatz des Dollertales.

Der Ursprung der Stadt geht auf ein Frauenkloster zurück, das Maso, der Enkel der Herzogs Etticho gegründet haben soll. In der französischen Revolution wurde das Kloster zerstört. Der gotische Chor der Kirche (von 1500) ist übriggeblieben und wurde in ein Profangebäude einbezogen.

Masevaux hat einen beträchtlichen Touristenverkehr, was auf seine reizvolle Umgebung zurückzuführen ist.

Auskunft (ca. 80 Gastbetten): Mairie, PLZ. 68290.

Wanderungen:

1. Nach **Thann** über die Route Joffre mit Wallfahrtskapelle Huppach (Klein Einsiedeln) und Col de Hundsrücken (843 m). Zusammen 18 km.

2. Wanderung nach **Thann** mit WM rot-weiß-rot über den Col de Hundsrücken in 3 Std.

3. Zu Hütte und Kamm **Rossberg** mit WM rot-weiß-rot über den Col Hundsrücken, oder durch das Willerbachtal (WM gelber Balken), oder über den Eichberg (WM rot-wei-rot), oder über Huppach, Schirm und Krappenfels. Ca. 3 Std.

4. Zum **Bärenkopf** (1073 m, 2 Std., WM roter Balken) über den Sudelkopf (914 m).

5. Kammwanderung zum **Ballon d'Alsace*** (WM roter Balken, ca.
6 Std.) über Bärenkopf, Fennematt (Melkerei), Tremontkopf (1087 m)
und Wissgrütkopf (1123 m), oder auf der Straße D.466 (22 km) das Dol-
lertal aufwärts.

6. Auf den **Schloßberg** (Ringelstein, Masostein) mit Ruinenresten. Nahebei der Dobelfels, der Buchberg (551 m) und der Sägenkopf (569 m).

7. Das **Seengebiet.** Abgesehen von dem Lac Bleu, 1 1/2 km südlich der
Stadt (Campingplatz neben dem Café) ist eine Anfahrt von 5 bis 10 km
erforderlich, und zwar entweder in Richtung Petitefontaine (D 11), oder
in Richtung Rougemont-Le-Château. Auf engstem Raum finden sich hier
in ca. 400 m Höhe einige Dutzend Seen zwischen Wald und Wiesen, teilweise mit Campinggelegenheit, die zu längerem Verweilen einladen.

METZERAL

(484 m), Touristenstützpunkt im Tal der Großen Fecht. Das Dorf
wurde nach der Zerstörung im 1. Weltkrieg praktisch vollständig
neuaufgebaut. Es liegt am Zusammentreff zweier Quelltäler der
Großen Fecht und ist Endstation der Münstertalbahn, vor allem
aber Ausgangspunkt vieler Wandermöglichkeiten.

Auskunft (ca. 150 Gastbetten): Mairie, PLZ. 68380.

Wanderwege:

1. Zum **Hohneck** (1381 m, 3 1/2 Std.). Zunächst westlich in Richtung
Mittlach, dann nach 2 km rechts einschwenkend aufwärts entlang des
wildromantischen alpinen Wormsatales (linkerhand Fußweg mit WM roter Balken, rechterhand Fahrweg). Stetig aufwärts zu dem in 770 m Höhe
gelegenen hübschen kleinen ehemaligen Gletschersee **Fischboedle**
(1 1/2 Std. Schutzhütte) am Fuß der bizarren granitenen „Spitzköpfe".
Von hier in 1/2 Std. talaufwärts zum Stausee **Schiessrothried** in 920 m
Höhe, 5 ha groß, 2 Std. seit Metzeral. Dann steil aufwärts zum Hangweg
rot-weiß-rot, und links haltend über den Hohnecksattel, vorbei an der Alten Redoute (Feldschanze, oberhalb des Weges) auf die Höhe des Berges.

2. Nach **Le Gaschney** (990 m), Hotel und Hütten für Sommeraufent-
halt und Wintersport, gelegen im Hochsattel zwischen Petit Hohneck und
Gaschneykopf. Die Zufahrt (Fahrweg) erfolgt über Mühlbach; von da
entweder über den Col du Sattel, oder über den Lac de Schiessrothried
(ca. 10 km). Fußwanderung s. Ziff. 3.

3. Zum **Col de la Schlucht** (1189 m, 3 1/2 Std.), Mit WM blauer Punkt
am Braunkopf aufwärts und über die Häusergruppe Schneidenbach zu
Hochmatte **Le Gaschney,** die in dem Sattel zwischen Kleinem Hohneck

und Gaschneykopf liegt (1 1/2 Std., siehe Ziff. 2). Jenseits des Sattels auf dem Sentier des Roches (Felsenpfad, WM blauer Balken) entlang des Hohneckabhangs und der Martinswand rund um die Quellbachmulde der Petite Fecht, und aufwärts zum Col de la Schlucht.

4. Zum **Altenweiher** (2 1/2 Std., 920 m). Über **Mittlach** (400 Einwohner, Luftkurort) und weiter mit WM gelbes Kreuz entlang der nördlichen Talseite des Kolbenfechtbaches. Der 7 ha große See ist künstlich gestaut.

Von dort in weiteren 2 Std. mit derselben WM evtl. aufwärts über Melkerei Tagweidle (nur Sommerbetrieb) zum **Castelberg** (1345 m).

o d e r vom Altenweiher aus in 3/4 Std. westlich entlang des Rainkopfhanges aufwärts zur **Route des Crêtes***.

5. Von **Mittlach** aus (3 km = 3/4 Std.) führen außer dem in Ziff. 2 und 4 genannten Fußweg weitere Wanderwege auf die Kammhöhe;

a. Mit WM blaues Kreuz in 2 Std. entlang des Kolbenfechttales, und über die Melkerei Steinwasen aufwärts entlang des Batteriekopfhanges zum **Rothenbachkopf** (1315 m).

b. Mit WM rotes Kreuz am MF Herrenberg vorbei, über den Herrenberg, und aufwärts zum **Col de Herrenberg** (2 Std.).

c. Mit WM gelbes Kreuz südlich entlang des oberen Fechttales und rechts aufwärts entlang des Pfahlrunzbaches (Wasserfälle). Dann steil am Abhang des **Schweiselwasen** hoch, zum Kammweg (2 Std.).

d. Wie bei c) entlang des oberen Fechttales, jedoch im Tal auf dem Holzabfuhrweg geradeaus weiter (kann zur Not auch befahren werden – ohne Garantie!). Beim Pfuhlwasen beginnt steiler Anstieg des Forstweges in vielen Kehren bis zum **Col du Hahnenbrunnen** auf dem Kamm (ab Mittlach 10 km = 2 1/2 Std. Fußmarsch).

6. Zum **Lac de la Lauch,** WM roter Punkt, 2 3/4 Std.. Zunächst über Sondernach, und hier im Tal der oberen Fecht auf dem Fahrweg bis Auberge und MF Querben (6 km = 1 1/2 Std.). Geradeaus weiter auf Fußweg aufwärts. In der hintersten Ecke des Tales (Kaltwasserrunz) zwischen Laucherkopf (rechts, 1314 m) und Klintzkopf (links, 1328 m) steil aufwärts zum **Col d'Oberlauchen** (2 Std., 1210 m, Aussicht). Von hier südlich in 3/4 Std. abwärts über die Melkerei Oberlauchen zum **Lauchsee** (S. 78).

7. Dieselbe Tour zum **Lauchsee,** jedoch mit sofortigem Anstieg in Sondernach entlang des Oderbachs und der Abhänge des Schnepfenrieder Berges und des Lauchenkopfes (WM blaues Kreuz, 2 3/4 Std.).

8. Zum **Petit Ballon** und **Hilsenfirst.** Am Bahnhof ostwärts mit WM rotes Schrägkreuz und am Ilienkopf entlang südostwärts, dann rechts oder links am Unteren Steinberg vorbei und auf den Petit Ballon (2 Std. siehe bei Münster*). Von hier mit WM gelber Balken südwestlich über Rothbrunnen (Herberge) und entlang des Steinberg und über die Hilsenfirstebene (Hochfläche, 1121 m) hinauf zur Kuppe des Hilsenfirst (1270 m, 3 1/2 Std., Laufgräben aus dem 1. Weltkrieg). Dann abwärts mit WM gelber Punkt über Sondernach (zusammen ca. 5 Std.).

MOLSHEIM,

ein altertümliches Städtchen mit ca. 7000 Einwohnern, liegt am Austritt des Breuschtales aus den Vogesen, unweit des nördlichen Beginns der Weinstraße. Das hübsche überkommene Stadtbild, noch heute zusammengefaßt durch Teile der alten Stadtmauer, konnte weitgehend durch Anlegung einer Umgehungsstraße erhalten werden, die ihrerseits die unumgänglichen Neubauten absorbiert hat und den Blick auf die Altstadt freigibt. Am Stadtausgang Richtung Sélestat liegen die Bugattiwerke.

Mit der Geschichte der Stadt eng verknüpft ist die katholische Akademie, die nach der Reformation gegründet und von Jesuiten geleitet wurde, da die Straßburger Universität protestantisch geworden war. Erst nach der Übernahme des Elsaß durch Frankreich mit der damit verbundenen Rekatholisierung wurde die Akademie von Kardinal Rohan nach Straßburg zurückgeholt.

Sehenswürdigkeiten:

Von Süden her betritt man die Altstadt durch die spätgotische, ehemals befestigte **Porte de Ville** (Schmiedetor). Rechts abzweigend erreicht man die **Dreifaltigkeitskirche,** die um 1600 der Erzbischof von Straßburg als Akademiekirche erbauen ließ. Trotzdem bereits das Zeitalter der Renaissance angebrochen war, wurde die Kirche in streng gotischem Stil aufgeführt, offensichtlich in dem Bestreben, die „alte Kirche" und den „alten Geist" mit der überkommenen „alten" Stilform zu umkleiden bzw. zu identifizieren. Wie dem auch sei, die Raumwirkung der Kirche, aus dem Geist der Gotik heraus verstanden, ist ganz enorm. Beachtlich in seiner figürlichen Kleinarbeit der Taufstein (1624) in der nördlichen Seitenkapelle und die im Renaissancestil gehaltene geschnitzte Kanzel (1631).

Vor der Kirche ein (restaurierter) Ölberg mit überlebensgroßen barocken Figuren, der aus dem alten Karthäuserkloster von Molsheim stammt.

Etwa im Zentrum der Stadt befindet sich der Rathausplatz, der von der **Metzig** beherrscht wird. Diese wurde im Jahr 1525 durch die Metzgerzunft errichtet, die in der 1. Etage ihren Versammlungsraum und im Erdgeschoß ihre Fleischerläden hatte. Das Gebäude, genau an der zeitlichen Nahtstelle von Renaissance und Gotik errichtet, war als Renaissancebauwerk also damals das Neueste. Besonders hübsch die Volutengiebel und die turmgekrönte Freitreppe mit, immerhin noch gotisch durchbrochenem,

Geländer, das in der Balustrade der Balkone seine Fortsetzung findet. Die Engel beiderseits der Turmuhr schlagen die Stunden an. Heute befindet sich im 1. Stockwerk ein kleines Museum (Abb. s.S. 32).

Vor der Metzig restaurierter Brunnen aus dem 16. Jahrhundert.

Wäre noch zu erwähnen **La Vieille Maison,** „Das Alte Haus" an der Rue Saverne, mit schönen Holzschnitzereien.

Auskunft: Syndicat d'Initiative, Hotel de Ville (Rathaus) sowie beim Sportzentrum (Freibad) PLZ 67120.

Verkehr: Bahnknotenpunkt, Straßenknotenpunkt, Busverbindung Richtung Zabern und Straßburg.

Veranstaltungen und Sport: Freibad mit 3 Becken, Angeln. Am 1. Mai Weinmarkt. Am 23. April St. Georgsfest. Minigolf.

Unterkunft: Hotels, Privatzimmer, Campingplatz.

Ausflüge: Autotouren ins Breuschtal und dessen Umgebung (s. Abschn. B 6) sowie über Rosheim* nach Ste-Odile* und auf die Vogesenhochstraße (s. Abschn. B 5).

Umgebung:

1. **Altdorf,** 4 km südöstlich von Molsheim, ein Dorf mit ca. 800 Einwohnern mit einer klösterlichen Geschichte und einem wertvollen Baudenkmal. Hier wurde, an der Stelle einer abgegangenen, dem Hl. Cyriakus geweihten Ettichokirche, im 11. Jahrhundert ein Benediktinerkloster gegründet, das im 13. Jahrhundert und nochmals im Bauernkrieg verwüstet worden war. Übrig blieb die **Klosterkirche,** heute Pfarrkirche des Dorfes. Das Mittelschiff und die Seitenschiffe stammen noch aus der romanischen Zeit des 12. Jahrhunderts, und auch die Raumwirkung ist romanisch, trotzdem Chor, Querschiff und Vierungsturm aus dem barocken 18. Jahrhundert stammen. Interessante Ornamentierung des Südtores.

2. **Dorlisheim,** ein großes Dorf 2 km südlich von Molsheim. Dicht beim Bahnhof unweit der großen Straßenkreuzung liegt seine sehenswerte **romanische Kirche** aus dem 12. Jahrhundert in Gestalt einer Basilika mit rippenlosen Kreuzgewölben. Beachtlich sind die vielen, ziemlich roh gearbeiteten Skulpturen, innen und außen (Portal!), mit phantastischen Menschen-, Tier- und Fabelwesen, z.B. einem Drachen über dem südlichen Fenster.

DER SINN DIESES MAKABREN KIRCHENSCHMUCKS war wohl, die Häßlichkeit der menschlichen Leidenschaften und Fehler sinnbildlich und abschreckend darzustellen. In einer Zeit, als kaum jemand aus dem Volke lesen oder schreiben konnte, waren solche Darstellungen ungemein beachtet und deshalb sehr wirkungsvoll.

3. **Dangolsheim** (758 Danckratzheim genannt), Dorf der Weinstraße unweit nördlich von Molsheim. Die **Kirche** ist aus Bauteilen verschiedener Zeitalter zusammengesetzt. Der neben dem Chor stehende Turm mit gekuppelten Fenstern ist romanisch (12./13. Jahrhundert), der Chor ist spätgotisch. Die Kirche war ehemals befestigt.

148

Ein ehedem in der Kirche befindlicher spätgotischer Schnitzaltar des Hl. Pankratius (Dankratius) steht nun im Münster zu Straßburg*.

4. 4 km nordwärts nach **Avolsheim** mit seinem „Dompeter" (vgl. oben S. 54).

MUNSTER

Das alte kleine Städtchen mit ca. 5000 Einwohnern ist der Hauptort des Münstertales, mit Textil- und Käsefabrikation. Seine reizvolle Lage am Zusammenfluß von Großer und Kleiner Fecht am Fuße der Hochvogesen und ein touristisch interessantes Hinterland haben das Städtchen zu einer beliebten Sommerfrische und zu einem günstigen Standtort für Touristen gemacht.

Geschichte: Am Zusammentreff der beiden Flußtäler entstand um 600 ein Benediktinerkloster, das 673 als Monasteriolo Confluentis erstmals genannt wird. Der um das Kloster sich ausbreitende Ort machte sich im 13. Jahrhundert selbständig und wurde zur Freien Reichsstadt, die sich mit Mauern umgab und dem Zehnstädtebund angehörte. Dabei entwickelte sich die Merkwürdigkeit, daß auch die übrigen 9 Orte des hinteren Fechttales (Hohrod, Stoßweier, St-Sulzern, Lüttenbach, Breitenbach, Mühlbach, Metzeral, Sondernach und Eschbach) zur Freien Reichsstadt gehörten, und deren Einwohner somit den Vorteil der „freien Stadtluft" genossen.

Im 1. Weltkrieg war Münster zweitweise heftig umkämpft und wurde dabei teilweise zerstört.

Sehenswürdigkeiten

Abgesehen davon, daß der 1. Weltkrieg manches Überkommene zerstört hat, haben in der betriebsamen Stadt offensichtlich alte Gebäude keinen allzulangen Bestand, und auch die ehemalige Abtei wurde bald nach ihrer Auflösung für produktive Zwecke verwendet (Textilfabrik) bzw. abgebrochen. Vorhanden ist ein renoviertes **Rathaus** aus dem Jahr 1550 in spätgotischem Stil. Beachtlich ist der schöne Naturpark in Bahnhofsnähe. Was ansonsten hier sehens- und liebenswert ist, ist die Schönheit der um die Stadt ausgebreiteten Natur.

Auskunft (ca. 200 Gastbetten): Touristenauskunft bei der Mairie, PLZ 68140.

Verkehr: Bahnstation der Münstertalbahn. Busverbindungen mit Colmar*, Gérardmer* und Col de la Schlucht*.

Umgebung:

1. **Rundgang** (1 Std.) über die Burgruine Schwarzenberg (520 m WM blauer Punkt). Dann weiter aufwärts durch den Schloßwald und mit WM gelber Punkt zur Terrasse Napoleon (Aussicht) und zurück.

Die SCHWARZENBURG wurde im Jahr 1261 gegen den Einspruch der Abtei von einem Herrn von Geroldseck erbaut. Dann war sie im Besitz des Bischofs von Basel, der hier den Schultheißen Walther Rösselmann von Colmar einkerkerte, weil er sich im Streit um die deutsche Kaiserkrone (Adolf von Nassau – Albrecht I.) auf die Seite des Habsburgers gehalten hatte. 1725 kam die zu ihrer Zeit bedeutende Burg durch Kauf an die Abtei und wurde später Privatbesitz.

2. Nach **Hohrodberg** (800 m, Luftkurzentrum, 7 km, 1 1/4 Std.). Wanderweg zunächst entlang der Haslacher Straße, dann mit WM blauer Balken links dem Hang entlang aufwärts in Richtung zur Hohrodberger Straße.

3. nach **Hohrodberg** (1 1/4 Std.) mit WM gelbes Kreuz über Haslach (1/2 Std.) und Sanatorium.

4. Wanderung zum **Col du Wettstein** (880 m, 2 1/2 Std., WM gelbes Kreuz, siehe auch S. 75), übr Haslach, Sanatorium, Hohrodberg und Auberge Glasborn.

5. Zum **Col de la Schlucht** über Stosswihr (3 km = 3/4 Std.). Von da mit WM gelber Punkt zunächst linkerhand im Tal der Petite Fecht aufwärts über Roesselwasen und Saegmatt, dann sehr steiler Anstieg durch die Schlucht, mit einem Höhenunterschied von 600 m an einem Stück!

Ab Stosswihr kann auch rechterhand mit WM rot-weiß-rot über der nördlichen Talseite der Kleinen Fecht angestiegen werden. Man erreicht das Sanatorium Altenburg; von da auf der Schluchtstraße zum Col (ca. 4 1/2 Std.).

6. Auf den **Mönchberg** mit Reichsackerkopf.

7. Nach **Le Gaschney** siehe bei Metzeral*.

8. Zur **Route des Crêtes** siehe bei Metzeral*.

9. Zum **Petit Ballon** (Fahrweg, 10 km) über Luttenbach bis Melkerei Kahlerwasen (siehe nachstehend).

10. Fußweg zum **Petit Ballon** (WM roter Punkt, 3 Std.). Am Bahnhof über das Bahngeleise, südlich aufwärts über den Solberg (787 m) und den Weiler Aschbach und vorbei an der Melkerei Ried. Weiter dem Waldsträßchen entlang bis zur Melkerei Kahlerwasen, von da in 1/2 Std. zur Kuppe.

Der PETIT BALLON (Kleiner Belchen, Kahler Wasen) ist eine 1268 m hohe rundliche kahle Kuppe, bestehend aus Granit und Grauwacke, bewachsen mit Islandmoos, wohlriechenden Nelken und mit im Juni blühenden Vogesenveilchen (viola elegans). Schöne Aussicht, Melkerei mit Imbiß.

Der Petit Ballon ist der Eckpunkt eines vom Hauptkamm nordöstlich abstrahlenden Seitenkammes. Er ist von allen Seiten aus verhältnismäßig bequem zu erwandern und auch bis in die Nähe anzufahren. Entlang des genannten Seitenkamms verläuft ein mit gelbem Balken gekennzeichneter Wanderweg von ca. 3 1/2 Wegstunden Länge (siehe auch bei Metzeral*), der sich für geübte Fahrer auch als aussichtsreiche Schiwanderung eignet, wobei der Col d'Oberlauchen mit dem Klintzkopf auf dem südlich verlaufenden Hangweg (Fahrweg) umgangen werden sollte.

MURBACH,

das vom Hause Eticho gegründete Kloster, wurde durch den missionierenden Hl. Pirmin im Jahr 726 in eine **Benediktinerabtei** umgewandelt, die zu Ansehen, Reichtum (Besitzungen bis nach Luzern) und Macht gelangte, da der jeweilige Abt gleichzeitig Reichsfürst mit Sitz und Stimme im Reichstag war und nur dem Kaiser und dem Papst unterstand. U.a. bestätigte auch Karl der Große zweimal das Exemptionsrecht. Aufgenommen wurden nur Adlige mit entsprechender Ahnenreihe. Das Kloster besaß in seiner Blütezeit 3 Städte und ca. 50 Dörfer. In den Wirren des Bauernkriegs und des 30jährigen Kriegs hatte das Kloster schwer zu leiden und die Abtei wurde nach dem sichereren Gebweiler verlegt und dort durch päpstliche Bulle 1764 in ein Collegiatstift umgewandelt, das bis zur französischen Revolution bestand, wo der gesamte Besitz verstaatlicht und verkauft wurde.

Die Redensart „hochmütig wie der Murbacher Hund" ist auf das Wappentier des Fürstabtes, einen Windhund, zurückzuführen.

Der erste Kirchenbau der Abtei wurde im Jahr 929 durch die Ungarn zerstört. Eine neue prächtige **Basilika in romanischem Stil** wurde erbaut und 1216 geweiht und dem Schutzpatron Leodegar anbefohlen. Nach der Zerstörung im 30jährigen Krieg stand bis zum 18. Jahrhundert das Langhaus noch als Ruine und ist heute praktisch ganz verschwunden. Dagegen haben sich die Ostteile der Basilika mit dem von zwei Türmen gekrönten Querbau und dem Chor bis in unsere Tage bestens erhalten und zählen zu den eindrucksvollsten und kunstgeschichtlich wertvollsten Resten der elsässischen oder gar europäischen romanischen Architektur.

Trotz der rein romanischen Stilform ist hier, der Zeit vorauseilend, bereits die gotische Bauidee mit einbezogen, die durch betonte vertikale Gliederung sowie durch reizvolles treppenartigschrittweises Ansteigen der Bauglieder (Empore – Querhaus – Chorabschluß – Vierung – Türme) zum Ausdruck kommt (Abb. s. S. 29).

Entsprechend der großzügigen Linie sind Verzierungen sehr sparsam angewendet. Nur das Portal des nördlichen Querbaus zeigt eine detailliertere Architektur mit ziselierten Würfelkapitellen und mit Eckblättern verzierten Basen. In diesem Tympanon Weinlaubornament mit 2 Löwen, zweifellos als Zitat des 91. Psalms Vers 13, wie ja auch bei Grabmälern dieser Zeit immer wieder das Motiv des auf Löwen stehenden Gerechten erscheint.

Von dem Kloster und dem Palast des Fürstabts hat sich außer einem Teil der umfangreichen Kellergewölbe nichts erhalten. Lediglich in Fortsetzung der genau orientierten Kirchenachse nach Westen können geringe Reste eines Rundbaus ausgemacht werden.

Die nördlich oberhalb stehende **Chapelle Lorette** ist neu.

Nach dem Abräumen der Ruinenreste des Langhauses (das Material soll sr. Zt. zum Bau der fürstäbtlichen Liebfrauenkirche in Guebwiller verwendet worden sein) wurde die Öffnung zwischen Querhaus und ehemaligem Langhaus durch eine Mauer verschlossen und dadurch ein kleiner, wenn auch überhoher Kirchenraum für die 200 Einwohner des Dorfes Murbach geschaffen, wodurch der gewaltige Torso der Basilika des Nurdenkmalhaften entkleidet bleibt.

In dem vom Murbach durchflossenen, schönen und ruhigen Wiesenhochtal (450 m), das von hohen Waldbergen besäumt wird, hat sich das **Dorf** weitzerstreut ausgebreitet.

Auskunft: Syndicat d'Initiative in Guebwiller, 79. Rue de la République, PLZ 68500.

Unterkunft in 2 Hotels mit ca. 100 Betten.

Verkehr: Busverbindung zum Bahnhof Buhl sowie nach Guebwiller.

Wanderungen:

1. Zur **Ruine Hohrupf** (WM blaues Dreieck, 1 1/4 Std.) über Chapelle Lorette (1/4 Std.).

Burg HOHRUPF wurde um 1250 von der Abtei zu ihrem Schutz erbaut, später zu Lehen ausgegeben. Der Zeitpunkt ihrer Zerstörung ist nicht bekannt. Nur geringe Reste sind erhalten.

2. Zur **Ruine Hohrupf** (WM roter Punkt) über Kreuzung Wolfsgrube (671 m, 3/4 Std.), Hohrupf (812 m, 1 1/4 Std.). Weiter in östlicher Richtung (WM weißes Dreieck) zum Col Schrangen (540 m, 2 Std.) und abwärts durch das Eselsbachtal (zusammen ca. 2 3/4 Std.).

3. Zum **Grand Ballon** (WM weißer Punkt, 3 Std.) über Münsteräckerle (3/4 Std.) usw. siehe bei Guebwiller*,

o d e r mit WM rotes Schrägkreuz in 2 1/2 Std. zum Grand Ballon über Judenhutplan (1 1/2 Std.) usw. siehe bei Guebwiller*.

NIEDERBRONN-les-Bains ist der wichtigste Mineralbadeort des Elsaß — Unser Bild: Abfüllbetrieb an der Mineralwasserquelle „Source Celtique".

NEUWILLER (-les-Saverne),

fränkisch Novum Villare, ist ein kleines, stilles Städtchen mit ca. 1200 Einwohnern, gelegen am Fuß des mittleren Teils der Vogesen, ca 16. km nördlich der Saverne.

Seine geschichtliche Vergangenheit deckt sich insbesondere mit der 725 (etwa gleichzeitig mit Murbach) gegründeten Benediktinerabtei.

Das in der Folge in Anlehnung an das Kloster entstandene Städtchen war seit dem 14. Jahrhundert mit einer viertorigen Mauer umgeben, die zum Teil noch erhalten ist und die auf dem Rundweg „Passage des Remparts" umgangen werden kann. Dort auch kulturgeschichtlich interessant, etliche eingemauerte jüdische Grabsteine der ehemals hier zahlreich gewesenen jüdischen Gemeinde, deren Angehörige damals offensichtlich „vor der Mauer" beerdigt werden mußten.

Die 1431 gestiftete „Bürgerglocke" läutet seit dieser Zeit jeden Abend um 22 Uhr.

Neuwiller war im 19. Jahrhundert bevorzugter Sitz ausgedienter napoleonischer Offiziere, nachdem Marschall (und ehem. Kriegsminister) Clarke 1809 den Anfang gemacht und sich hier angekauft und ein Mädchen aus dem Städtchen geheiratet hatte. Auf dem katholischen Friedhof erinnern zahlreiche honorige Grabsteine an diese Zeit, vor allem von der von dem Marschall angeheirateten Familie Zäpffel, sowie außer dem Mausoleum des Marschalls von weiteren 4 napoleonischen Generälen.

Die Abtei wurde 1529 unter dem Eindruck der Reformation in ein weltliches Stift umgewandelt, nachdem sie 5 Jahre zuvor von den aufständischen Bauern (→ Saverne*) geplündert worden war. Dieses weltliche Stift wurde dann anläßlich der französischen Revolution (1792) gänzlich aufgelöst und die Grundstücke meistbietend verkauft.

Geblieben ist die Stiftskirche

St-Pierre-et-Paul,

die im 10. Jahrhundert gegründet wurde und deren Bauzeit sich bis ins 13. Jahrhundert erstreckte.

Wegen dieser langen Bauzeit besteht die Kirche aus stilistisch sehr verschiedenen Teilen. Der älteste (romanische) Teil ist die östlich mit separatem Eingang anhängende zweistöckige **Doppelkapelle** des Hl. Sebastian (oben) und der Hl. Katharina, letztere kryptartig ausgebildet. In der oberen Kapelle sind die Kapitäle der zahlreichen Säulen besonders beachtlich.

154

Hier werden auch vier wertvolle **Gobelins** aufbewahrt, die sich ehedem in St-Adelphi befanden und die die Maße von fast 1 m zu fast 5 m aufweisen. Sie wurden vermutlich im 15. Jahrhundert anläßlich der kanonischen Bestätigung der Relique des Hl. Adelphus gefertigt und behandeln in reizvoll naiver Darstellung und erstaunlicher Farbigkeit das Leben des Heiligen und die Überführung seiner Reliquie ins Elsaß und deren Verehrung. (Besuch in Begleitung des Pfarrherrn.)

Die Themen dieser in der Öffentlichkeit fast unbekannten Bildteppiche, die aber ein hervorragendes kunst- und kulturgeschichtliches Denkmal darstellen, sind im Stil einer fortlaufenden Bildergeschichte die folgenden:

I. Teppich:

1. Ankündigung der Geburt des Saint Adelphe
2. Die Geburt des Heiligen
3. Seine Unterweisung in der Schule.
4. Die Weihe des Saint Adelphe
5. Die Austreibung der Dämonen.

II. Teppich:

6. Wiedererweckung von Toten durch den Heiligen.
7. Verteilung von Almosen.
8. Der Empfang von Pilgern
9. Fußwaschung durch den Heiligen.
10. Der Tod des Heiligen.

III. Teppich:

11. Die Verklärung von Saint Adelphe in seinem Grabe.
12. Die Bergung des Körpers des Heiligen.
13. Überführung der Reliquien des Heiligen nach Neuwiller.
14. Die Ankunft der Reliquien in Neuwiller.

IV. Teppich:

16. Die Bestrafung einer Gotteslästerung.
17. Heilung von Kranken.
18. Wiedererweckung eines Mädchens, das in einen Brunnen gefallen war.
19. Der Heilige heilt ein mit heißem Wasser verbrühtes Kind.
20. Die Erhöhung der Reliquien des Heiligen.
21. Die Verklärung des Saint Adelphe.

Der sehr kleine Chor, der Vierungsturm und das Querhaus sowie das erste Doppeljoch des Langhauses sind im romanisch-gotischen Übergangsstil des 12. Jahrhunderts gebaut. Hinter dem Hochaltar der Reliquienschrein mit den Überresten des Hl. Adelphus. Die übrigen Joche des Langhauses sind frühgotisch. Den Querhausflügeln sind ostwärts je eine Kapelle zugeordnet.

Das Zusammenwirken der verschiedenartigen Bauformen zeigt trotz Breite und Schwere auch aufstrebende Gelöstheit.

Auch die **Portale** sind sehr unterschiedlich gestaltet. Das älteste ist wohl das am nördlichen Querhausarm. Die Kapitelle seiner flankierenden Säulen weisen phantastische Tier- und Menschengestalten und entsprechende Szenen auf, wie man sie allenthalben an Kirchenbauten jener Epoche, z.B. in Andlau, Rosheim usw., antrifft und die symbolische Bedeutung haben (evtl. Überwältigung des Menschen durch seine Leidenschaften oder durch den Teufel, wie im 1. Petr. 5./8. gleichnishaft geschrieben steht).

Einer späteren Epoche gehörte das zweite Nordportal an, das trotz seiner Rundbogenarchivolte in seiner vertikalen Feingliedrigkeit deutlich den Übergang zur Gotik zeigt. (Die Türöffnung hat einen der seltenen Schulterbogen.)

Der barocke Glockenturm an der Westseite, dessen Balustrade mit überlebensgroßen Heiligenfiguren besetzt ist, stammt aus dem Ende des 18. Jahrhunderts.

In der Kirche ein romanischer Taufstein aus der Stauferzeit sowie das säulengetragene **Hochgrab des Hl. Adelphus,** eine sehr schöne Arbeit des 14. Jahrhunderts. Es wurde in der Reformation aus der diesem Heiligen geweihten Adelphikirche (siehe unten) anläßlich deren Übergabe an den protestantischen Kultus hierherversetzt. Weiter ist vorhanden ein Heiliges Grab, dessen Christusfigur in der Brust eine Höhlung hat, aus der in der Karwoche die Hostie entnommen wurde (Markus 14./22), wie man dies allenthalben im Elsaß antrifft. Barocke Kanzel, Glasmalerei aus dem 13. Jahrhundert.

Unweit davon, die

St-Adelphikirche.

Sie wurde im 12. Jahrhundert, evtl. schon früher, als Heiligtum für die hierherüberbrachte Reliquie des Hl. Adelphus (Bischof von Metz im 5. Jahrhundert) errichtet, und war lange Zeit das Ziel von Pilgerfahrten.

Die Kirche zeigt in Anlage und Einzelformen weitgehende Übereinstimmung mit ihrer größeren Schwester. Durch das spitze Dach des viereckigen Vierungsturmes und die zusätzliche Anordnung von 2 schlanken Rundtürmen vor der Portalfront, mit ebenfalls spitzen Helmen, wirkt der Bau gestreckt, wogegen sein Inneres schwerer und derber als bei St. Peter und Paul erscheint. Der Grundriß von St-Adelphi zeigt eine T-Form, nachdem der östlich angesetzt gewesene gotische Chor wegen Baufälligkeit im 19. Jahrhundert abgetragen worden war. Ähnlichkeiten bestehen auch bei der Rose über dem Hauptportal und bei diesem selbst. Im Tympanon ein Ankerkreuz zwischen Blumenrädern. Rundbogenfries an Westfassade und Turm. Die St-Adelphikirche dient seit dem Jahr 1800 dem evangelischen Kultus.

Auskunft: Mairie (Bürgermeisteramt) in 67330 Neuwiller-les-Saverne.

Unterkunft: in Hotels und Privathäusern.

Außerdem gibt es das „Foyer St-Jean" mit einer Kapazität von ca. 80 Betten, wo Jugendbegegnungen auf evangelisch-christlicher Basis veranstaltet werden. Bevorzugt werden Anmeldungen von entsprechenden Jugendgruppen.

Der **Bildung** dient die städtische Bibliothek und ein Wildpark, 8 km in Richtung Petite-Pierre. Zahlreiche Möglichkeiten zu Spaziergängen.

Umgebung:

1. Die **Burgruine Herrenstein** (402 m, 1/2 Std.) liegt auf einer weit vorspringenden Bergnase über dem Städtchen. Sie war, vermutlich schon im 10. Jahrhundert, zum Schutze der Abtei erbaut worden und befand sich im Besitz des Vogts von Neuweiler, Graf von Dagsburg. Dann sank sie zur Raubritterburg herab und wurde deswegen von den Straßburgern überwältigt und in Besitz genommen. 1673 wurde sie von den Franzosen zerstört, wobei das Steinmaterial teilweise für die von dem Festungsbaumeister Vauban wiedererrichtete Festung Lichtenberg verwendet wurde. Aus diesem Grunde ist der Platz, auf dem die Burg stand, heute ziemlich abgeräumt.-

2. Die **Hüneburg** (WM blaues Kreuz, 1 1/4 Std. oder 5 km über Forstweg) bestand seit dem 12. Jahrhundert. In jener Zeit war ein Graf dieses Namens Bischof von Straßburg. Im 14. Jahrhundert wurde die Burg von den Straßburgern zerstört und stand zu Beginn des 19. Jahrhunderts mit den umgebenden Waldungen im Besitz des napoleonischen Generals Clark, der aus den Resten der Burg ein Jagdhaus baute (heute Försterei). Was auch einen weiten Wanderweg lohnt, ist ein zwischen den beiden letzten Kriegen erbauter großer Aussichtsturm, der als Gedenkstätte gedacht war.

NIEDERBRONN-LES-BAINS,

eine Stadt mit ca. 5000 Einwohnern, ist das bekannteste Kurbad des Unterelsaß, sowie ein Kulturzentrum, gelegen am Fuße der Nordvogesen und am Ausgang des malerischen Falkensteiner Tales, flankiert von den Waldbergen Großer Wintersberg und Wasenberg. Geschützte Lage und dadurch bedingtes mildes Klima.

Zwei starke **Mineralquellen** sind die Basis des guten Rufes dieses Kurorts. Zunächst handelt es sich um die „Römerquelle", die ausschließlich dem geschlossenen Kurbetrieb dient, sodann um die „Source Celtique", die dem allgemeinen Trinkgebrauch und persönlichen Abfüllwünschen zur Verfügung steht und eifrig benutzt wird. Sie liegt dicht bei der Route de Bitche, ca. 1 km nordwestlich der Stadt.

Die Quellen wurden bereits von den Römern genutzt, die sie faßten und z. T. in Thermen ableiteten. Aus der römischen Zeit wurden zahlreiche Funde geborgen. Die Quellen waren während des frühen Mittelalters in Vergessenheit geraten und wurden erst 1592 durch die Grafen von Hanau-Lichtenberg wieder freigelegt, bei welcher Gelegenheit in den Becken mehr als 300 römische Münzen verschiedenen Alters (bis 63 v. Chr. zurück) gefunden wurden, die ehedem von den genesenen Römern der Sitte gemäß hineingeworfen worden waren.

Kurbetrieb:

Dieser findet in dem fast in der Stadtmitte gelegenen „Etablissement Thermal" (Kurhaus) statt, wo unmittelbar die genannte Römerquelle entspringt und gefaßt ist. Die Wasser werden bei rheumatischen, degenerativen und entzündlichen Beschwerden und solchen des Verdauungsapparats angewandt, vor allem in Gestalt von Bädern der verschiedensten Formen.

Kultur, Unterhaltung und Sport:

Spielcasino mit allen international gebräuchlichen Spielarten. Jeden Sonn- oder Festtag folkloristische Konzerte und Tänze im Casinopark, Kunstausstellungen, Tanzveranstaltungen, Trachtenfeste, Kino, ganzjährig nutzbares Schwimmbad, Tennis, Schießstand, Pferderennen, geführte Wanderungen auf insgesamt 375 km beschilderten Wanderwegen.

Auskunft: Office de Tourisme im Rathaus (Mairie), PLZ 67110.

Unterkunft im Kurhaus, in Hotels, einem Jugendheim und in Privathäusern mit insgesamt ca. 1000 Betten. Dazu ein Campingplatz mit 210 Stellplätzen.

Wanderungen:

1. Zur **Ruine Wasenburg** 440 m (WM roter Balken, 3/4 Std., schöne Aussicht).

Bereits um 730 gab es eine Wasenburg, von der dann erst wieder 1335 und 1400 berichtet wird. Damals kam sie in die Hände der Grafen von Lichtenberg, die sie renovierten. Bis zu ihrer Zerstörung durch die Franzosen im Jahr 1677 war die Burg durch die Herren von Niedheim bewohnt.

An der Stelle der heutigen Ruine befand sich schon zur Römerzeit ein Kastell mit Tempel und vorgeschobenem Wachtturm, letzterer auf dem östlichen Felsen. Aus jener Zeit ist noch eine LATEINISCHE INSCHRIFT „Deo mercurio attegiam . . . " vorhanden, die von Goethe in Dichtung und Wahrheit verewigt wurde. Diese Inschrift befindet sich an einem Felsen an der nordöstlichen Ecke.

Die Ruine, die eine saubere Steinmetzarbeit verrät, ist verhältnismäßig gut erhalten. An eine mächtige Schildmauer, die so dick ist, daß eine Treppe in ihr Platz findet, ist der dreigeschossige Palas angebaut. Besonders interessant an diesem ist die gotische Fensterfront des Saales, die in 9 schmale Rippen und 7 Radscheiben aufgeteilt ist, dann der Spitzbogenfries und der Kamin.

Abstieg evtl. wie Ziff. 3.

2. Die **Ruine Wasenburg** kann auch über Oberbronn – teilweise auf einem Fahrweg – erreicht werden.

3. Über Ruine Wasenburg (s. Ziff. 1) zum **Wasenköpfel** (WM roter Balken, 522 m, 1 3/4 Std.) mit Aussichtsturm. Abwärts evtl. über den Aussichtspunkt Buckelstein nach Oberbronn (2 1/4 Std.).

4. zur **Ruine Groß-Arnsberg** (WM roter Balken, 2 1/4 Std.) über Ruine Wasenburg und weiter in südwestlicher Richtung über den Col Ungerthal. Abstieg nach Untermühlthal im Zinzeltal in 1/4 Std.

Eventuell Fortsetzung der Wanderung entlang WM roter Balken über die Redoute, dann über die Pulverbrücke den Rothbach überquerend, zur **Ruine Lichtenberg** (zusammen ca. 5 Std. siehe S. 45, 139 und 140).

Die RUINE GROSS-ARNSBERG liegt in 348 m Höhe am Abhang des Arnsberg (473 m) und schaut ins nördliche Zinzeltal. Sie wurde als Reichsfeste von den Hohenstaufern erstellt und ging später an die Lichtenberger über, die um 1400 erhebliche Verbesserungen ausführten. Im Bauernkrieg ist sie ausgebrannt und 1680 wurde sie von den Franzosen zerstört. Was übriggeblieben ist, stammt vermutlich aus der Lichtenberger Zeit. Es sind dies insbesondere 3 Türme, die das nicht unerhebliche ehemalige Ausmaß der Burg erkennen lassen.

5. Zum **Großen Wintersberg** (580 m, 1 1/2 Std.), dem höchsten Berg der nördlichen Vogesen. Aufstieg, ausgehend von der Source du Lichteneck, entweder durch das Dittental (WM roter Balken) oder das Durschbachtal (WM blaues Kreuz oder roter Rhombus), oder über den Fahrweg (6 km), der zwischen Großem und Kleinem Wintersberg (Col de la Liese) hindurch und auf der Westseite wieder abwärts führt.

6. Nach **Philippsbourg** im Falkensteiner Tal (7 km), Dorf mit ca. 500 Einwohnern.

An der Stelle des heutigen Dorfes, etwa da, wo der Bahnhof steht, errichtete im Jahr 1566 der Graf Philipp von Hanau-Lichtenberg ein Wasserschloß, nachdem er 2 Jahre vorher die umliegenden Wälder mit der abgebrannten Burg Falkenstein (siehe daselbst) um billiges Geld gekauft hatte. Das Wasserschloß war von einem großen Weiher umgeben, der die ganze Breite des Tales ausfüllte. An dessen östlichem Ufer entstand dann langsam das heutige Dorf.

Philippsbourg ist Ausgangspunkt bzw. Zwischenstation zum Besuch der Ruine Falkenstein(a), des Etang de Hanau (b), der Ruine Waldeck (c) und von Baerenthal mit der Ruine Ramstein (d).

a. Zur **Ruine Falkenstein** (370 m) folgt man der nördlich verlaufenden Waldstraße D 87 A (halbwegs halblinkshaltend) 3 km bis zum Fuß der sehr einsam gelegenen Ruine, die man von da auf Fußweg mit WM blaues Kreuz in 1/4 Std. erreicht (Aussicht).

Die Ruine war auf einem ca. 120 m langen, 10 m breiten und bis 22 m hohen Felsenrücken erbaut, auf dem sich der ebenso hohe Wohnturm erhob. In diesem befand sich u.a. ein Brunnen, der nun natürlich verschüttet ist. Von den übrigen Gebäulichkeiten sind außer etlichen in den Fels gehauenen Kammern wenig Reste vorhanden.

Die Burg wurde im 12. Jahrhundert, offensichtlich in staufischem Auftrag, von aus der Lützelburg stammenden Grafen errichtet, die sich nun nach dem Falkenstein benannten und bis zum Jahr 1564 hier seßhaft waren. In diesem Jahr schlug der Blitz in die Burg, so daß sie ausbrannte, worauf sie mit den zugehörigen Gütern an die Grafen von Hanau-Lichtenberg verkauft wurde. Weitere Zerstörungen der reparierten Burg erfolgten im 30jährigen Krieg und 1680 durch die Franzosen.

b. Zum **Etang de Hanau** (Hanauer Weiher, 1 Std.), ca. 20 ha groß, mit Hotel, Bade- und Wassersportbetrieb und Campingplatz. Entfernung von Philippsbourg entlang der Straße 6 km. Wanderung über Ruine Falkenstein (siehe lit. a) mit WM blaues Kreuz, über den kleinen Etang de Lieschbach und den Bergrücken Kachler-Hals in 3/4 Std.

c. Zur **Burgruine Waldeck** (300 m). Vom Hanauer Weiher aus (siehe lit. b) führt eine Waldstraße (2 km) nach dem Weiler Waldeck, zum Fuß der Ruine und zu dem zunehmend verschilfenden Etang de Waldeck.
Der bewaldete Schloßberg trägt 3 voneinander abgetrennte Felsgruppen. Auf der südlichen steht der hohe, viereckige und weithin sichtbare zinnengekrönte Turm. An seinem Fuß eine Zisterne. Auf dem mittleren Felsgrat 2 Felsenkammern, auf dem nördlichen nur geringe bauliche Reste.
Die Burg wurde im 13. Jahrhundert von den Lichtenbergern erbaut und im 30jährigen Krieg zerstört.

d. Zur **Burgruine Ramstein** (292 m) bei Baerenthal im nördlichen Zinzeltal, 6 km westlich Philippsburg. WM gelber Balken.
Die Ruine liegt auf einem 60 m langen schmalen Felsgrat, in den einige Kammern eingehauen sind. Darüber hinaus sind nur noch geringe Mauerreste vorhanden.
Die Burg wurde im 13. Jahrhundert errichtet und 1335 wegen Räubereien ihres Besitzers zerstört und seither nicht mehr aufgebaut, worauf der schlechte Erhaltungszustand zurückzuführen ist.

Oberhalb von Baerenthal ein kleiner Stausee mit Camping-Gelegenheit.

7. Nach **Lichtenberg*** (WM blauer Balken, 3 1/2 Std.) über Oberbronn (3/4 Std.), MF Ziegelberg-Zinswiller (1 1/4 Std.), Offwiller und Rothbach (2 1/4 Std.). Siehe auch Streckenbeschreibung Nordvogesen (B 1).

NIEDERHASLACH

ist ein kleines Dorf am Haselbach unweit nördlich des Bruchetales, berühmt durch seine gotische Kirche, die seinerzeit durch den baulustigen Straßburger Bischof Konrad von Lichtenberg

(Erbauer der Westfassade des Straßburger Münsters) angeregt und gefördert wurde. Nach einem Brand der alten Klosterkirche im Jahr 1274 wurde diese in Angriff genommen; ein Neubau wurde jedoch nochmals durch Brand schwer beschädigt, so daß 1287 erneut begonnen werden mußte. Dieser Bau stand anfangs unter der Leitung eines Sohnes des Münsterbaumeisters Erwin von Steinbach („Filius Erwini Magistri", laut Aufschrieb auf seinem Grabstein in der Kirche), und wahrscheinlich auch unter der Oberleitung von Erwin selbst, die beide von dem Bischof Konrad hierher „ausgeliehen" worden waren, soweit es der gleichzeitige Fortschritt der Westfassade in Straßburg erlaubte. Diese neue

St. Florentiuskirche (Eglise St-Florent)

ist in nicht übermäßig aufwendiger, aber vornehmer gotischer Form erstellt. Sie ist eine dreischiffige Basilika, mit einem mächtigen Glockenturm an der Westfront. Das hier befindliche hohe und schmale **Hauptportal** ist reich mit Skulpturen besetzt. Die zwei lebensgroßen Figuren in den seitlichen Nischen stellen wohl die Verkündigung Mariä dar. In den Hohlkehlen des Spitzbogens 4 Propheten und 2 Engel. Das in 3 Felder quergeteilte **Tympanon** zeigt im oberen Dreieck die Krönung Mariä. In den beiden unteren erscheint in fortlaufender Szene die **Florentiuslegende,** die hier mitgeteilt werden soll; ausnahmsweise, weil die so nett und originell dargestellt ist: (siehe Seite 163).

St. Florentius, ein schottischer Mönch, hatte sich in der Umgebung (Oberhaslach) als Einsiedler niedergelassen. Um das schadenstiftende Wild von seinem Feld abzuhalten „do stekete er vier gerten umb das velt und gebot allen wilden tieren, daz si uf sin nuwe velt nüs me entkement . . . " (nach Grandidier, Preuves). Als die Jäger des Königs Dagobert einst hier jagten und das Wild in der Nähe der Einsiedelei gebannt sahen, mißhandelten sie Florentius (die erste Szene oben links). Des Königs Tochter war aber „blynt geborn und was ouch eine stummin, und do der kunig horte sagen von sant Florencien heilikeit, do sante er erber botten und ein ros (Roß) . . . ". Aber der bescheidene St. Florentius kam auf seinem Esel geritten (2. Szene). Hier ist die Säule besonders interessant. Sie ist eine meisterhafte und originelle Komprimierung der Szene, die Florentius antrifft: Die Königsfamilie schaut aus dem Fenster ihres Schlosses zu Kirchheim. Photographisch ausgedrückt, sind hier Nah- und Fernaufnahme ineinanderkopiert! Rechts die Empfangsszene im Palast, wo er die Tochter heilt – weil gerade niemand an der Tür war, um ihm den Mantel abzunehmen, hing er ihn einfach an einen Sonnenstrahl – der auf dem Relief allerdings infolge seiner Dicke hierzu besonders geeignet war! Zum Dank schenkt ihm der König soviel Land, wie er während des Morgenbades des Königs mit seinem Esel umreiten kann. Weil Florentius ein heiliger Mann ist, geschieht nun ein kleines Wunder, denn das Bad zieht sich ungewöhnlich in die Länge, und Florentius kann einen sehr großen Bezirk umreiten. Er kommt gerade zu dem Zeitpunkt zurück, wie dem König die letzte Handreichung zu seiner Morgentoilette widerfährt: das Anziehen der Handschuhe (unten links). Weitere Szenen nach rechts: Die Schenkung, die Weihe des „Monasterium

„Haselacens" an Maria mit dem Sohn und die Übergabe der Gebeine des Hl. Florentius, die aus St. Thomas in Straßburg hierher überführt wurden.

Über dem Portal eine abschließende spätgotische Balustrade. Darüber ein gutgearbeitetes, etwas verspieltes **Radfenster.** Der ursprünglich steinerne gotische Turmhelm war im 30jährigen Krieg zerstört worden und wurde anläßlich einer durchgreifenden Renovierung im Jahr 1853 in der gegenwärtigen Walmdachform erneuert.

Das dreischiffige **Langhaus** zeigt glückliche Raumverhältnisse und erinnert besonders mit den sehr schönen **Glasgemäldefenstern** an das Straßburger Münster, doch sind die Einzelteile insgesamt einfacher und nüchterner. Hinter dem für gotische Verhältnisse niedrigen Chor liegt die Apsis, beides wohl der älteste Teil des Baues und offensichtlich von dem letzten Brand nicht betroffen. Links im Chor das gotische Nischengrabmal des Straßburger Bischofs Rachio. Chorgestühl aus dem 17. Jahrhundert. In der rechten Seitenkapelle der bereits erwähnte Grabstein des Erwin-Sohnes, vermutlich mit Namen Jakob, der früher auf dem angrenzenden Friedhof stand. Nochmals sei auf die vielen, aus dem 13. und 14. Jahrhundert stammenden **Glasgemälde** hingewiesen, die, weil z.T. mit Beschriftung versehen, ikonographisch besonders interessant sind.

Auskunft: Syndicat d'Initiative (Mairie), PLZ 67190.
Unterkunft in Hotel und Privatzimmern mit zusammen ca. 70 Betten.
Wanderungen: Siehe bei Oberhaslach*.

OBERHASLACH,

ein Dorf mit ca. 1000 Einwohnern, gelegen an Haselbach (Haslach) nördlich des Breuschtales, erfreut sich zunehmender Beliebtheit als Sommerfrische und als Standort für schöne, einsame Wanderungen.

Am nördlichen Ortsrand befindet sich eine **Kapelle,** an der Stelle der ehemaligen Eremitage des Hl. Florentius (6. Jahrhundert). Dieser gilt als Schutzheiliger der Haustiere. Später war er Bischof von Straßburg (siehe auch bei Niederhaslach*). Sein Jahrtag ist der 7. November, an dem viele Pilger zur Kapelle kommen.

Auskunft: Syndicat d'Initiative (Mairie), PLZ 67190.
Unterkunft in 2 Hotels und in Privatzimmern mit zus. ca. 70 Betten.

Zu Zeiten, als der „Mann von der Straße" weder lesen noch schreiben
konnte, kam den Bildwerken eine besondere Bedeutung zu: Sie wurden
„gelesen" wie ein Buch, und somit mußte auch etwas „drinstehen". Das
letztere gilt in besonders amüsanter Weise auch für das ausgezeichnet erhaltene Tympanon über dem Weltportal der gotischen Florentiuskirche zu Niederhaslach (unser Bild). Beschreibung siehe die Seite 161.

Wanderungen:

1. **Niederhaslach*** mit seiner gotischen Kirche.

2. Auf den **Ringelsberg** mit den Burgruinen Ringelstein und Hohenstein (WM weißer Punkt, 1 Std.). Zurück auf anderem, aber gleichbezeichnetem Weg (zusammen 1 3/4 Std.).

Der RINGELSBERG war ehedem auf die ganze Länge seines Kammes von ca. 1 1/2 km durch bis zu 2 m dicke Steinmauern zu einer Fliehburg gemacht, wahrscheinlich gallo-römischen Ursprungs, ähnlich der Heidenmauer auf dem Odilienberg*. Die Anlage war an ihren südlichen und nördlichen Endpunkten, die zugleich die höchsten Geländepunkte sind (Großer bzw. Kleiner Ringelsberg, 644 bzw. 640 m) zu großen Ovalringen verbreitert, die durch einen dreifachen Mauerring geschützt waren, so daß der gesamte Grundriß eine hantelförmige Gestalt gehabt haben muß. Inmitten des südlichen Steinkreises wurde später die Burg Ringelstein errichtet, der nördliche Steinkreis (15 Min. entlang der WM weißer Balken) auf der Höhe des Kleinen Ringelsberg ist noch auszumachen. Der an sich langgestreckte Ringelsberg hat seinen Namen zweifellos von diesen beiden Steinringen.

Die BURG RINGELSTEIN ist seit dem 12. Jahrhundert bekannt. Ein Anselm von Ringelstein betätigte sich als Raubritter. Die Burg wurde offensichtlich im 30jährigen Krieg zerstört. Die Burgruine besteht aus den Resten der Ringmauern und aus zwei auf dem Felsen stehenden Türmen.

In der Nähe liegen 2 viereckige Redouten (Feldschanzen), die möglicherweise aus dem 30jährigen Krieg stammen.

Die BURG HOHENSTEIN ist nur im 13. Jahrhundert urkundlich erwähnt und wurde bereits 100 Jahre später von Bischof Berthold II. von Straßburg zerstört. Erhalten sind die Reste der Umfassungsmauer und des auf einem Felsen errichteten Bergfrieds.

3. Zur **Cascade Luttenbach** (WM weißer Balken, 1 1/2 Std.) über Burgruine Ringelstein und den Steinkreis auf dem Petit Ringelsberg. Rückweg entlang des Luttenbachtals mit derselben WM (zusammen 3 Std.).

4. Zur **Burgruine Nideck** (1 3/4 Std.). Zunächst mit WM rotes Dreieck das Haselbachtal aufwärts über MF Hohensteinwald bis zum Steinbächel. Dann mit WM roter Balken weiter durchs Nidecktal aufwärts über die Cascade (zeitweise nur ein dünnes Rinnsal!) zur Ruine, die von weitem zu sehen ist. (Siehe auch bei Wangenbourg*).

5. Zum **Rocher du Couvercle** (= Deckel) und **Rocher du Kuhberg** (1 3/4 Std., WM roter Punkt) in nordöstlicher Richtung.

6. Zum **Rocher du Pfaffenlapp** über Gros Chêne (auch Chêne Géante, d.h. Dicke bzw. Riesen-Eiche), Carrefour (Kreuzung) Jérôme, Anlagen (Luttenbachcascade), Ruine Hohenstein, Eremitage St-Florent und zurück (zusammen ca. 2 1/4 Std., WM gelbes Kreuz).

---

*Die sagenumwobene BURG NIDECK „ist im Elsaß wohlbekannt",
wie vor 150 Jahren der Dichter Adelbert von Chamisso feststellte.*

OBERNAI

(Oberehnheim, ca. 8500 Einwohner) ist ein altes Weinstädtchen am Fuße des Odilienberges und mit diesem auch geschichtlich eng verbunden. Sein mittelalterliches Stadtbild mit malerischen Gassen und Plätzen und Baudenkmälern sowie die z. T. noch erhaltene Ummauerung aus dem 15. und 16. Jahrhundert erinnern an vergangene Zeiten. Durch eine Umgehungsstraße wird die Beschaulichkeit und Ruhe in diesem Städtchen gewährleistet, das damit ein beliebter Aufenthaltsort und Ausgangspunkt unerschöpflicher Wandermöglichkeiten ist.

Der Ursprung des Städtchens geht auf ein merowingisches Königsgut zurück, um das sich in der Folge die Siedlung an der Ehn entwickelte. Der Stellvertreter des Königs, im 7. Jahrhundert Herzog Eticho (Attich), hatte hier (an der Stelle des heutigen Schulhauses) seine Pfalz und auf dem heutigen Odilienberg* seine Burg (Hohenburg) und Sommerresidenz. Später weilten die staufischen Kaiser oft in der Stadt, die in jener Zeit Freie Reichsstadt wurde und später dem Zehnstädtebund beitrat. Im Laufe des 30jährigen Krieges war die Bevölkerung fast ausgerottet.

Sehenswürdigkeiten:

Der **Marktplatz** wird von Kennern als einer der malerischsten Plätze des Elsaß bezeichnet. Er ist von den schönsten Gebäuden des Städtchens umgeben, voran dem **Rathaus** aus dem 15. und 16. Jahrhundert mit reichverziertem Balkon und guterhaltenem mittelalterlichem Rittersaal. Daneben der **Tour de la Chapelle,** der der übriggebliebene Glockenturm einer gotischen Kirche (Kapelle) aus dem 13. Jahrhundert ist, die im letzten Jahrhundert abgetragen wurde. Die vier Ecktürmchen sind eine Zutat späterer Zeitgeschmacks. Eine Besteigung ist sehr lohnend, da sie eine wundervolle Aussicht über die Stadt und zu den nahegelegenen Bergen vermittelt. Auf der anderen Seite des Rathauses vor dem Hotel Glocke der **Sechseimerbrunnen** (Puits aux Six-Seaux) aus dem Jahr 1579, wohl der ansehnlichste die diesbezüglich nicht armen Elsaß. Sein von drei Säulen getragener Renaissancebaldachin ist mit Bibelsprüchen versehen. Von den 6 hier aufgehaspelten Eimern standen jeweils zwei den Bewohnern von 3 verschiedenen Straßenzügen zu. Jenseits des mit einer Figur der Hl. Odilia gekrönten Marktbrunnens befindet sich die **Ancienne Halle aux Blés** (alte Kornkammer, aber auch als „Metzig" bezeichnet), erbaut 1554 in spätgotisch und renaissance, aber erheblich restauriert. Das hier untergebrachte kleine Stadtmuseum birgt alte Waffen und volkstümliche Erinnerungsstücke.

166

Die stattliche zweitürmige **Eglise St-Pierre-et-St-Paul** wurde erst 1873 in gotisiertem Stil errichtet, dagegen ist das hier verwahrte Heilige Grab wirklich zeitgerecht gotisch (1504). Die 4 Glasgemälde im linken Teil des Querschiffs stammen aus der gleichen Zeit. Auf dem Kirchplatz ein Denkmal für den 1891 verstorbenen Monsignore Freppel, Bischof von Angers, der ein Sohn der Stadt war. Dicht dabei ein ehemals zur Stadtbefestigung gehöriger **Wehrturm,** um den mit alten Grabsteinen und Sarkophagen ein kleines Lapidarium Memento Mori eingerichtet ist.

Sehr hübsch und malerisch ist auch der **Place de l'Etoile,** sowie ein Rundgang um die Stadt im Schatten der Linden der **Remparts.**

Im Stadtpark das Schloß Oberkirch und die Reste einer ehemaligen Kirche.

Auskunft: Syndicat d'Initiative, Mairie (Rathaus), PLZ 67210.

Veranstaltungen und Sport: Freibad beim Stadtpark, Angeln, Volksfest „Mariage de Ami Fritz" in der zweiten Julihälfte, Erntefest im Oktober.

Unterkunft: Hotels, auch in den benachbarten kleineren Ortschaften, Privatzimmer mit zusammen ca. 500 Betten, Campingplatz.

Umgebung:

1. Rundwanderung nach **Ottrott** (Ottrottische Schlösser) entlang des Ehnufers (WM rot-weiß-rot), weiter nordwärts über **St. Leonhard** (WM blauer Punkt) nach **Boersch.** Von hier (WM gelbes Dreieck) nach Kilbs und Kloster Bischenberg und zurück (ca. 3 Std.).

2. Obernai ist der traditionelle Standort zum Besuch des **Odilienberg*** (Ste-Odile). Die Fahrstraße führt über Ottrott oder Bernhardswiller nach St-Nabor und von hier aufwärts zum Kloster (ca. 12 km).

Die **Fußwanderung** führt entweder über St-Nabor (WM blaues Kreuz 2 Std.) oder über Ottrott (siehe Ziff. 1) und Châteaux Ottrott (3 Std.). Vorschlag: Hinweg über Ottrott, Rückweg über St-Nabor.

3. Wegen der vielen weiteren Wandermöglichkeiten im Bereich des Odilienberg* siehe daselbst.

OBERSTEINBACH

ist ein nur 200 Einwohner zählendes langgestrecktes Dorf in einem waldumgebenen Wiesental, unweit der Pfälzer Grenze im Gebiet des Naturparks Nordvogesen. Es wird bevorzugt als Standort für Wanderungen zu den zahlreichen Burgruinen der Umgebung benützt. Dementsprechend ist ein kleines Burgenmuseum im Aufbau begriffen.

Als **Unterkunft** steht u.a. das Hotel-Restaurant Anthon zur Verfügung, dessen Küche weithin berühmt ist. Daneben gibt es die Wandererherberge von Frau Berring, und etliche Privatzimmer.

Auskunft: Die Mairie von Obersteinbach, PLZ 67150.

Wanderwege siehe Abschn. B 1, Seite 44.

ODILIENBERG

(Mont Ste-Odile), ein am Ostrand der Vogesen nordöstlich in die Oberrheinische Ebene vorstoßender langgezogener Bergrücken (763 m), unweit von Obernai.

Der Berg mit seinem berühmten, der Schutzheiligen des Elsaß geweihten **Kloster** ist wohl das bekannteste Wallfahrts- und Ausflugsziel des Landes, das letztere dank der romantischen und legendenumwobenen Schönheit der Odilienlandschaft mit ihren geheimnisvollen prähistorischen Denkmälern, alter Burgenromantik und vor allem dem Odilienkloster selbst als Ausdruck von Frömmigkeit und Gläubigkeit, wie sie nur dem Mittelalter eigen war.

Die Wallfahrtsstätte wird von Kreuzschwestern aus Straßburg betreut. Die seit langem geübte Beherbergung von Pilgern hat sich zu einer Beherbergung der Touristen und Dauergäste weiterentwickelt.

Die Geschichte des Berges reicht in die graue Vorzeit zurück, die sich mit Steinbeilen, Topfscherben usw. zu erkennen gibt. Das Rätsel der Heidenmauer ist noch immer nicht zweifelsfrei gelöst (siehe unten Ziff. 1). Vor, während oder nach der „Fliehburgzeit" des Berges hatten die Römer auf ihm einen befestigten Wachtposten.

In der Merowingerzeit zu Ende des 7. Jahrhunderts erbaute der in Ehnheim (Obernai) residierende Herzog Etico (Eticho) auf dem Berg ein Sommerschloß, genannt Hoinborch, später Hoenburc oder Hohenburg geheißen. Nach der Überlieferung schenkte der Herzog dieses Schloß seiner Tochter Odilia, die es in ein Kloster umwandelte, dessen erste Äbtissin sie wurde. Aus der ersten Zeit des Klosters Hohenburg stammt u.a. ein Schutzbrief des Kaisers Ludwig des Frommen aus dem Jahr 837.

Infolge der Magyareninvasion kam das Kloster in Verfall und wurde erst wieder um 1050 durch den elsässischen Papst Leo IX., der ebenfalls von Eticho abstammte, im Namen der gleichzeitig kanonisierten Odilia neu geweiht. Durch Kaiser Friedrich Barbarossa und andere Fürsten erfuhr es großzügige Förderung. Seine Blütezeit war das 12. Jahrhundert, vor allem unter der hochbegabten Äbtissin Herrad von Landsberg (1167–1195), aus deren Hand der berühmte

Hortus Deliciarum (auf deutsch „Wonnegarten") hervorging, ein Folioband von 648 Seiten in lateinischer Sprache. Das Werk war zur Unterrichtung der meist aus adligen Familien oder sonstwie gehobenen Kreisen stammenden Nonnen bestimmt, und erfaßte praktisch das gesamte geistige, theoretische und praktische Wissen der damaligen Zeit, illustriert durch 336 wundervolle kolorierte Zeichnungen mit an die 9000 Einzelfiguren. Dieses kulturgeschichtlich einmalige Werk ging im Jahr 1870 bei der Belagerung von Straßburg und dem dabei entstandenen Brand der Bibliothek zugrunde und es sind heute nur noch Abschriften des Textes und Kopien einzelner Zeichnungen vorhanden.

Dann war das Kloster erneut Plünderungen sowie mehreren Bränden ausgesetzt, unter anderem einem Waldbrand im Jahr 1473, der auch das Kloster in Flammen aufgehen ließ. Nach einer Plünderung im Bauernkrieg und einem weiteren Waldbrand im Jahr 1546, der Kloster und Kirche nochmals in Schutt und Asche legte, zerstreuten sich die hoffnungslosen Nonnen.

Jahrzehnte später von Prämonstratensermönchen erneut aufgebaut, wurde das Kloster im 17. Jahrhundert (Dreißigjähriger Krieg) nicht weniger als fünfmal zerstört und immer von neuem wieder aufgebaut. 1681 wurde es durch einen Waldbrand nochmals vernichtet, bei dem nur die Tränen- und Engelskapelle und die massivsten steinernen Bauteile (z.B. bei der Kreuzkapelle) verschont blieben. 1684 begannen die Prämonstratenser ein sechstes Mal mit dem Neubau. Von 1687 bis 1692 wurde an der Kirche gearbeitet, die 1696 geweiht wurde und mit wenigen Veränderungen und keinen neuen Beschädigungen die Folgezeit bis heute überstanden hat. 100 Jahre später, während der französischen Revolution, wurde das Kloster aufgelöst, konfisziert und verkauft, und wechselte sechsmal den Besitzer, bis es im Jahr 1853 wieder in die Hände der Diözese von Straßburg kam. Nun erlebte es einen niegekannten Aufschwung, und der Zustrom der Pilger und Touristen geht jedes Jahr in die Hunderttausende.

DIE ODILIENLEGENDE.

Der fränkische Herzog Eticho, Herr des Elsaß, ersehnt einen Stammhalter und bekommt eine blindgeborene Tochter. Der „Schandfleck" soll beseitigt werden, doch die Mutter Berswinde bringt das Kind bei einer Tante in Parma (heute Beaume-les-Dames) in Sicherheit, wo es erzogen wird. Bei der Taufe wurde die Jungfrau, die den Namen Odilia (d.h. etwa: Tochter des Lichts) erhielt, sehend.

Odilia weihte ihr Leben dem Himmel und dem notleidenden Nächsten. Als sie zu einer politischen Heirat gezwungen werden sollte, floh sie über den Rhein, und eine bei Freiburg sich vor ihr öffnende Felswand verbarg sie vor ihren Verfolgern. Durch das neue Wunder wurde Eticho bekehrt, der seiner Tochter das Schloß Hohenburg schenkte, um dort ein Kloster zu errichten, dessen erste Äbtissin sie wurde.

Um den Kranken den beschwerlichen Aufstieg zu ersparen, wurde am Fuß des Berges ein Spital mit Kloster (Niedermünster) und eine dem Hl. Nikolaus geweihte Kapelle errichtet.

Odilia verstarb im Jahr 720 in der von ihr errichteten Johanneskapelle, heute Odilienkapelle.

DIE KLOSTERANLAGE

Durch einen Torbogen erreicht man den mit mächtigen alten Linden bestandenen äußeren Klosterhof **(Lindenhof).** Links die der Gastronomie dienenden Räume mit Aussichtsterrassen, geradeaus der neue Pilgersaal mit Fresken, und rechts ein freier Platz mit offener Kapelle für Gottesdienste im Freien. An dieser Stelle stand nach dem Zeugnis verschiedener älterer Schriftsteller ein „Heidentempel", dessen Reste, (Mulde im Boden und darumste-

6. Die Burgruine **Hagelschloß** (588 m), ehemals Waldsberg geheißen, liegt auf einer Felsengruppe am nördlichsten Ende der Heidenmauer. Sie wurde um 1400 von den Straßburgern erobert und zerstört, weil der Burgherr Walter Erb einige Straßburger Bürger gefangengesetzt hatte.

7. Die **Ottrotter Schlösser** (500 m). Nördlich unterhalb des Odilienberges liegen die beiden Burgruinen Lützelburg und Rathsamhausen, wenig mehr als 100 m voneinander entfernt.

Die Lützelburg (die östliche) ist die Ältere, die bereits im 14. Jahrhundert als Ruine erwähnt ist. Die Burg Rathsamhausen war offensichtlich aufwendiger ausgestattet, mit mehrstöckigem Palas, an dem noch viele Einzelheiten wie rund- und spitzbogige Fenster, Nischen, Kamine usw. zu sehen sind. Der Name Lützelburg galt früher für beide Burgen, entsprechend dem ehemaligen Besitzer gleichen Namens. Sie gingen nach dem Erlöschen dieses Geschlechts an die verwandte Familie Rathsamhausen.

Fußmarsch ab Odilienberg 1 1/2 Std. mit WM rot-weiß-rot über den Aussichtspavillon Elsberg oder über den „Wunderpfad" (WM blaues Schrägkreuz) und Elsberg. Ab Ottrott 1 Std., ebenfalls mit WM rot-weiß-rot.

8. Die Burgruine **Landsberg** (580 m), in der Luftlinie 2 km südöstlich des Klosters gelegen, ist wohl die bedeutendste dieses Umkreises. Die Burg wurde zum Schutz des Klosters um 1200 von den Grafen gleichen Namens erbaut, in deren Besitz sie, eine Ausnahme, bis zur französischen Revolution verblieb. Berühmteste Vertreterin des Geschlechts ist Herrad von Landsberg, die von 1167 bis 1195 Äbtissin des Odilienklosters war und die Verfasserin des obengenannten Hortus Deliciarum ist.

Die hauptsächlich aus Granit erbaute Burg steht auf einer vorgeschobenen Nase des Gebirges über der Rheinebene und ist von Nord und Süd weithin zu sehen. Ihrer Bauzeit entsprechend zeigt sie vorwiegend romanische Bauformen, und hat sich verhältnismäßig gut erhalten. Der quer über der östlichen Umfassungsmauer stehende und noch an die 20 m hohe Bergfried mit seiner charakteristischen schrägen Oberkante ist ein Wahrzeichen der Gegend.

Zugang vom Odilienberg aus mit WM weißer Balken über Odilienquelle und Wolfstal in 1 Std. oder mit WM roter Balken über die Bloß, Menelstein und Kiosk Jadelot in etwas längerer Zeit.

Zufahrt über die Straße D 109 und von hier in wenigen Minuten zur Ruine mit danebenliegendem Gasthaus.

9. Die Burgruine **Birkenfels** liegt südwestlich des Odilienbergs in 675 m Höhe auf einem kleinen, abgesetzten Bergvorsprung. Verhältnismäßig guterhaltene Ruine mit fünfeckigem Bergfried. In diesem eine gotische Abortanlage.

Die Burg wurde im 13. Jahrhundert durch einen Straßburger Lehensmann ungefragt auf Oberehnheimer Gebiet erbaut, weswegen es wiederholt zu Reibereien kam, die im Jahr 1289 durch Kaiser Rudolf durch Schiedsspruch geschlichtet wurden.

Zu erreichen über WM blaues Kreuz in 3/4 Std. oder entlang der Landstraße N 246.

10. Zum **Hohwald*** (WM roter Balken, 2 1/2 Std.) über Breit-
matt (1 1/4 Std.) und MF Welschbruch (1 3/4 Std.).

Unterkunft: 140 gut eingerichtete Fremdenzimmer mit allem Komfort stehen dem
Touristen zur Verfügung. In der sommerlichen Saison ist 2-monatige Vorausbestellung notwenig.

Wallfahrtstage: Ostermontag, Pfingstmontag, Fronleichnam, Mariä Heimsuchung
(2. Juli), Reliquienoktav zwischen erstem und zweitem Sonntag (je einschließlich) des
Juli, Mariä Himmelfahrt (15. August), Mariä Geburt (8. September), St. Odilientag
(14. Dezember).

Unterhaltung: Bibliothek, Lesesaal, Museum, Billard.

Auskunft: Direction du Mont Ste-Odile, Poste OTTROTT (Bas-Rhin), PLZ
67530.

OTTMARSHEIM

ein Dorf mit ca. 2000 Einwohnern, gelegen zwischen dem Hardtwald und dem Rhein, 13 km von Mülhausen entfernt. In der neueren Zeit wurde es durch eine in der Nähe erbaute Staustufe des
Grand Canal d'Alsace bekannt.

Das Dorf geht auf die habsburgische Gründung eines Benedik-
tinerinnenklosters im 11. Jahrhundert zurück. Von diesem ist die

Kirche

übriggeblieben, eine ziemlich genaue, kunsthistorisch verspätete
Nachbildung der karolingischen Pfalzkapelle Karls des Großen zu
Aachen, die im Jahr 1049 von dem aus dem Elsaß gebürtigen
Papst Leo IX. geweiht wurde.

Aus der Mitte eines einfach gehaltenen achteckigen Umgangs
wächst der ebenso achteckige Tambour empor, im Zusammenwirken gewissermaßen eine konzentrische Basilika bildend. Genau
im Westen wurde (später) ein schwerer achteckiger Turm voran-
gesetzt, in dessen Mauerdicke die zu dem oberen Geschoß führenden Treppen eingebaut sind. Ihm gegenüber auf der Ostseite ein
etwas kleinerer quadratischer Anbau (Altarraum) mit 2 Stock-
werken, unten mit rundbogigem Kreuzgewölbe, oben mit Tonnengewölbe. Später kam noch eine einfache gotische Kapelle an
der Südseite und zwei weitere Anbauten dazu, und noch später
(15./16. Jahrhundert) an der Nordostseite ein gestreckter gotischer Chor.

Das Innere der Kirche vermittelt ein einmaliges Raumerlebnis.
Der Tambour ruht in jedem Stockwerk auf 8 Eckpfeilern, wobei
die fast doppelt so hohen Bogenöffnungen des zweiten Stockes
durch je zwei übereinanderstehende Rundsäulenpaare mit Zwi-

schensturz optisch geschlossen werden, so daß ein aufstrebender, aber nicht beengender Innendom entsteht.

Im Chor ein spätgotisches Sakramentshäuschen an der Evangelienseite sowie Fresken, vor allem ornamentaler Art, und die Statue des Hl. Quirinus. Im oberen Chor und der davorliegenden kleinen Halle wurden vor 100 Jahren zahlreiche **Fresken** aufgedeckt, die, wie die Pflanzenornamente des unteren Geschosses, dem 13./14. Jahrhundert zugerechnet werden (um 1900 restauriert).

Etliche Grabsteine in der Stiftskapelle sind Zeugen aus der Geschichte des Klosters.

Die Maße der Kirche: Innerer Durchmesser des Umgangs: 20 m, innerer Durchmesser des Tambour: 10,90 m, lichte Höhe 20,3 m.

LA PETITE-PIERRE

(Lützelstein) ist ein kleines Dorf in reizvoller Lage und waldreicher verkehrsarmer Umgebung, beliebt als Sommerfrische, Standort für Wanderungen und als Wanderziel.

Über dem Dorf auf einem Bergvorsprung das ehemalige

Schloß Lützelstein,

ein ausgedehnter Gebäudekomplex, der heute zivilen Zwecken dient.

Seit dem 13. Jahrhundert stand hier eine Burg der Herren von Lützelstein, die gewaltsam in den Besitz der Kurfürsten von der Pfalz überging und dabei zerstört wurde. Die Kurfürsten erbauten an ihrer Stelle ein Residenzschloß, das in der Folge wieder zu einer Festung ausgebaut wurde. Diese spielte in den napoleonischen Kriegen eine kleine Rolle und wurde 1870 von den Truppen der deutschen Staaten besetzt und anschließend ihrer nun zwecklos gewordenen Befestigungsanlagen entkleidet.

Unterkunft: Mehrere Hotels mit ca. 130 Fremdenbetten.
Auskunft: Mairie (Gemeindeverwaltung) in (67290) La Petite–Pierre.
Verkehr: Bahnstation in Ingwiller 613 km) und Saverne (22 km) sowie für die Westrichtung in Drulingen (13 km). Busverbindung mit diesen Bahnhöfen.

Wanderungen:

1. Zum südlich über dem Schloß gelegenen Aussichtspunkt **Altenburg** (369 m, Alte Redoute).

2. Zum **Imsthaler Weiher** südlich der Altenburg (1/2 Std.) mit Restaurant und evtl. Badegelegenheit.

3. Nach **Graufthal** 1 1/2 Std., WM roter Balken über die Altenburg oder den Imsthaler Weiher, Kohlthalerhof und über den Eschburger Rücken.

4. Zum Aussichtspunkt **Judenbrunnen,** 1/4 Std. ostwärts.

5. Nach **Dossenheim** (WM blauer Balken, 4 Std.) durchs obere Fisch-
bachtal bzw. Johannisthal (oder über den Grünkopf, WM blaues Schrägkreuz) zur **Hüneburg** (siehe bei Neuwiller*). Von da entweder über den
Holderkopf oder durchs Maibächeltal.

6. Nach **Neuwiller*** (siehe daselbst).

7. Zum Bahnhof **Frohmühl** (2 Std.) durch das Donnenbachtal mit dem
Etang de la Fosse (WM blauer Balken und blaues Schrägkreuz).

RIBEAUVILLÉ

(Rappoldsweiler, elsässisch: Rappschwihr), eine Kreisstadt mit ca.
5000 Einwohnern, liegt zwischen Sélestat und Colmar in den rebenbedeckten Vorbergen der Vogesen, am Austritt eines vom
Strengbach durchflossenen Tales. Der Weinbau ist die Haupter-
werbsquelle der Einwohnerschaft und bestimmt den Charakter
des Städtchens.

Ein großer Sohn der Stadt ist der Physiker und Astronom Karl
August von Steinheil, der die damals bahnbrechenden Optischen
Werke in München gründete. Er wurde im Rappoltsteiner Amts-
hof (am Sinnplatz) im Jahr 1801 geboren.

Die Stadt wird von 3 Burgen überragt, die in ihrer Geschichte
eine erhebliche Rolle spielten.

Der Ort existierte nachweislich bereits im Jahr 759. Zweihundert Jahre später waren die Grafen von Rappolstein die Herren von Rappoltsweiler, die auf den oberhalb gelegenen Burgen, vornehmlich St. Ulrich, ihren Sitz hatten und in der Folge mit
den meisten europäischen Fürstenhäusern verschwägert waren. Ein Sproß des Hauses, Maximilian Josef, wurde 1806 von Napoleons Gnaden König von Bayern.

Der Graf von Rappoltstein war im Mittelalter König und Schutzherr aller Spielleu-
te bzw. „varenden Luite', die ihm dafür Tribut und Huldigung schuldeten. Es war
dies, wie man heute wohl denken möchte, beileibe kein Scherz, sondern eine durchaus ernstgemeinte Sache, denn wer dazumal keinen Herrn hatte, der war schutzlos
und fast rechtlos. Dementsprechend kamen am „Pfifferdae", d.h. an Mariä Geburt
(8. September), alljährlich alle Fahrenden des Oberrheins in Rappoltsweiler zusammen, um ihre Rechtsangelegenheiten zu regeln und Beschwerden und Klagen anzu-
bringen. Allerdings ging es anschließend, nachdem man auch zur Schutzpatronin,
„Unserer Lieben Frau von Dusenbach", gewallfahrtet war, durchaus zunftgemäß lustig und laut zu, und noch heute findet in Erinnerung hieran jedes Jahr am ersten
Sonntag im September ein großes und lustiges Volksfest statt, bei dem, als besondere
Attraktion, aus dem Brunnen am Rathaus Wein läuft. Schon etliche Gedichte und
Romane sind über dieses Thema geschrieben worden, von Max von Schillings sogar
eine Oper.

Stadtrundgang:

Das langgestreckte Städtchen ist vor allem an seiner wichtigsten
Straße, der Grand'Rue, aufgereiht und besitzt noch manche alter-

tümliche Häuser aus dem 15. bis 17. Jahrhundert, wie das **Pfiffer-hüs**, in dem sr. Zt. die Pfeifer bevorzugt zusammenkamen und das von ihnen mit der geschnitzten Verkündigungsszene geschmückt wurde. Am **Place de l'Hotel de Ville** (Rathausplatz) das Rathaus von 1773 mit einer kleinen Altertümersammlung, die u.a. die silbernen und feuervergoldeten „Hanaps" (Humpen) der Rappoltsteiner bewahrt. Gegenüber die turmlose Klosterkirche (Spätgotik mit barocker Innenausstattung). Inmitten des Platzes ein schöner Renaissancebrunnen.

Die Straße führt weiter durch den **Metzgerturm** (13. Jahrhundert, der obere Teil 1536 aufgesetzt), der einst zur inneren Befestigung gehörte, die die Stadt in 4 Teile teilte, was man z.T. auch noch manchen Bürgerhäusern ansieht, die oft selbst kleinen Festungen gleichen. Etwas nördlich die katholische **Pfarrkirche** (Eglise paroissiale) aus dem 13. bis 15. Jahrhundert, renoviert 1876. Beachtlich das Tympanon (Bogenfeld) über dem Portal. Die bemalte Madonnenfigur stammt aus dem 15. Jahrhundert von einem unbekannten Schnitzer.

Einen sehr schönen Gesamtblick über Stadt und Burgen hat man von der Höhe des Hotels Bellevue im Südwesten der Stadt, aber auch von der südlich verlaufenden Umgehungsstraße.

Wäre noch zu erwähnen der **Herrengarten** der Rappoltsteiner, heute Stadtgarten, und die am östlichen Stadtende in Richtung Bergheim liegende Carolaquelle (Mineralwasser).

Auskunft: Syndicat d'Initiative und Mairie (Rathaus). PLZ 68150.
Verkehr: Mit dem 6 km entfernten Bahnhof besteht Omnibusverbindung, ebenso mit Sélestat (Straßburg) und Colmar.
Veranstaltungen und Sport: Freibad. Pfeifertag am 1. Sonntag im September.
Unterkunft: Mehrere gute Hotels mit zusammen ca. 350 Betten. Campingplatz der Luxusklasse sowie Campinggelegenheit (mit sanitären Einrichtungen) an der Straße Richtung Ste-Marie-aux-Mines (letztere nur während der Ferienzeit).

Nähere Umgebung:

Ribeauvillé bietet unerschöpfliche Möglichkeiten für schöne Wanderungen in die abwechslungsreiche Umgebung und ist auch Ausgangspunkt für Fahrten in die weitere Umgebung:
1. Zur **Dusenbachkapelle** (Wallfahrtsort, 3/4 Std.). Am westlichen Stadtende rechts den Pilgerpfad (Calvaire) aufwärts.
Das wundertätige Marienbild soll von einem Rappoltsteiner von einem Kreuzzug ins Heilige Land mitgebracht worden sein. Die ursprüngliche Kapelle wurde im 30jährigen Krieg zerstört und aus den Trümmern 1894 wieder aufgebaut. Sie wird von Kapuzinern betreut.
Fortsetzung des Weges (aufwärts) zu den Châteaux ist möglich.

Château St -Ulrich

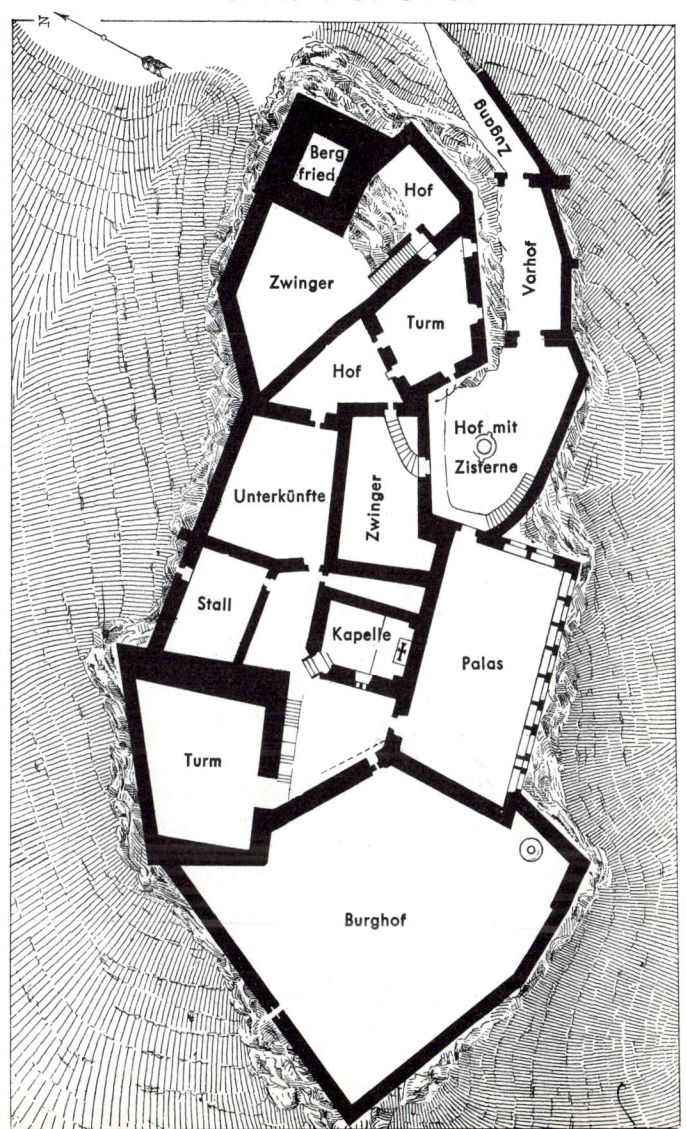

2. Zu den Rappoltsteiner Burgen (1 1/2 Std., WM rotes Rechteck).
Von der Pfarrkirche oder vom Place de la République ausgehend, durch
die Weinberge aufwärts in 1/2 Std. zur

Burgruine Girsberg (526 m),

auf einem Felsen im 12. Jahrhundert erbaut, bereits 100 Jahre später zerstört, wieder aufgebaut, dann im 16. Jahrhundert verlassen. Schöner Blick
auf

Château St-Ulrich (530 m),

das in 5 Minuten erreicht ist. Diese Burg wurde im 13. Jahrhundert z.T.
auf alten Fundamenten erbaut und im 14. Jahrhundert erweitert, aber
während des 30jährigen Krieges verlassen, weil sich die Rappoltsteiner
Grafen in den Schutz der sichereren Mauern der Stadt begaben, worauf
die Burg zerfiel. Dessen ungeachtet ist sie verhältnismäßig gut erhalten
und ist ein typisches Beispiel mittelalterlicher Ritterburgen.

Über den Treppenaufgang erreicht man einen kleine Hof (mit Zisterne), von wo
man den Palas (Grande Salle) betritt, der talwärts durch ein breites Band von 9 doppelbogigen Fenstern geöffnet ist. Daß die Burg nicht nur Festung, sondern auch luxu-
riöse Residenz war, läßt auch der hier vorhandene romanische Kamin vermuten.

Die Treppe weiter aufwärts erreicht man den alten Teil der Burg aus dem 12. Jahrhundert, eine Turmterrasse mit dem guterhaltenen viereckigen Bergfried aus rotem
Sandstein, der zu besteigen ist und ein prachtvolles Panorama zeigt. Im westlichen
Teil der Anlage die Reste eines weiteren Turmes von unregelmäßigem großen
Grundriß, der über eine Außentreppe bestiegen werden kann. Daneben, an den Palas angebaut, eine im 15. Jahrhundert errichtete und St. Ulrich geweihte Kapelle, die
der Burg den heutigen Namen gab.

Die Annalen vermelden eine mit der Burg zusammenhängende SCHAUERGE-
SCHICHTE: Eine berühmt-berüchtigte Schönheit des 15. Jahrhunderts, Kunigunde
von Giersberg, junge Gemahlin des alten Ritters von Hungerstein, die sich mit Hilfe
behexter Knechte künstlich zur Witwe gemacht hatte, wurde sr. Zt. im Turm dieser
Burg (der Graf von Rappoltstein war Landvogt und Gerichtsherr) lebenslänglich ge-
fangengehalten – allerdings mit Unterbrechung, da sie mit Hilfe betörter Wärter
zweimal entkommen konnte.

Nördlich von St-Ulrich, durch einen Bergsattel getrennt, die höhergele-
gene Burgruine

Hoh-Rappoltstein

(Haut-Ribeaupierre, 642 m), in einer weiteren halben Stunde zu erreichen. Die im 13. Jahrhundert ebenfalls auf alten Fundamenten errichtete
Burg wurde gleichfalls im 16. Jahrhundert aufgegeben und verfiel. Von
dem runden Bergfried aus, der noch verhältnismäßig gut erhalten ist, hat
man eine schöne Fernsicht z.B. zur Hohkönigsburg.

Weitere Umgebung bzw. Wanderungen:

1. Von dem Bergsattel zwischen St-Ulrich und Hohrappoltstein führt
ein Weg (WM rotes Rechteck) in 1 1/2 Std. zum Kamm des **Tännchel**
(Hochfelsen, Rammelstein, 990 m) oder nördlich abwärts nach **Tannenkirch** (1 1/4 Std.) und von dort weiter über Hotel Schänzel zur **Hohkönigsburg** (Ribeauvillé – Hohkönigsburg ca. 3 1/2 Std.).

2. **Zur Burgruine Bilstein** (757 m, unbedeutende Mauerteile auf schwer zugänglichen Felsen, aber schöne Aussicht). Am westlichen Ortsende links (Rue St-Marand) der markierte Bilsteinpfad, der in 1 Stunde zu der Ruine führt. – Von hier evtl. in weiteren 1 1/2 Std. über Forsthaus Bärenhütte und den Seelburgrücken (938 m) nach **Aubure*** (Altweier) 3 1/2 Std.

3. Nach **Kaysersberg***, siehe daselbst.

4. **Rundfahrt über Hohkönigsburg.** Hinfahrt über Tannenkirch, Rückfahrt über Rohrschwihr, insges. ca. 30 km.

5. **Kleine Rundfahrt,** strengbachaufwärts über Aubure*, **Col de Fréland** (831 m, s.S. 82), Fréland, Kaysersberg* und Riquewihr*. Ca. 50 km.

6. Große **Rundfahrt zur Vogesenkammstraße.** Durch das Strengbachtal über **Ste-Marie-aux-Mines*** ins Liepvrettetal (siehe Abschn. B 4 d) und über **Col des Bagenelles** (903 m) nach **Le Bonhomme.**

Von dort entweder heimwärts durch das Béhine- und Weißtal über **Kaysersberg*** (s.S. 82) = zusammen ca. 65 km,

oder

aufwärts zum **Col de Bonhomme***, über die Kammstraße, abwärts zum Weißen und Schwarzen See (s.S. 72/74), weiter auf der D 48 und D 11 über Pairis, **Trois-Epis*** und Ingersheim, und auf der Weinstraße zurück nach Ribeauvillé (zusammen ca. 95 km).

RIQUEWIHR

(Reichenweiher), ein reizendes Weinstädtchen von ca. 1200 Einwohnern, liegt zwischen Sélestat und Colmar unmittelbar am Fuße der Vogesenberge, am Eingang eines vom Sambach durchflossenen Waldtales und eingebettet in unabsehbare Weinberge und Weinfelder.

Mit Recht wird es oft das elsässische Rothenburg genannt, da es wie kein anderes seinen mittelalterlichen und elsässischen Charakter zu wahren wußte; dieses Schatzkästlein ist allein schon eine Reise wert!

Dabei sind diese wundervollen Häuser, die oft Daten zwischen 1500 und 1600 tragen, seinerzeit nicht etwa durch Fürsten oder Patrizier oder reiche Kaufleute errichtet worden, sondern von den einheimischen einfachen Weinbauern. – Offensichtich bekamen die Vorfahren der heutigen Weinbauern einen höheren Preis für ihre Erzeugnisse als heute; die Weine von Riquewihr zählen allerdings noch heute zu den allerbesten des Landes.

Die Stadt gehörte fast 400 Jahre bis zur französischen Revolution zum Besitztum Horbach-Reichenweiher der Herzöge von Württemberg.

Sehenswürdigkeiten:

Die Stadt mit ihren großenteils erhaltenen Mauern und Türmen aus dem 13. und 15. Jahrhundert und ihren malerischen Häusern, Höfen und Brunnen, fordert so recht zum Bummeln, Entdecken und Fotografieren heraus. Hier sollen nur folgende interessante Einzelheiten erwähnt sein:

Unweit des östlichen Stadteingangs (2 Parkplätze) links das 1539 erbaute **Schloß** der Grafen bzw. Herzöge von Württemberg-Mömpelgard; heute stark verändert und als Schulhaus verwendet. Hier befindet sich auch das Elsässische Postmuseum mit philatelistischem Schalter.

An der das Städtchen von Ost nach West durchziehenden Rue du General de Gaulle (Lange Straße) z.B. rechts die Häuser „Irion" (Nr. 6) von 1606, und „Jungselig" (1561), unweit das **Haus Liebrich** (Maison du Nid de Cigognes) aus dem Jahr 1535 mit malerischem Hof, der von geschnitzten Galerien (17. Jahrhundert) umgeben ist und einen alten Brunnen und eine mächtige Kelter birgt. Etwas westwärts (Nr. 56) das **Maison Preiss-Zimmer** aus dem Jahr 1686, ehedem Gasthaus zum Stern, ein reichverzierter Fachwerkbau mit schönem Hof. Am westlichen Ende der Straße der **Dolder,** ein im Jahr 1291 errichteter Torturm, verstärkt im 15. und 16. Jahrhundert. Er birgt u.a. ein kleines Heimatmuseum. Daneben ein hübscher Brunnen (Sinnbrunnen) aus dem 17. Jahrhundert, die Nachbildung eines älteren aus dem 15. Jahrhundert. Daneben das breite Obertor. An der NW-Ecke der Stadt der **Diebsturm** mit Folterkammer und Verlies. Man gelangt dorthin durch die interessante Judengasse, die zusammen mit dem Cour des Juifs ehemals das Ghetto darstellte. Südlich des Dolder die Hirschgasse (Rue St-Nicolas) mit dem **Haus Kiener** (Nr. 2) aus dem Jahr 1574 mit interessantem Hof, Kelter, Wendeltreppe und altem Brunnen. Gegenüber das ehemalige Gasthaus zum Hirsch von 1566.

Im nördlichen Mittelteil um den **Place des Trois-Eglises** zunächst an der Nordseite die alte Eglise St-Erard. Rechts daneben Notre-Dame, beide zu Wohnzwecken umgebaut. Am Südrand des Platzes die neue protestantische Kirche, die 1846 an der Stelle

---

RIQUEWIHR gilt als das „Elsässische Rothenburg".

182

einer alten abgebrochenen Kirche (Ste-Marguerite) errichtet wurde. (Es waren dies die „Drei Kirchen auf einem Kirchhof" die ein altes, von Merian aufgezeichnetes Sprichwort zitiert.) An der Nordfront der Kirche befindet sich eine kleine Lapidariensammlung, darunter ein „Altar der Vernunft" aus der Revolutionszeit.

In der Kronengasse (Rue de la Couronne) das Haus Dissler, ein Renaissancebau von 1610 mit schönem Volutengiebel und Loggia.

Auskunft: Syndicat d'Initiative, an der Hauptstraße (Mitte), PLZ 68340.

Unterkunft in 4 Hotels und in Privathäusern mit insgesamt ca. 300 Betten. Campingplatz.

Verkehr: Bahnstation ist Ostheim. Busverbindungen in Richtung Sélestat und Colmar.

Wanderungen:

1. Zur **Ruine Reichenstein** im hinteren Sambachtal (1/2 Std.). Als ehemalige Raubritterburg wurde sie um 1270 von dem in solchen Dingen konsequenten Kaiser Rudolf von Habsburg zerstört.

2. Auf dem hangaufwärts verlaufenden Weg über Bärenhütte und die **Ruine Bilstein** ins Strengbachtal, und über **Ribeauvillé*** – Hunawihr zurück (3 1/2 Std.).

3. Nach dem Dorf **Beblenheim,** das auf einem Hügel (genannt Eclat du Soleil = Sonnenglanz) über dem Sambach gelegen ist und hübsche spätgotische Häuser besitzt (3/4 Std.).

4. Nach **Kaysersberg*** über die bewaldete Haute (Höhe) Schwertz (666 m, 2 Std.) oder entlang der Weinberge über Kientzheim.

ROSHEIM

ein langgestrecktes Städtchen von ca. 4000 Einwohnern, gelegen ca. 30 km westlich von Straßburg, war einst eine der 10 freien Reichsstädte, die im elsässischen Zehnstädtebund zusammengeschlossen waren. Man betritt das Städtchen durch das mit nadelspitzem Dach gekrönte Löwentor. Unweit rechts die **St. Peter- und Paul-Kirche,** ein interessanter romanischer Bau aus der Hohenstaufenzeit (um 1150), mit seltsamen, z.T. bestialischen

RIQUEWIHR.
Der aus dem 13. Jahrhundert stammende Torturm Dolder.

Skulpturen. Mit solchen Darstellungen, die man aus jener Zeit immer wieder antrifft, sollten wohl die menschlichen Leidenschaften, ihre Kämpfe und ihre Strafen dargestellt werden. Der Vierungsturm wurde in späterer gotischer Zeit um ein Stockwerk erhöht, wodurch die Einheit des Bauwerks leidet. Als einziger Heiliger entging St. Peter hoch oben im Giebelfeld der Westfassade dem Bildersturm der Revolution, da die vorhandenen Leitern zu kurz waren. In dem lastend schweren Innenraum beschränkt sich der Schmuck auf die Kapitäle der 4 Hauptsäulen. Diese sind mit wechselnden Motiven verziert. Z.B. trägt das nordöstliche Pfeilerkapitäl einen Rundstab aus Menschengesichtern, von denen keines dem andern gleicht.

Nach dem Rathaustor (daneben Renaissancebrunnen) passiert man rechts (zwischen Nr. 23 und 25) das **Heidenhaus,** das einzige im Elsaß erhalten gebliebene romanische Wohnhaus.

Auskunft: Syndicat d'Initiative, PLZ 67560.
Unterkunft in kleinem Hotel und in Privatzimmern mit ca. 50 Betten.

Umgebung: *Rosenwiller* (2 km nordwestlich) mit gotischer Kirche (ehemalige Wallfahrtskirche) aus dem 14. Jahrhundert mit Fresken und Glasmalereien aus derselben Zeit. Am südlichen Ortsausgang alter jüdischer Friedhof.

Wanderungen:

1. Ausflug nach **Mutzig** im Breuschtal, über Rosenwiller und Dreispitz (Katzenberg). WM rotes Schrägkreuz – 1 1/2 Std.

2. Wanderung zur **Ruine Guirbaden** über Rosenwiller und Mollkirch (WM gelbes Kreuz – 2 Std.). Siehe auch S. 92.

3. Ausflug nach **Obernai** über den Aussichtspunkt Kilbs (WM blauer Punkt und gelbes Dreieck – 1 1/2 Std.).

ROUFFACH

ist ein ansehnliches Bauern- und Winzerstädtchen von 5000 Einwohnern, 15 km südlich von Colmar, an der Weinstraße, mit alter Geschichte, die auf die Römer (Rubeacum) zurückreicht. Das Stadtbild ist durch mancherlei schöne und ehrwürdige öffentliche und private Gebäude gekennzeichnet.

Ein großer Sohn der Stadt war der napoleonische Marschall Lefèbvre (1755–1820, Eroberer und Herzog von Danzig), dessen Andenken in der Stadt bewahrt wird.

Hingewiesen wird auf folgende
Sehenswürdigkeiten:

Die Stadtkirche

St-Arbogast

(Notre-Dame de l'Assomption, Liebfrauenkirche) steht an der
Nordseite des ungewöhnlich geräumigen Marktplatzes, der als
schönster Platz des Elsaß gerühmt wird. Sie wurde im 12./13.
Jahrhundert im romanisch-gotischen Übergangsstil erbaut und im
14. Jahrhundert gotisch vollendet.

Die ältesten Teile sind das Querhaus, dessen nördlicher Flügel
noch romanische Fenster aufweist, und die beiden östlichen Dop-
peljoche des Mittelschiffs und der Seitenschiffe. Von den Türmen
kam nur der achteckige Vierungsturm zur Ausführung, während
die beiden verschieden hohen Portalturmtorsi den Eindruck von
„im Bau befindlich" machen. Die schön angelegte Hauptportal-
front könnte fast die kleinere Schwester des Straßburger Münster-
portals sein, doch wurde sie in der französischen Revolution sämt-
licher Skulpturen beraubt. Schönes viereckig umrahmtes Radfenster; darüber der Giebel, der statt der gewohnten Kreuzblumen
mit phantastischen Menschen- und Tiergestalten besetzt ist.

Der Innenraum ist, mit Ausnahme des romanisch betonten
Querbaus, im wesentlichen gotisch; zwischen den hohen Bündelpfeilern jeweils runde und schwächere Arkadenpfeiler, wie man es
am Oberrhein immer wieder antrifft. Im südlichen Querhausflügel
ein gutgearbeiteter gotischer Taufstein des ausgehenden 15. Jahrhunderts mit übergreifendem Stabwerk und gewundenen Füßen.
Von dem ehemals vorhandenen steinernen Lettner (Chorempore)
sind noch die beiderseitigen Aufgänge vorhanden. Im Chor ein
gotisches Sakramentshäuschen (Marienleuchte) aus dem 15. Jahrhundert. Seltsame Tier- und Menschenfiguren an den Konsolen
von vier Säulenbündeln.

Die Rufacher Frauen haben ein besonderes Privileg: Sie dürfen in der
Kirche auf der rechten, d.h., der Männerseite sitzen, weil sie sich im „Rufacher Weiberkrieg" 1105 so mannhaft aufgeführt und dem Kaiser Heinrich, der eine Schöne der Stadt auf das Schloß verschleppen lassen wollte,
so vehement aus der Stadt verjagten, daß er unterwegs sogar Krone und
Zepter verloren haben soll. Der Jahreszahl nach handelt es sich um den
mit dem päpstlichen Bannfluch belegten Heinrich IV. (Canossa), der im
Jahr 1105 bis zu seinem am 7. August 1106 erfolgten Tode von seinem
der päpstlichen Partei angehörenden Sohn, dem späteren Heinrich V. in
Köln belagert und somit für das ihm unterstellte Intermezzo „unabkömm-
lich" war. Herkunft und Zweck dieser Sage, von einem späteren Chroni-
sten detailliert niedergeschrieben und allenthalben als geschichtliche Tat-

sache hingenommen und weiterverbreitet, kann wohl nicht zweifelhaft sein.

Auf der anderen Seite des Marktplatzes (Place de la République) der zweigiebelige Renaissancebau des **Alten Rathaus.** Daneben das ehemalige **Kornhaus** aus dem 15./16. Jahrhundert, mit doppelläufiger Freitreppe. Im Hintergrund der romanische **Hexenturm** aus dem 13. bzw. 15. Jahrhundert, mit einem Umgang, und gekrönt von einem Storchennest.

Direkt an der mitten durch die Stadt führenden Nationalstraße liegt, mit dem Chor zur Straße, die zu einem ehemaligen Kloster gehörige **Franziskanerkirche** (Ste-Catherine), ein gotisches Baudenkmal des 14./15. Jahrhunderts mit dreischiffigem Langhaus und, als Besonderheit, einer Außenkanzel (die Franziskaner waren ausgesprochene Volksprediger). Im Innern des nicht mehr kirchlichen Zwecken dienenden Bauwerks gibt es zahlreiche schöne Grabplatten, darunter auch von Angehörigen des hier seßhaft gewesenen Deutschritterordens.

Nördlich über der Stadt das **Château d'Issembourg,** mit gleichnamigem Luxushotel, ein 1880 errichteter Privatbesitz, der auf den Grundmauern einer der ältesten Burgen des Landes ruht und auf eine Merowingerpfalz zurückgeht.

Unterkunft: Etliche Hotels und Privatzimmer mit zusammen ca. 200 Betten. Campingplatz.

Auskunft: Mairie (Stadtverwaltung), PLZ 68350.

Sport und Unterhaltung: Modernes Freibad, Sportgelände, Angeln. Kilbe-Feste am zweiten und dritten Sonntag des August und am Tag nach Mariä Himmelfahrt.

Verkehr: Bahnstation. Busverbindungen in Richtung Guebwiller-Mülhausen und nach Colmar.

Wanderungen:

1. Zu **Notre-Dame du Schauenberg** (WM roter Punkt) westlich über Chapelle d'Oehlberg, entlang des Gebirgshanges über Teufelstein zur Wallfahrtskapelle (siehe S. 62). Zurück abwärts über Pfaffenheim und durch die Weinberge (zusammen ca. 4 Std.).

2. Nach **Soultzmatt** (s.S. 63) ebenfalls über Chapelle d'Oehlberg, aber bei dem folgenden Kreuzweg geradeaus aufwärts zum Zinnköpfle (481 m) und dann abwärts (WM weißer Balken) durch die Weinberge. Zurück über Westhalten (zusammen ca. 4 Std.).

3. Nach **Orschwihr** (s.S. 63, WM roter Punkt, 2 Std.). Überqueren des Ohmbachtals mit WM weißer Balken, über den Bollenberg (363 m, Restaurant und Hotel).

SAINTE-MARIE-AUX-MINES

(Markirch = Mariakirch, 8000 Einwohner), ist der Hauptort des waldbesäumten, aber auch gewerbefleißigen Liepvretales. Markirch selbst hat vor allem Textilindustrie, die als Spezialität feine Schottenstoffe herstellt. Auch Hausweberei ist noch verbreitet.

Im Mittelalter bedeutende Kupfer-, Blei- und Silberminen. Der Ortsteil rechts des Flusses gehörte den deutschsprechenden Grafen von Rappoltstein und war später evangelisch, während die linke Seite den „welschen" Herzögen von Lothringen gehörte und katholisch war. Es ist erstaunlich, wie hartnäckig (aber als selbstverständlich betrachtet) sich diese Duplizität in Konfession und Sprache in der Stadt erhalten hat.

Wegen seiner reizvollen Lage ist das Städtchen ein gern besuchter Ferienaufenthalt und Touristenstandort.

Entsprechend der Bergwerksvergangenheit der Stadt gibt es ein „Musée Minéralogique Minier". Ein stillgelegtes Silberbergwerk kann besichtigt werden.

Umgebung:

Der Vorort **Echery** (Eckrich, entstanden aus „Curiam de Archiriaco"), 2 km südwestlich des Stadtzentrums. Hier wurde im 8. Jahrhundert eine Benediktinerabtei gegründet, von der noch die Kirche **St. Pierre-sur-l'Hâte,** oberhalb des Dörfchens, mit seinem schlichten Zeltdachturm (13. Jahrhundert) erhalten ist.

Eine Filiale des Klosters, Alt-Eckrich genannt, befand sich flußabwärts an der Stelle des heutigen St-Blaise, Vorort von Ste-Croix. Hieraus wird verständlich, wieso die im jenseitigen Nebental (Petit Rombach) gestandene Burg (→ S. 85) Hoheneckrich hieß.

Wanderungen:

1. Auf den **Brézouard** (Birschberg, siehe bei Aubure*) über Echery und durch das mit vielen alten Minen besäumte Rauental (2 1/2 Std. ab Echery).

2. Östlich der Stadt die Ausflugsstätte **Petit Haut** (Kleinhöhe).

3. Zum **Col de Ste-Marie** (762 m, Hotel) auf mäßig steigender Straße von 5 km, oder auf Waldweg in ca. 1 1/4 Std.

4. Zum **Col des Bagenelles** (903 m, 3 Std.) über den Col de Ste-Marie (Ziff. 4). Dann Kammwanderung in südlicher Richtung entlang ehemaliger Stellungen des 1. Weltkriegs über den Bernhardstein, Chalet Côte d'Echery (750 m) und Tête du Violu (Chipianerkopf, 993 m).

Auskunft: durch Syndicat d'Initiative, Place Keufer, PLZ 68160.

Unterkunft: Etliche Hotels, vor allem auch in den Außenbezirken, sowie Pensionen und Privatzimmer.

Chalets und Refuges (Berghütten) in der Umgebung:

a. Col des Bagenelles (905 m), 29 Betten, kleine Mahlzeiten oder Selbstverpflegung. Gehört dem Club Vosgien. Auskunft Monsieur Jean Grimm, Président, Ste-Marie, 166 Rue Clemenceau.

b. Haycot (1110 m), 80 Betten, Essen wie oben. Gehört den Amis de la natur (Naturfreundehaus). Auskunft: Monsieur Louis Marchal, Président, Ste-Marie, Rue du Gal. Bourgeois.

c. Côte d'Echery (750 m, oberhalb des Col Ste-Marie), 32 Betten, Essen wie oben. Gehört der Union Sportive. Auskunft: Monsieur Lucien Wisse, Ste-Marie, Route du Stade.

Veranstaltungen und Sport: Angeln, kleines Hallenbad, Wintersport, Theater, Freilichttheater, Konzerte, Museum, Kinos. Am ersten Junisonntag der „Carneval des Paysans'', ein Volksfest mit Umzug von zehntausenden Teilnehmern.

Verkehr: Bahnstation, Busverbindung mit Sélestat und Colmar.

SAVERNE

(Zabern, 11000 Einwohner) ist eine schöne und interessante Kleinstadt mit reicher geschichtlicher Vergangenheit und reizvoller Lage am Fuße der Vogesen, die hier durch die sogenannte Bucht von Zabern auf knapp 10 km zusammengeschnürt werden und hier im Tal der Zorn sogar die Durchquerung durch einen Kanal (Marne-Rhein) und eine Eisenbahnlinie nach Saarburg erlauben.

Die Stadt ist ein beliebter Ferienort und Standort für Wanderungen.

Geschichte: Bereits zu Zeiten der Römer bestand hier unter dem Namen „Tres Tabernae'' (Drei Schenken) eine kleine Siedlung (Rastplatz) an der Straße von Gallien nach Straßburg, was durch zahlreiche Funde belegt ist. Sie wurde um 357 bei dem Alemanneneinfall zerstört, aber von dem über diese siegreichen Kaiser Julian sofort wieder aufgebaut.

Unter der Frankenherrschaft gehörte Zabern dem Kloster Maursmünster (Marmoutier), das zuerst zum Bistum Metz, seit der Stauferzeit aber zum Machtbereich der Fürstbischöfe von Straßburg zählte.

Die Stadt war der Überlieferung nach mit einer Mauer mit 52 Türmen und dazwischen je 7 Schießscharten besetzt, also buchstäblich „nach dem Kalender'- erbaut. Im Bauernkrieg 1525 bargen sich in ihren Mauern ca. 20000 aufständische Bauern vor den Söldnern des Herzogs Anton von Lothringen. Bei ihrem zugebilligten waffenlosen „freien Abzug'' wurden sie fast restlos niedergemacht. Im 30jährigen Krieg wurde die Stadt trotz mehrmaliger erfolgreicher Verteidigungen doch noch niedergebrannt und 100 Jahre später von den habsburgischen Panduren und Kroaten geplündert.

Aus der Zeit der deutschen Herrschaft erinnert man sich an die sogenannte Zabernaffäre (1913), die als Gastspiel preußischen Kasernenhofgeistes begann, mit dem sich die Zaberner Bevölkerung nicht befreunden wollte, und die ein peinliches

Nachspiel im deutschen Reichstag und umfangreiche Versetzungen und sogar den Rücktritt der damaligen Reichslandregierung zur Folge hatte.

Die Stadt:

Hauptverkehrsader und Geschäftsstraße ist die Grand'Rue, die die Stadt von SO nach NW durchzieht. An ihr liegt in erhöhter Position, aber nicht orientiert, die spätgotische

Pfarrkirche

(Eglise Paroissiale) aus dem 14. und 15. Jahrhundert, mit spätromanischem Turm (der von einer früheren abgegangenen Kirche stammt) und spätgotischem Langhaus mit Netzgewölbe. Jüngster Bauteil ist das Seitenschiff. Schöne Kanzel von Hans Hammerer aus dem Jahr 1497 mit Monogramm. Sie ist etwas einfacher ornamentiert, als die von demselben Meister stammende Kanzel im Straßburger Münster. An der rechten Innenwand ein aus Italien stammendes marmornes Pietarelief aus dem 16. Jahrhundert, später mit einer Renaissanceumrahmung versehen. Im Chor 4 Tafelbilder, die Hans Wohlgemuth (15. Jahrhundert) zugeschrieben werden, sowie Grabmäler von Bischöfen des 15. und 16. Jahrhunderts.

Unweit unterhalb der Pfarrkirche steht das wundervolle, in klassizistischem Stil gehaltene

Rohan-Schloß,

ganz in rotem Sandstein ausgeführt. Es wurde 1780/89 von dem luxusliebenden Kardinal Louis de Rohan (dem „Cardinal Collier") erstellt, an der Stelle eines 1779 durch Brand zerstörten Fürstenbergschlosses, das von Goethe, kurz vor dem Brand im Jahr 1770 noch besucht worden war und in seiner Lebensbeschreibung bewundernd erwähnt ist. Das Schloß war der Hauptsitz der Kardinalbischöfe von Straßburg.

Hier spielte sich im Jahr 1785 die berüchtigte Halsbandaffäre ab, bei der die leichtlebige und offensichtlich auch etwas naive Kardinal Louis dem internationalen Schwindler und Abenteurer Cagliostro auf den Leim gegangen war. Dem Kardinal wurde die Gunst und Liebe der Königin Marie-Antoinette für ein Diamantenhalsband (Collier de brillantes) in Aussicht gestellt. Das Halsband, das 1 1/2 Millionen gekostet hatte, wurde dem Betrüger ausgehändigt und dem Kardinal die „Königin", ein verkleidetes Straßenmädchen zugeführt. Die Sache kam an die Öffentlichkeit, als die zur Bezahlung des Halsbandes ausgestellten Wechsel von dem in Geldnot befindlichen Kardinal nicht eingelöst werden konnten. Die Schuldigen wurden bestraft, aber der Skandal belastete vor allem das Königshaus, das an der Sache tatsächlich unbeteiligt war.

In der französischen Revolution wurde das Schloß stark beschädigt. Sein Erbauer und Hausherr, der „Cardinal Collier", ließ es im Stich und floh auf seine Besitzungen in Ettenheim (Baden), wo er noch bis 1803 lebte. Das Schloß wurde erst viel später von Kaiser Napoleon III. repariert und fertiggestellt und diente als Alterssitz für die Witwen verdienter Offiziere.

Während der deutschen Reichslandzeit (ab 1807) war es Kaserne, heute birgt es ein geräumiges **Museum.**

Hinter dem Schloß befindet sich ein großer **Park,** der auf zwei Seiten vom Marne-Rhein-Kanal eingesäumt ist, der sich auf der Nordostseite seeartig erweitert. Von der Parkseite aus hat man den schönsten Blick auf das Schloß, denn die **Gartenfront** mit ihren zahlreichen gerieften Pilastern und dem von 8 korinthischen Säulen getragenen Peristyl ist die Hauptfront.

Weitere interessante Baudenkmale sind u.a. 2 sehr schöne alte Privathäuser rechts und links des Rathauses, beide aus dem 17. Jahrhundert. Dicht dabei die **Rekollektenkirche,** die im 14. Jahrhundert erbaut und im 15. den Franziskanern der strikten Observanz (Rekollekten) zugewiesen wurde. Von künstlerischem Interesse ist ein Basrelief Mater-Dolorosa aus dem Jahr 1617. An der Nordseite befindet sich ein verhältnismäßig guterhaltener Kreuzgang aus dem 14./15. Jahrhundert.

Unweit der Zornbrücke liegt die **Roseraie,** in der an die 1200 Rosensorten kultiviert werden.

Auskunft: Syndicat d'Initiative, Mairie, Grand'Rue, PLZ 67700.

Unterkunft: Viele Hotels, auch in den Außenbezirken wie Col de Saverne, Zorntal, Hohbarr usw., Privatzimmer, Jugendherbergen, Campingplatz.

Sport und Unterhaltung: Freibad, Tennis, Angeln. Den Sommer über das Freilichtspiel „Son et Lumière (Klang und Licht), das künstlerisch gestaltete Epos der Stadt- und Landesgeschichte, vor dem phantastischen Hintergrund des Rohan'schen Parkes. Museum für regionale Altertümer im Südflügel des Schlosses: Vorgeschichtliche und römische Lapidarien, Plastik des 12. bis 17. Jahrhunderts, Trachtenmalerei, Kunstgewerbe.

Wanderungen:

1. Zum **Botanischen Garten** und zum **Karlssprung** (Saut du Prince Charles). 2 1/2 km auf der Straße N 4 Richtung Sarrebourg aufwärts. Dort Parkplatz bei der großen Pappel und Wegweiser (kleiner Fußmarsch). – Vom Eingang des Botanischen Gartens aus geht es halblinks zu dem Felsen, von dem der Sage nach ein lothringischer Herzog im Eifer der Jagd mit seinem Pferd herabgesprungen sein soll. Unterhalb des Felsens bei einer Höhle befindet sich eine Inschrift aus dem Jahr 1524, die auf den Bau der alten Steige Bezug hat.

Zu Fuß erreicht man den Felsen über die Villa About in 3/4 Std.

2. Die Burgruine **Hohbarr** (Haut-Barr, ehedem Borra geheißen) steht auf dem vorderen Balkon eines langen und schmalen Bergrückens, der durch das Tal der Zorn und des Baerenbachs von den westlichen Bergen abgeschnitten ist. Sie beherrscht in ihrer exponierten Lage einen großen Teil des Unterelsaß.

Die Burg wurde im 10. und 11. Jahrhundert errichtet und bald zu einem bischöflichen Schloß erweitert, in das die Straßburger Bischöfe im 13. und 14. Jahrhundert häufig ihre Residenz verlegten. Im 16. Jahrhundert wurde Hohbarr von dem Straßburger Bischof Johann von Manderscheidt (aus der Eifel stammend) erneut erweitert und verstärkt; „den Untertanen zum Schutz, niemandem zu Trutz", wie die lateinische Inschrift über dem Tor besagt. Im Verlauf des 30jährigen Krieges und einer Bestimmung des Friedensvertrages zufolge wurde das Schloß zerstört.

Der älteste Teil der Burg lag auf 3 Sandsteinfelsen, die noch die Reste des großen fünfeckigen Turmes tragen. Von hier enorme Aussicht, bei der der gewaltige Bergkeil wie ein nach Norden steuerndes Schiff erscheint. Man versteht aus dieser Warte ganz besonders, daß auf dem Konzil zu Konstanz (1414) für die Burg der Begriff: „Auge des Elsaß" und für die Stadt Zabern: „Schlüssel des Landes" geprägt wurde. Auch der Name der „zum Greifen nahen" , jenseits des Zorntales 100 m tiefer gelegenen Burg Greifenstein ist von diesem Standpunkt aus fast wörtlich zu verstehen!

Der untere Bereich der Burg stammt im wesentlichen aus der letzten Erweiterung unter Bischof Johannes. Im Burghof die aus dem 12. Jahrhundert stammende romanische renovierte Kapelle und ein Gasthaus.

Die Burg ist mit dem Wagen auf guter Straße (5 km) erreichbar. Parkplatz bei der Burg. Wanderwege siehe bei Ziff. 6.

3. Die **Burg Groß-Geroldseck**, in etwa 480 m Höhe und ca. 1/4 Std. südlich von Hohbarr gelegen, wurde vermutlich im 11. Jahrhundert erbaut und diente vor allem dem Schutz des unterhalb in der Ebene gelegenen Klosters Maursmünster (Marmoutier*).

Nach dem Aussterben der Lehensmänner, die sich nach der Burg benannten (mit dem Zusatz „am Wasichen", zur Unterscheidung von den Geroldseckern im Badischen), wurde die Burg als Raubnest eingenommen und 1477 und 1486 zerstört. Um 1660 war sie im Besitz des Fürsten von Fürstenberg.

Die Burg steht auf einem rechteckigen Felsenvorsprung und hatte eine doppelte Umwallung und einen viereckigen Bergfried mit 2 1/2 m Mauerstärke. Die Zerstörung der Burg hatte er zwar überlebt, aber im Jahr 1718 spaltete ihm ein Blitzstrahl seine westliche Seitenwand weg, wie dies schneller und sauberer kein Belagerer hätte tun können.

Groß-Geroldseck spielt in der Sage eine gewisse Kyffhäuserrolle: Hier seien vier Germanenhelden, im Tode vereint: Siegfried, Hermann der Cherusker, der Suebenherzog Ariovist und der Sachsenherzog Widukind.

Ein Fahrweg führt unterhalb der Burg vorbei. Wanderweg siehe Ziff. 6.

4. Die **Ruine Klein-Geroldseck** liegt wenig südlich der Burg Groß-Geroldseck in 470 m Höhe. Sie wurde erst im 14. Jahrhundert vom (Konkurrenz-)Bischof von Metz als Absicherung von Großgeroldseck errichtet, auf einem Platz, der früher vielleicht eine vorgeschichtliche Fliehburg mit Ringwällen gewesen war. Dann kam sie in den Besitz der Herren von Geroldseck und teilte in der Folge das Schicksal deren Hauptburg. (Siehe auch Ziff. 6, Fahrweg s. Ziff. 2).

5. Die **Burgruine Ochsenstein** liegt an der südlichen Wurzel des oben-genannten Bergrückens, oberhalb von Reinhardsmünster in 584 m Höhe, und zwar auf 3 steilen und bis 40 m hohen Sandsteinfelsen. Die deswegen dreiteilige Anlage war durch Stege verbunden. Die Felsen sind praktisch nur über Leitern zu besteigen und bieten eine prächtige Aussicht. – In der Nähe wird eine bronzezeitliche Siedlung bzw. Fliehburg vermutet.

Die Burg ist seit dem 12. Jahrhundert nachgewiesen und wurde bereits im 13. Jahr-hundert durch den Unterlandvogt zerstört. Nach dem Aussterben der Ochsensteiner ging sie an das Geschlecht Zweibrücken-Bitsch, die sie um 1550 wieder aufbauten, worauf sie 1632 von den Schweden zerstört wurde.

(Siehe auch Nr. 6. Je ein Fahrweg (Forstweg) führt aus Zabern [Höhen-weg] und aus Reinhardsmünster in die Nähe der Burg.)

6. **Höhenwanderung** zu den südlichen Burgen (4–5 Std. roter Balken). Am Südufer des Kanals entlang und oberhalb der Straße aufwärts über den „Kiel" des Berges zur **Ruine Hohbarr** (1 Std., siehe Ziff. 2). Von hier in Kammnähe entlang, in geringer Entfernung nacheinander die Ruinen **Groß-Geroldseck** und **Klein-Geroldseck** (siehe Ziff. 3 und 4). Wenig süd-lich der Ruinen ein Kreuzweg am „Hexentisch". Von da entweder halb-rechts auf den **Brotschberg** (531 m, 18 m hoher Aussichtsturm, Brotsch-grotte, Weg nach Stambach rot-weiß-rot),

o d e r links an diesem Berg entlang (parallel zum Fahrweg) zum Forst-haus **Schäferplatz** (382 m, 2 Std.).

Rückweg entlang der Westseite des Brotschberg (WM blaues Kreuz) direkt nach **Stambach** im Zorntal (2 3/4 Std.),

o d e r weiter südwärts rechts neben dem Fahrweg zur Straßengabel (Reinhardsmünster), und von da in 10 Minuten zu den beiden Forsthäu-sern **Haberacker** (485 m, 2 3/4 Std.).

Rückweg (WM blauer Balken) über die **Burgruine Ochsenstein** (584 m, siehe Ziff. 5), und abwärts entlang des Kammes über Krappenfels (532 m) und Druidenstein, dann durch das Langenbach- und das Baerenbachtal abwärts nach **Stambach** (4 1/4 Std.). Von Stambach nach Zabern sind es, Bahn oder Straße, 5 km. Wanderweg siehe Ziff. 8.

7. Nach **Dabo** (Dagsbourg*, 5 Std.). Auf dem Höhenweg über Hohbarr usw. (siehe Ziff. 6) bis Forsthaus **Haberacker** (2 3/4 Std.). Dann mit WM blauer Balken links hoch auf den **Geisfels** und dessen „Geisfelswasen" ge-nanntem Rücken entlang (oder bequemer mit WM roter Balken westlich daran vorbei) zur Hart (3 1/2 Std.). Abwärts ins obere Baerenbachtal und aufwärts nach **La Hoube** (Frauenkloster, 4 Std.). Nochmals quer durch ein Tälchen (Haselbourger Baerenbach) und aufwärts zu dem schon seit etlicher Zeit sichtbar gewesenen Schloßberg von Dabo.

Rückweg evtl. auf dem Kammweg rot-weiß-rot über den Mühlberg, Kuh-bergkopf, Dischelkopf, Diebsberg und den hochgelegenen Weiler Hulte-house, und über die Burgruine Lützelburg (siehe Ziff. 8) abwärts ins Dorf **Lützelbourg** (3 Std., Bahnstation, 10 km nach Zabern),

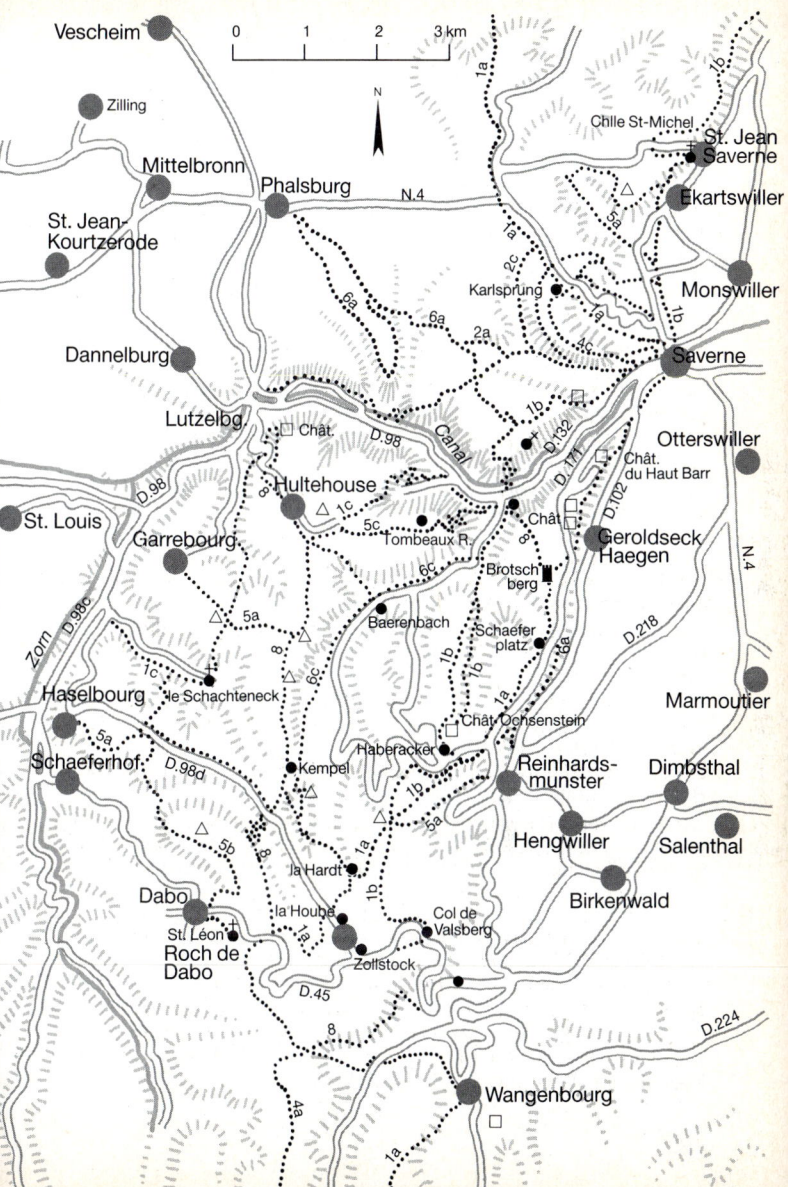

o d e r, ebenfalls über den Kuhbergkopf, aber bei dem im Sattel gelegenen Forsthaus Kempel rechts abwärts (WM gelbes Schrägkreuz) durchs (Stambacher) Baerenbachtal nach **Stambach** (3 Std., Bahnstation, 5 km nach Zabern).

8. **Rundfahrt** (ca. 50 km) über **Lützelbourg** (10 km), **Dabo** (23 km) und **Obersteigen** (34 km). Entlang der Nordseite des Kanals durch den Engpaß Zaberner Senke, durch die sich Fluß, Kanal, Bahn und Straße zwängen. Rechts oben die Burgruine Greifenstein, links die Ruine Hohbarr. Vorbei an der Greifensteiner Mühle (Moulin du Griffon, Gasthaus und Hotel) und über den Kanal (Schleuse) nach

Stambach (5 km, 2 Hotels). Wanderungen zur Ruine Greifenstein bzw. über die Ruine Greifenstein nach Zabern (2 Std.), zum Ochsenstein durchs Baerenthal nach Dabo usw., siehe bei Ziff. 9, 6 u. 7.

Dann erreicht man das in einer Verbreiterung des Zorntales gelegene Dorf

Lützelbourg, eine beliebte Sommerfrische mit 800 Einwohnern.

Wanderungen: Zu der auf einer Bergnase 80 m über dem Ort gelegenen **Burgruine Lützelburg.** Diese Burg gehörte zuletzt dem „letzten Ritter" Franz von Sickingen, und wurde anläßlich dem Kesseltreiben gegen diesen im Jahr 1523 zerstört. Schöne Aussicht. Weiterhin: Fußwanderungen nach Dabo (siehe Ziff. 7) oder auf den nördlich über dem Tal gelegenen Krappenfels.

Ab Lützelbourg im Kanal viele Schleusen, durch die der Höhenunterschied zwischen der lothringischen und der elsässischen Ebene von ca. 90 m ausgeglichen wird. Bei Arzwiller 2 1/2 km langer Kanal- und Eisenbahntunnel.

2 km hinter Lützelbourg und kurz nach dem Eisenbahnviadukt verläßt der Kanal beim Henningerhof die Landstraße und den Zornfluß, die nun in einem stillen und mühlenbesetzten Wiesental verlaufen. Bei dem malerisch links oben auf einem Bergvorsprung gelegenen Dorf Haselbourg wird die Durchgangsstraße D 45 (Sarrebourg – Wasselonne) erreicht, die links über Schäferhof am Fuße des Grand Ballerstein entlang über dem Baerenbachtal aufwärts nach **Dabo*** führt; das romantisch in einem Bergsattel am Fuße des 180 m hohen Schloßberg gelegen ist.

Die Waldstraße führt stetig bergauf, wobei nach 2 km rechts die Auffahrt zum Schloßberg (Dagsburgkapelle) abzweigt (empfehlenswert). Sie umkurvt, ohne auch nur eine Himmelsrichtung auszulassen, das hier sehr aufgespaltene Tal des (Haselbourger) Baerenbachs. Links auf der Bergzunge der zu Dabo gehörige Weiler **La Hoube** (600 m) mit dem kurz vor dem letzten Krieg gegründeten Frauenkloster. Diese Waldlichtung war ehedem eine der „Kunegeshuben" (Hof mit 60 Äckern), der dem Kloster Obersteigen (siehe unten) im 13. Jahrhundert dotiert worden war. Beim Hotel-Restaurant Zollstock zweigt die Straße dorthin ab. Von hier noch 2 km aufwärts mit schönen Aus- und Rückblicken, zum **Col de Valsberg** (652 m, Relaisstation) auf dem Kamm der Mittleren Vogesen, der hier ehedem die Grenze zwischen Elsaß und Lothringen bildete. Dann abwärts, mit ebenfalls wundervollen Ausblicken, nun nach der entgegengesetzten Seite, nach dem in einer Waldlichtung gelegenen

Obersteigen (470 m), Holzhauersiedlung und Luftkurort (Hotels und Privatzimmer).

Schöne kleine KIRCHE im Übergangsstil des 13. Jahrhunderts, von einem ehemaligen Augustinerstift herrührend, das sich nach wechselvollem Schicksal schließlich auflöste und 1739 zu einer Pfarrei wurde. Die einschiffige Kirche ist eine der hübschesten Bauten ihrer Stilepoche im Elsaß. An den romanischen Rundbogenöffnungen kündigt sich die Gotik durch schlanke, durch Ringe halbierte Säulen mit zierlichen Laubkapitellen an. Neben dem Altar eine Piscina. An der (deswegen unverstrebten) Nordwand waren ehemals die Klostergebäude angebaut.

Ausblick ins Tal von Wangenbourg* mit seinen weiterverstreuten Wohnplätzen.

Von Obersteigen aus wenig abwärts; dann bei der nächsten Straßenkreuzung **links** und in Windungen am Osthang der Vogesen entlang, bergab nach

Reinhardsmünster. Hier beginnt eine Steige sowie ein steiler Fußweg aufwärts zum Forsthaus Haberacker. Weiter den Hang entlang nach **St-Gall.** Hier entweder rechts abwärts über Schwebwiller und **Otterswiller,** o d e r auf schmalem Weg, auf der Höhe des Hangs bleibend, nach

Haegen, das am Fuß der Burgen Geroldseck liegt. Fußwege dorthin sowie zum Hexentisch und Brotschberg und zum Forsthaus Schäferplatz (siehe Ziff. 6). In Haegen steht seit alter Zeit ein fünfstöckiger romanischer Turm, vermutlich aus dem 12./13. Jahrhundert, mit eingemauertem Relief.

Und weiter den Hang entlang zurück nach Zabern.

9. Zur Burgruine **Greifenstein** (Griffon, 382 m, 3/4 Std.) auf einem Ausläufer der Schlosserhöhe (463 m) westlich von Zabern. Etwa 1/4 Std. entlang des Nordufers des Kanals (Greifensteiner Straße oder Schleusenstaden), dann rechts über Bahnlinie und Fluß und gleich wieder links den Hang aufwärts.

Die ganze Anlage besteht aus zwei Burgen. Die ältere ist die Burg Hinter- bzw. Groß-Greifenstein aus dem 13. Jahrhundert, damals im Besitz der Ochsensteiner. Dann saßen dort die Herren von Greiffenstein als Lehensmannen des Bischofs von Straßburg. Die Burg Vorder- oder Klein-Greifenstein wurde 100 Jahre später erbaut. Im 30jährigen Krieg waren die Burgen bereits verfallen und wurden 1675 von den Franzosen gesprengt.

Die beiden Burgen liegen auf einem schwer zugänglichen Felsen, der durch einen tiefen Graben vom übrigen Gelände abgeschnitten ist. Vorhanden sind insbesondere die Ruinen von 2 viereckigen Türmen, der südliche ist besonders stark.

Evtl. Fortsetzung der Wanderung (WM blauer Balken) über die **Veitsgrotte** (Grotte St-Vit) unterhalb des Rappenkopf, in der sich ehedem eine Wallfahrtskapelle mit Einsiedelei befand, nach **Stambach,** (von da 5 km nach Zabern).

10. Nach **St-Jean-Saverne** (auch „St-Jean-des-Choux" genannt, weil dort früher viel Kohl angebaut und ausgeführt wurde). Das 600 Einwohner zählende Dorf liegt 5 km nördlich von Zabern am Abhang der Vogesen. Es entstand aus einer im 12. Jahrhundert gegründeten Benediktine-

rinnenabtei, von der noch die Kirche, eine romanische Pfeilerbasilika ohne Querschiff, vorhanden ist. Der Turm an der Westfassade ist neueren Datums (18. Jahrhundert). Im Innern sind einige seltsame Säulenkapitelle beachtlich, vor allem am Choreingang. Im Kirchenschatz befinden sich wertvolle alte Gobelins.

Nördlich über St.Jean steht auf einem beherrschenden Bergvorsprung die **Chapelle St-Michel,** die in neuerer Zeit an der Stelle einer in der Revolution zerstörten berühmten Wallfahrtskapelle errichtet wurde. Auf dem Aussichtsfelsen, 50 m vor der Kapelle, eine kreisförmige Vertiefung, die im Volksmund „Hexenschule" genannt wird und vielleicht eine druidische Kultstätte gewesen sein kann. Von anderen wird sie lediglich als Sitzplatz für die Pilger gedeutet. Die Kapelle war ehedem von Einsiedlern betreut, die in der Höhle unter dem Felsen hausten. Vor der Höhle ein in den Stein gehauenes Grab mit Kopflager fränkischer Form.

Man erreicht St.Jean über **Otterstal** (auf der Höhe die spätgotische Barbarakapelle, die an der Stelle einer auf die Grafen von Salm zurückgehenden und zerstörten, im 15./16. Jahrhundert in einfacher aber edler Form erstellt wurde) und **Eckartswiller** (romanischer Turm einer abgerissenen Kirche).

Der Besuch der Michaelskapelle ist auch lohnend über die Zaberner Steige, wobei in Höhe des Gasthauses bzw. Forsthauses Karlssprung ein kleiner Fußmarsch (1/4 Std.) zu dem Aussichtsfelsen Karlssprung (s. Ziff. 1) eingelegt werden kann. Dann weiter zur Paßhöhe (410 m). Bei dem Wegekreuz „Colonne" rechts ab durch den Wald über Rothlach zum **Croix de Langenthal** und abwärts (WM blauer Balken) zur **Michaelskapelle.**

Von hier entweder abwärts nach St-Jean, oder den Hang und der WM entlang nach Eckartswiller oder gar, auf der mittleren Höhe bleibend, rund um das verästelte Michelbachtal (WM roter Punkt und später blaues Kreuz), das sich zwischen Eckartswiller und Otterstal bergeinwärts erstreckt.

11. Nach **Dossenheim** (WM blauer Balken, 3 Std.) über Eckartswiller, Chapelle St-Michel, Croix de Langenbach (siehe Ziff. 10) und den Hangweg entlang (stetige Aussicht) über Spitzfels, Hühnerfels und Rocher Taubenschlag.

12. Nach **Marmoutier*** (Maursmünster, 6 km) mit seiner phantastischen Klosterkirche.

13. Nach **Arzwiller** (20 km westlich) mit dem dortigen Schiffshebewerk, das einen Höhenunterschied von 45 m überbrückt. Der Rhein-Marnekanal wird hier zusammen mit der Eisenbahn durch einen 3 km langen Tunnel geleitet.

SCHIRMECK,

der Hauptort des mittleren Bruchetales, ist ein betriebsames Städtchen (Textilindustrie), das mit dem Vorort La Broque (Vorbruck) zus. ca. 6000 Einw. hat. Die Stadt liegt an der Einmündung des Erzbergtales (Framonttal) in das hier verbreiterte Bruchetal, unweit südöstlich des Donon. Starker Fremdenverkehr.

Südöstlich über der Stadt erhebt sich der 100 m hohe Schloßberg mit der Ruine eines ehedem den Bischöfen von Straßburg gehörenden Schlosses.

Auskunft: Syndicat d'Initiative (67130) Schirmeck (Rathaus).

Unterkunft in Hotels, Appartements und Privathäusern mit ca. 200 Betten. Campingplatz. Außerdem ein schöngelegenes „Aire Naturelle de Camping" an der Straße (4 km) Richtung Struthof.

Wanderungen:

1. Zur **Chatte Pendue** (Katzenstein, 900 m, WM gelber Balken, 3 1/2 Std., siehe S. 90) über die Weiler Fréconrupt und Salm und die Burgruine Salm (s.S. 89).

2. Zum **Lac de la Maix** (363 m), einem kleinen sagenumwobenen Waldsee mit Wallfahrtskapelle Notre-Dame. Mit WM rotes Kreuz das Framonttal aufwärts über Wackenbach. Bei Grandfontaine (Michelbrunn) links aufwärts und über den Col de Prayé (785 m). Zusammen ca. 3 Std.

3. Zum **Champ du Feu** (WM roter Balken, 4 1/2 Std.) über Struthof (s.S. 89), Col de la Chenagoutte, Champ du Messin (Minzfeld, 2 1/4 Std.) und La Métairie (Hütte des Vogesenclubs).

4. zum **Donon.**

a. Fahrweg: Entlang der Straße N 392 über Wackenbach und Grandfontaine (Michelbrunn) zum **Col du Donon** (10 km), eine Hochfläche am Fuß des Donon, Plattform genannt. – von hier mit WM roter Balken in 3/4 Std. zur Höhe des (Grand) Donon (1008 m).

b. Fußweg: Wie die Fahrstrecke, jedoch entlang des Hanges (WM roter Balken, 3 Std.) o d e r

über das Sanatorium und den „Col entre les deux Donons" (800 m, WM blaues Kreuz, 2 Std.).

Der DONON gehört zu den größten Anziehungspunkten des Elsaß. Von hier hat man einen umfassenden Überblick, gefördert durch zwei Orientierungstafeln. Nordöstlich hängt mit dem Hauptberg ein kleiner Bruder, der Petit Donon (964 m) zusammen, der seinerseits wieder die Anhängsel Tallenberg (nördlich, 909 m) und Kohlberg (südöstlich, 910 m) hat. Zwischen den beiden Donons der „Col entre les deux Donons" (800 m).

Der Berg spielte in keltischer (gallischer) Vorzeit als zentrales Landesheiligtum jahrhundertelang eine besondere Rolle. Ebenso unter der Herrschaft der suebischen Triboker, die hier ein Heiligtum des germanischen Gottes Donar hatten (daher der Name). Dann trug er später in der Römerzeit u.a. einen Merkurtempel und mindestens zwei weitere Tempel.

Die erste Nachricht von diesem Kulturdenkmal verdanken wir dem Abt Hyacinthe Allot aus Moyenmoutier, der im Jahr 1692 eine genaue Beschreibung des Donongipfels gab. Damals waren noch 21 römische Reliefplatten vorhanden. Ein Teil von ihnen befindet sich nun im Museum in Epinal, ein anderer in dem im Jahr 1869 auf dem Gipfel errichteten tempelförmigen Museum.

SCHLUCHT (Col de la)

In diesem Hochpaß (1159 m) kreuzen sich die Route des Crêtes mit der stark befahrenen Ost-West-Route Munster–Gérardmer. Seinen Namen hat der Paß von der engen Schlucht, durch welche die Zufahrt aus Richtung Colmar–Munster erfolgt.

Inzwischen hat sich dieser ehemalige Rastplatz zu einem bedeutenden Luftkurort mit etlichen Hotels, Restaurants, Souvenirläden usw. entwickelt. Gleichzeitig zu einem ebenso renommierten und schneesicheren Wintersportplatz mit einem modernen und technisch ausgereiften Sessellift zu dem 109 m höher liegenden Montabey. Von dort genießt man eine weitreichende Aussicht. Dieser Lift ist auch im Sommerbetrieb eingesetzt; die Abfahrt kann neuerdings in einer kurvenreichen Wannenrutschbahn erfolgen.

Der Col de la Schlucht ist für die Autotouristen eine wichtige Anschlußstelle an die Route des Crêtes, aus Richtung Colmar bzw. Munster kommend. Diesem starken Tagesverkehr entsprechen die riesigen Parkplätze.

Busverbindungen mit Munster und Gérardmer.

Auskunft: S.I. Munster, PLZ 68140.

Wanderungen:

1. Aufstieg zu den **Trois Fours** (Ferme-Auberge, 20 Min.).
2. Auf dem Höhenweg Roter Balken zum **Spitzenfels** (1258 m) usw.
3. Auf dem „Sentier des Roches" (Felsenpfad, WM blauer Balken) zu der **Martinswand,** die ein Eldorado der Kletterer ist, sowie zu dem wildromantischen **Frankenthal-Kessel.**
4. Mit WM roter Balken über Trois Fours zum **Hohneck** (1361 m, 1 Std.).

Der COL DE LA SCHLUCHT an der Route des Crêtes
ist zu einem der gesuchtesten Höhenkurorte geworden,
zudem er durch das Münstertal verhältnismäßig leicht zu erreichen ist.
Ein beliebter und romantischer Wanderweg ist der
„Sentier des Roches" (Felsenpfad) – unser Bild.

200

SÉLESTAT

(Schlettstadt), eine Kreisstadt mit ca. 18000 Einwohnern, liegt in der unterelsässischen Ebene am Ufer der Ill, unweit des Fußes der Vogesen. Aus ihrer Vergangenheit als freie Reichsstadt hat sich einiges erhalten. Der humanistische Geist des 15. und 16. Jahrhunderts, der mit Jakob Wimpfeling und Beatus Rhenanus bedeutende Vertreter in der Stadt hatte, hat sich in der Stadtbibliothek mit ihren einmalig wertvollen Manuskripten und Frühdrucken ein einzigartiges Denkmal gesetzt.

In Schlettstadt wird auf ein angenehmes und freundliches Ortsbild großer Wert gelegt. Jedes Jahr am ersten Sonntag des August findet als Krönung dieses Schönheitswillens ein großer Blumenkorso statt, der zugleich eine „Leistungsschau" der zahlreichen Gärtnereien ist, die ihre Erzeugnisse weithin, z.B. ins Saargebiet und bis nach England, ausführen. Hübsch und beliebt ist ein Bummel entlang der Illpromenade (Remparts Vauban) unweit des Schwimmbades.

Aus der Vergangenheit: Ursprünglich ein Fischerdorf, entstand zur Merowingerzeit hier ein Königsgut, um das sich in der Folge die Stadt ausbreitete. Im Jahr 1094 gründete Hildegard von Egisheim (Gemahlin Friedrichs von Büren und Stammutter der Hohenstaufen) das Kloster St. Fides. Ihr Nachfahre Friedrich II. von Staufen war der Stadt sehr zugetan, die er stark befestigte und zur Freien Reichsstadt machte. Im Zehnstädtebund spielte sie eine bedeutende Rolle. Durch ihre Lateinschule und die Literarische Gesellschaft war die Stadt im 15. und 16. Jahrhundert ein geistiger Sammelpunkt an der Nahtstelle von Ober- und Niederrhein, befruchtet durch frühhumanistische Geistesgrößen wie den Theologen und Hochschullehrer Jakob Wimpfeling (geb. 1450 in Schlettstadt), den Philologen und Geschichtsschreiber Beatus Rhenanus oder den Reformator Martin Bucer, beide ebenfalls Söhne der Stadt. Nach wechselvollem Schicksal während des 30jährigen Krieges wird die Stadt 1672 nicht ohne Widerstand von den Franzosen in Besitz genommen und nach Niederlegung ihrer Stadtmauern von dem Festungsbaumeister Vauban neu befestigt. Nach dem deutsch-französischen Krieg 1871 wurde „entmilitarisiert" und die Festungsanlagen in Promenaden verwandelt. Am Jahreswechsel 1944 auf 1945 streifte die Kriegsfurie nochmals die Stadt, die während 2 Monaten in der Frontlinie lag.

Sehenswürdigkeiten

in der etwaigen Reihenfolge eines Rundganges, ausgehend vom Place de la République:

Die **Altstadt** hat viele malerische Winkel zu entdecken. Sie erstreckt sich insbesondere zwischen den beiden von der alten Stadtbefestigung übriggebliebenen Türmen, dem **Tour Neuve** (auch Tour de l'Horloge, erbaut im 14. Jahrhundert, im 17. Jahrhundert aufgestockt) an der Südseite der Altstadt, und dem **Tour**

des Sorcières (Hexenturm) in der Nähe des Münsters, erbaut um 1300 als Stadttor, mit Folterkammer und Kerker.

Die genau orientierte **Eglise Ste-Foy** (St. Fides) ist eine spätromanische dreischiffige Basilika, die sr. Zt. zu dem 1094 gegründeten Benediktinerkloster gehörte. Sie war 1165 fertiggestellt, wurde dann 1890 restauriert und z.T. umgebaut. Zwei Türme, deren Helme (und das oberste Stockwerk des Südturms) erst um diese Jahrhundertwende aufgesetzt wurden, bilden zusammen mit dem dreiteiligen Portal die recht typische Westfassade. Der achteckige Vierungsturm erhebt sich bis auf 43 m. Von einer am selben Platz ehedem vorhanden gewesenen Altkirche wurde die Krypta übernommen.

Das **Münster** (Eglise St-Georges) wurde im 13. Jahrhundert im gotischen Stil erstellt, nachdem die Umfassungsmauern noch romanisch begonnen worden waren. Chor und Turm kamen erst im 15. Jahrhundert zur Ausführung. Unter dem unvollendet gebliebenen stumpfen Glockenturm erstreckt sich eine sehr breite Narthex (Vorhalle), die sich nach Süden, d.h. seitwärts, in einem schönen spätromanischen Portal öffnet. (Das Relief im Tympanon ist neu.) Das hier befindliche Radfenster (15. Jahrhundert) bringt die 10 Gebote zur Darstellung. Die 4 Fenster der Fassade stammen noch aus der Gründungszeit der Kirche. Die Kanzel (Renaissance) wurde um 1600 eingebaut, das schöngearbeitete Chorgestühl ist eine neuere Arbeit.

Die **Bibliothek** ist zusammen mit einem kleinen, aber wertvollen **Museum** in der ehemaligen Kornhalle untergebracht. In Vitrinen des Lesesaales sind antike Waffen und Geräte sowie Holzskulpturen und Fayencen des Mittelalters untergebracht. Beachtlich ein geschnitzter Christuskopf aus dem 15. Jahrhundert von großer Ausdruckskraft. Die seltsame **Frauenbüste** in einer Wandnische ist eine Totenmaske und der Abguß einer um diese Jahrhundertwende in St. Fides aufgefundenen Mörtelhohlform aus dem 12. Jahrhundert, von der vermutet wird, daß sie von der in der Kirche an unbekannter Stelle beerdigten Klostergründerin oder deren Tochter Adelheid stammt. Die Hohlform ist sr. Zt. möglicherweise unbeabsichtigt entstanden, z.B. durch Abdecken der betr. Toten mit Kalk (wegen ansteckender Krankheit?) – Menschenschicksal am Rande der Weltgeschichte.

Die Bibliothek ist im Jahr 1452 durch eine Schenkung entstanden und wurde auf dieselbe Weise laufend erweitert, besonders durch Beatus Rhenanus, der bei seinem

Tode 1547 seine gesamte Bibliothek mit ca. 2000 Handschriften und Frühdrucken seiner Vaterstadt vermachte.

Das kostbarste der Bibliothek sind ein merowingisches Lesungsbuch aus dem Ende des 7. Jahrhunderts und das Liber Miraculorum Sancti Fidis aus dem 12. Jahrhundert.

Von der aus dem Jahr 1300 stammenden **Eglise des Récollects** (Barfüßerkirche) steht nur noch der gotische Chor, der als evangelische Kirche benützt wird.

Das **Maison Ziegler** an der Rue de Verdun ist ein schöner Renaissancebau aus dem 16. Jahrhundert. Sein ehemaliger Bauherr und Architekt war Stadtbaumeister von Schlettstadt. (Ob die Fratzen an dem steinernen Erker wohl die Gesichter sind, die er seinen Mitbürgern oder Vorgesetzten im Geist oft „geschnitten" hat?!)

Das **Ancien Arsenal Ste-Barbe** aus dem Jahr 1470 diente wohl ehedem als Zunfthaus, heute als Festsaal. Ein schöner gotischer Staffelgiebel und die doppelläufige Treppe geben der Fassade das Gepräge.

Die **Porte Renaissance** am Prälatenhaus der Benediktiner von Ebersmünster (Rue de l'Eglise Nr. 8) ist ebenfalls sehenswert.

Auskunft: Syndicat d'Initiative, Place de la République, PLZ 67600.

Unterkunft: Zahlreiche Hotels, Privatzimmer, Mietwohnungen, Jugendherbergen, Campingplatz, Appartements im Feriendorf.

Veranstaltungen und Sport: Großer Sportpark mit Freibädern, Karneval.

Verkehr: Bahnstation. Busverbindung Richtung Straßburg und Colmar.

SESSENHEIM

(Sesenheim), ein kleines Dorf in der Rheinau östlich des Hagenauer Forstes. Unterkunft im Croix d'Or. Der Ort wurde „entdeckt" durch eine zarte Romanze des jungen Goethe während dessen Straßburger Studentenzeit (1770/71) mit der dortigen Pfarrerstochter Friederike Brion („Aus meinem Leben").

In dem Dorf ist man stolz auf seine goethesche Vergangenheit und hat nun ein kleines Museum eingerichtet. In der Kirche ist

---

Goethe „Aus meinem Leben": Als ich ihr die Hand noch vom Pferde reichte, standen ihr die Thränen in den Augen, und mir war sehr übel zu Muthe . . .
– In jener Zeit entstand auch sein Gedicht „Sah ein Knab' ein Röslein stehn".
– Unser (nicht porträthaftes) Stimmungsbild entspricht einem zeitgenössischen Kupferstich.

noch die alte Kanzel vorhanden sowie der Pfarrstuhl, von dem Goethe schreibt: „ . . . wo ich denn an ihrer Seite eine etwas trokkene Predigt des Vaters nicht zu lang fand".

Ansonsten ist sowohl das damals schon baufällige Pfarrhaus als auch die damalige Kirche mit dem spitzen Turm nicht mehr vorhanden, nur die Grabsteine der Eltern Friederikes an der Außenwand der Kirche sind letzte Zeugen von einstmaligem Leben, Lieben und Verzichten am Rande der Literaturgeschichte.

Friederike Brion lebte nach dem Tode ihrer Eltern bei ihrer Schwester in Meisenheim in Baden, wo sie 1813 starb. Kein Bild ist von ihr verblieben, nur dasjenige, welches Goethe selbst von der damals Achtzehnjährigen gezeichnet hat:

„Schlank und leicht, als wenn sie nichts an sich zu tragen hätte, schritt sie, und beinahe schien für die gewaltigen blonden Zöpfe des niedlichen Köpfchens der Hals zu zart. Aus heitern blauen Augen blickte sie sehr deutlich umher und das artige Stumpfnäschen forschte so frei in die Luft, als wenn es in der Welt keine Sorgen geben könnte . . ."

SOULTZ (Haut Rhin)

(bei Guebwiller) ist ein altes Städtchen unweit der ehemaligen Römerstraße, am Fuß des Oberhornsteins. Der im Jahr 708 erscheinende Name „Curia in Sulze" beweist hier ein merowingisches Hofgut.

Aus der Vergangenheit haben sich Reste der mittelalterlichen Befestigungsanlage erhalten. An dem malerischen Place de la République steht die in rotem Vogesensandstein aufgeführte gotische Pfarrkirche **St. Mauritius,** die im 13. bis 15. Jahrhundert errichtet wurde. Genau orientiertes dreischiffiges Langhaus mit Vorbau, der die Orgel enthält. Über der Vierung der oktogonale 63 m hohe Turm. Sehr feine Innenarchitektur. Am selben Platz die **Kornhalle** mit doppelter Freitreppe, jetzt Schule, sowie das Rathaus, beide Gebäude aus dem 17. Jahrhundert.

Verschwunden sind die Comtureien des Malteserordens (Johanniter) und des Deutschherrenordens, beide seit dem 13. Jahrhundert hier ansässig. Die letztere befand sich vermutlich in der Guebwiller Straße.

Auskunft (50 Gastbetten): Mairie, PLZ. 68360.

Wanderungen:

Von Soultz gehen unmittelbar 3 markierte Wanderwege aus:

1. Zum **Hartmannsweilerkopf** (WM rot-weiß-rot, 3 1/2 Std.) über Wuenheim (3/4 Std.) und Cantine (2 1/4 Std.).

2. Zur **Route des Crêtes** beim Firstacker (WM blaues Kreuz, 3 Std.) über Tafeleiche (3/4 Std.) und Holzwasen (1 3/4 Std.), oder ab Tafeleiche mit WM rotes Dreieck über Croix Zimmermann zum Col Kohlschlag (rechts) oder zur Burgruine Freundstein (s. Ziff. 2). Am Firstacker oder Kohlschlag oder Freundstein Anschluß an den Höhenweg WM roter Balken, z.B. zum Grand Ballon* (1 Std., siehe daselbst).

Dieselbe Tour (mit derselben WM) kann auch, an der Tafeleiche oder vorher schon am Roten Rain rechts abschwenkend, über Thierenbach (s. S. 125) und Ste-Anne gemacht werden.

3. Zum **Grand Ballon*** (WM rot-weiß-rot, 5 Std.) über den Großberg–Heidebuckel–Bildstöckle (1 1/4 Std.), Col Peternit (2 Std.), Münsteräkkerle (2 Möglichkeiten, 2 Std.) usw., siehe bei Guebwiller*.

Weitere Wanderungen siehe bei Guebwiller und bei Grand Ballon*.

SOULTZBACH-LES-BAINS

im Münstertal ist ein ehemals befestigtes Badestädtchen mit zwei eisenhaltigen Mineralquellen, das im späten Mittelalter so etwas wie ein Modebad war, in dem zu Zeiten u.a. auch der Abenteurer Casanova verkehrt haben soll. Der Badebetrieb ist zurückgegangen, aber der Versand von Tafelwasser ist bedeutend.

Auf der Suche nach Baudenkmalen stößt man auf die **Pfarrkirche** Johannes Baptista. Von dem alten Bau ist jedoch nur noch der gotische Chor übrig. Dieser enthält ein wundervoll gearbeitetes spätgotisches Sakramentshäuschen, getragen von einem Christophorus. In den seitlichen Spiegeln die Embleme der vier Evangelisten. Unter den erhaltenen Grabsteinen ragt derjenige des Jacob von Hattstatt hervor (1514), der zusammen mit seiner Frau in Hochrelief abgebildet ist, beide als „Gerechte" auf einem Löwen stehend (91. Psalm 13).

Auskunft (ca. 30 Gastbetten): Mairie, PLZ 68230.

Das Städtchen liegt sehr reizvoll an der Einmündung des stillen Krebsbachtales, mit seinen umgebenden Waldbergen geeignet zu geruhsamen

Wanderungen:

1. Zum **Croix Scherlen** hinter dem Rebberg (1/2 Std.).

2. Zum **Staufen** (901 m, ehemaliger römischer Beobachtungsposten?) oder (und) zur **Staufermatte** (721 m, 1 1/2 Std.), durchs Kleintal und über

den Col de Marbach (Marbacher Höhe, 706 m). Oberhalb der Marbacher Höhe die Ruine Hoh-Hattstatt, auf schwer zugänglichem Bergkegel.

3. Zur Burgruine **Schrankenfels** (790 m, WM rot-weiß-rot, 1 Std.), oberhalb des Herrenwaldes.

Die Burg war im 13. Jahrhundert von einem Straßburger Lehensmann besetzt, der sich nach ihr benannte, und kam später an das Geschlecht Hattstatt (siehe Grabmale an der Kirche). Seit dem 16. Jahrhundert ist sie zerstört. Vorhanden sind Teile der Umfassungsmauer und des fünfeckigen Bergfrieds mit Halbturm an der Ostseite usw. In einiger Entfernung ein weiterer, durch einen tiefen Graben getrennter Turm.

In der Nähe, dicht am Weg, geringe Reste der ehemaligen Burg **Haneck,** die 1511 zerstört wurde.

4. Zum **Boenlesgrab** (WM rotes Kreuz und gelber Balken, 4 Std.). Höhenwanderung über Ruine Schrankenfels, Wolfsgrübe, dann links oder rechts unterhalb des Pfaffenheimer Kopfes vorbei (von da evtl. Abstieg zu der (unbedeutenden) Burgruine Laubeck), weiter über Firstplan und Hirzenstein. Der Name Boenlesgrab wird von dem keltischen Sonnengott Bel oder Belem abgeleitet.

Die Tour kann auch mit dem Wagen gemacht werden, indem man kurz hinter Soultzbach links aufwärts in Richtung Firstplan (Aussicht) abzweigt. Dort geradeaus, dem Hang über dem oberen Krebsbachtal entlang, bis Boenlesgrab (10 km).

5. Nach **Wasserbourg**, entlang des Krebsbachtales (6 km). Nördlich, 230 m über dem Dorf, liegt auf einem schwer zugänglichen Bergkegel die Burgruine **Strauburg** (738 m), umgeben von Wall und Graben.

6. Zum **Petit Ballon** (Kahler Wasen, 1268 m, Herberge, 4 Std.) entlang der Höhe westlich des Krebsbachtals mit WM blaues Dreieck. Bei der Schloßmatte (Ruine Strauburg, siehe Ziff. 5) rechts haltend weiter mit WM blaues Kreuz auf der Höhe über dem Wasserburger Tal entlang. Beim Buchwald-Kreuz rechts mit WM rotes Schrägkreuz über Melkerei Kahler Wasen zum **Petit Ballon** (siehe auch bei Münster*).

STRASSBURG

(Strasbourg), die „wunderschöne Stadt" (ohne Vororte ca. 300 000 Einwohner), ist unweit der Mündung des Illflusses gelegen, der den größten Teil des Elsaß durchquert. Als Knotenpunkt alter und neuer Straßen und Eisenbahnlinien und als Ausgangs- und Durchgangspunkt wichtiger Wasserwege ist Strassburg das bedeutendste Verkehrs- und Wirtschaftszentrum des Oberrheins mit bedeutender Industrie. International beachtlicher ist die Bedeutung der Stadt als Zentrum abendländischer Kultur und Gesittung. Politisch ist sie die Hauptstadt der Region Alsace und gleichzeitig des Departement Bas-Rhin. Als Sitz des Europarates

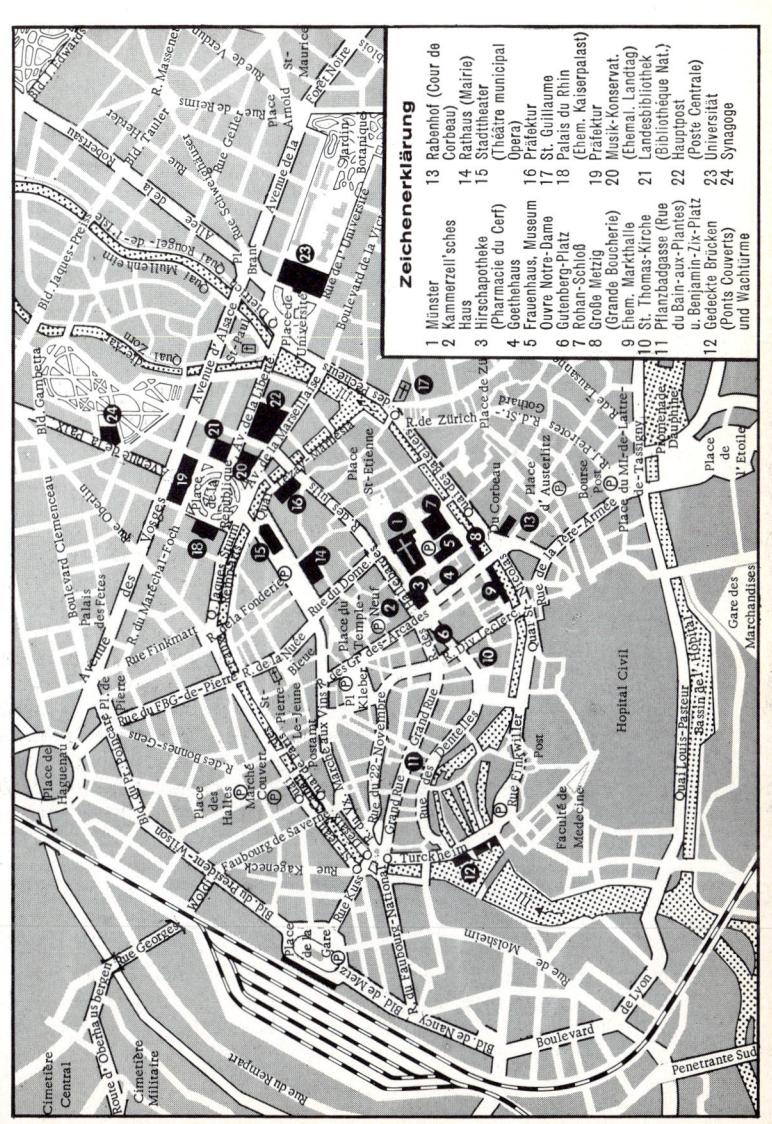

Zeichenerklärung

1. Münster
2. Kammerzell'sches Haus
3. Hirschapotheke (Pharmacie du Cerf)
4. Goethehaus
5. Frauenhaus, Museum Ouvre Notre-Dame
6. Gutenberg-Platz
7. Rohan-Schloß
8. Große Metzig (Grande Boucherie)
9. Ehem. Markthalle
10. St. Thomas-Kirche
11. Pflanzbadgasse (Rue du Bain-aux-Plantes) u. Benjamin-Zix-Platz
12. Gedeckte Brücken (Ponts Couverts) und Wachttürme
13. Rabenhof (Cour de Corbeau)
14. Rathaus (Mairie)
15. Stadttheater (Théâtre municipal Opera)
16. Präfektur
17. St. Guillaume
18. Palais du Rhin (Ehem. Kaiserpalast)
19. Präfektur
20. Musik-Konservat. (Ehemal. Landtag)
21. Landesbibliothek (Bibliothèque Nat.)
22. Hauptpost (Poste Centrale)
23. Universität
24. Synagoge

kann sie als Hauptstadt Europas bezeichnet werden, dessen Zentralstück sie darstellt.

Die Stadt gruppiert sich konzentrisch um das weltberühmte Münster. Der innere Ring wird durch den Illfluß und den Stadtgrabenkanal (Canal des Faux-Remparts) begrenzt, der äußere durch den Fossé des Remparts (Wallgraben), in den der Marne-Rhein- und der Rhône-Rhein-Kanal einmünden.

Seit der Niederlegung der Festungsmauern nach 1871 hat sich die Stadt nach allen Seiten ausgebreitet und zahlreiche umliegende Dörfer zu Vororten gemacht, wobei sich die Industriebezirke vor allem in Richtung zum Rhein hin entwickelt haben.

Die *Geschichte der Stadt:* Bei der Kreuzung der Rheintalstraße mit der Kinzig-Vogesen-Straße, die aus Oberdeutschland über die Vogesenpässe nach Gallien führte, befand sich eine keltische Siedlung. Hier legten die Römer um das Jahr 16 n. Chr. das Kastell Argentoratum an, nachdem der Versuch, weiter nach Germanien vorzudringen, infolge der Niederlage im Teutoburger Wald vorläufig aufgegeben worden war.

Die Stadt vergrößerte sich zusehends, obgleich sie immer wieder von Feuersbrünsten heimgesucht wurde. Die im Zuge der Völkerwanderung eindringenden Alemannen wurden zwar im Jahr 355 unweit des Kastells von den römischen Legionen geschlagen und über den Rhein zurückgeworfen, setzten sich aber wenig später, nach dem Rückzug der Römer, endgültig im Elsaß fest. Die „Burg an der Straße" erhält den alemannischen Namen Stradiburc bzw. Strataburgum.

Noch unter der Römerherrschaft wurde das Christentum im Lande bekannt. Aus jener Zeit ist ein Bischof Amandus erwähnt. Die intensivierte Christianisierung begann jedoch unter der Frankenherrschaft im 6. Jahrhundert. Erster fränkischer Bischof von Straßburg war der Hl. Arbogast.

Durch Handel (Wein) und Schiffahrt gelangte die Stadt zu Wohlstand und Einfluß. Im Jahr 1262 errang sie in der Schlacht von Oberhausbergen gegen den Bischof Walter von Geroldseck und dessen adligen Anhang ihre Unabhängigkeit und wurde damit Freie Reichsstadt.

In dieser Zeit wurde die Münsterwestfassade begonnen – Ausdruck und Denkmal des erwachten Bürgerstolzes der frischgebackenen Stadtrepublik. Nochmaliger Geburtswehen bedurfte die endgültige demokratische Verfassung der Stadt: Gegen das zeitweilig ziemlich absolutistisch regierende Stadtpatriziat (das die Bischofsherrschaft abgelöst hatte), brach um 1330 ein Volksaufstand aus. In der Folge bestand die Stadtregierung aus einem (nichtadligen) Ammeister und 4 beigeordneten (patrizischen) Stettmeistern sowie aus vielköpfigen Räten mit Ministerialfunktionen.

Die Zeit der Mystik und des Humanismus bewegte die Geister. Die Reformation hatte durch Kanzelredner wie Geiler von Kaysersberg und Thomas Murner oder durch Satiriker wie Sebastian Brant („das Narrenschiff") ihre Vorläufer. Im Jahr 1537 wurde durch den weitblickenden Straßburger Staatsmann Johann Sturm das Gymnasium eröffnet, das, zunächst Akademie, 1621 in eine Universität umgewandelt wurde, deren berühmtester Student später Goethe werden sollte. Im 30jährigen Krieg war Straßburg mit den Schweden verbündet, was ihm zum Vorteil gereichte. Im Jahr 1681 wurde Straßburg von den Franzosen besetzt und sofort von dem berühmten Festungsbaumeister Vauban mit modernen Befestigungswerken versehen.

Im Deutsch-Französischen Krieg wurde die stark befestigte Stadt 47 Tage lang belagert, bis sie sich ergab. Sie erlitt durch die Beschießung erhebliche Schäden, z.T. auch an unersetzlichen Kulturgütern.

Zu Beginn des 2. Weltkriegs wurde die Bevölkerung der Grenzstadt großenteils nach Südfrankreich evakuiert. Die Stadt wurde von den deutschen Truppen nach dem Durchbruch durch die Maginotlinie am 19. Juni 1940 besetzt und am 22. November 1944 unter General Leclerc von den Franzosen zurückgewonnen, nachdem sie vorher erhebliche Luftangriffe überstehen mußte.

Der am 5. Mai 1949 gegründete Europarat, der als ständige Einrichtung das Ziel der Herstellung einer größeren europäischen Einheit verfolgt, hat seinen Sitz in Straßburg, das damit internationale Bedeutung gewonnen hat.

Sehenswürdigkeiten

Straßburg steckt voll von Sehenswürdigkeiten, die sich vor allem in dem von Ill und Stadtgrabenkanal umgrenzten inneren Ring konzentrieren, der nirgends mehr als 1500 m Durchmesser hat und somit bequem zu Fuß durchschlendert werden kann. (Parkplätze siehe S. 234.) Innerhalb dieses Rings gibt es verschiedene Kristallisationspunkte. Diese werden, entsprechend dem ungefähren Ablauf eines Gesamtrundganges, in nachstehender Reihenfolge aufgeführt:

A Das MÜNSTER NOTRE-DAME (S. 211)
B Der MÜNSTER- und SCHLOSSPLATZ (S. 221)
C Rund um den PLACE GUTENBERG (S. 226)
D Der PLACE DU CORBEAU (S. 228)
E SAINT-THOMAS bis GEDECKTE BRÜCKEN (S. 230
F ALT-St. PETER-KIRCHE (S. 232)
G PLACE KLEBER (S. 232)
H PLACE BROGLIE (S. 233)
J Die NEUSTADT (S. 234)
K Der HAFEN (S. 238)

A. DAS MÜNSTER NOTRE-DAME

Bereits in vorrömischer (kelto-gallischer) Zeit ein heidnischer Kultplatz, erhob sich hier zur Römerzeit ein Herkulestempel. Vom 4. Jahrhundert an trug der Platz christliche Kirchen. Als zu Beginn des 11. Jahrhunderts eine Feuersbrunst den Platz verödete, wurde von Bischof Werinhar (Wernher) von Habsburg eine mächtige Kathedrale in romanischem Stil errichtet, die etwa dem Mainzer Dom ähnlich gewesen sein dürfte.

Im 12. Jahrhundert ergab sich durch erneute Brände die Gelegenheit, den Bau in „moderner", d.h. nun gotischer, Bauweise neu aufzuführen. Der Neubau, begonnen um 1180, vollzog sich (im Hinblick auf noch stehende und bis zum Abbruch noch benützbare Reste) in vertikalen Abschnitten von Ost nach West. Zuerst (in spätromanischer Zeit) entstanden die Ostteile mit Apsis, Chor und Teilen des Querbaus. Am Südflügel des letzteren ist jedoch bereits die spätere frühgotische Bauperiode zu erkennen (Engelspfeiler, Südportalgewände). Der Bau des Langhauses fällt bereits in die Zeit der Hochgotik (1235 bis 1275).

1276 wurde im Auftrag des kunstverständigen Bischofs Konrad von Lichtenberg der Grundstein zur Hauptfassade (Westfassade) gelegt, deren Plan dem Baumeister Erwin (von Steinbach) zugeschrieben wird. Es kam jedoch nur das Portalgeschoß und evtl. die Rose nach diesem Plan zur Ausführung, denn die Baukonzeption wurde im Wechsel der Zeiten und der Baumeister wiederholt geändert. Nachdem die Fassade zunächst nur aus 2 Etagen mit 2 stumpfen Türmen bestand (wie Notre-Dame in Paris), wurden diese wenig später durch das als Glockengeschoß gedachte Mittelstück über der Rose miteinander verbunden und so im Jahr 1399 eine turmlose Wandfassade erreicht. Doch bald darauf regte sich wieder der gotische Höhenwille, und nach Plänen des Baumeisters Ulrich von Ensingen (Erbauer des Ulmer Münsters) wurde der mächtige Nordturm errichtet, nach dessen Tod von dem Kölner Baumeister Johannes Hültz im Jahr 1439 mit der einer anderen Kunstauffassung entspringenden abgetrennten Turmpyramide vollendet.

Von 1529 bis 1681 war das Münster der neuen protestantischen Konfession unterstellt.

Dem Sturm der französischen Revolution, wie auch der Reformation, fielen zahllose Ornamente und Statuen zum Opfer, die später z.T. wieder ergänzt wurden.

Nach Beschädigungen des ehemaligen gotischen Faltdaches wurde über der Vierung (Schnittfläche von Lang- und Querhaus) im Jahr 1878/79 ein romanischer Kuppelbau errichtet.

Die Turmfassade

Durch 4 vortretende Pfeiler wird die Wand in 3 schmalhohe Felder gegliedert. Das wie ein davorgespanntes Saitenspiel erscheinende Stab- und Maßwerk zwingt den Blick unwiderstehlich von Fiale zu Fiale nach oben. Das Thema der Gotik, die Verwandlung des ruhenden und lastenden Steines in steigende Bewegung, ist bis zur Vollkommenheit ausgeschöpft.

Die Fassade öffnet sich in 3 durch Wimperge erhöhten Portalen. Über dem Hauptportal die unvergleichliche Fensterrose mit der darüber befindlichen Apostelgalerie.

Die Portale

Das **Mittlere Hauptportal** ist das am reichsten dekorierte. Aus der Straßenperspektive dominiert die Reihe der hageren Prophetengestalten in den seitlichen Portalgewänden, während die sich nach oben fortsetzende Archivolte (Bogenlauf) Szenen aus der biblischen Geschichte zeigt. Das Tympanon (Bogenfeld über dem

212

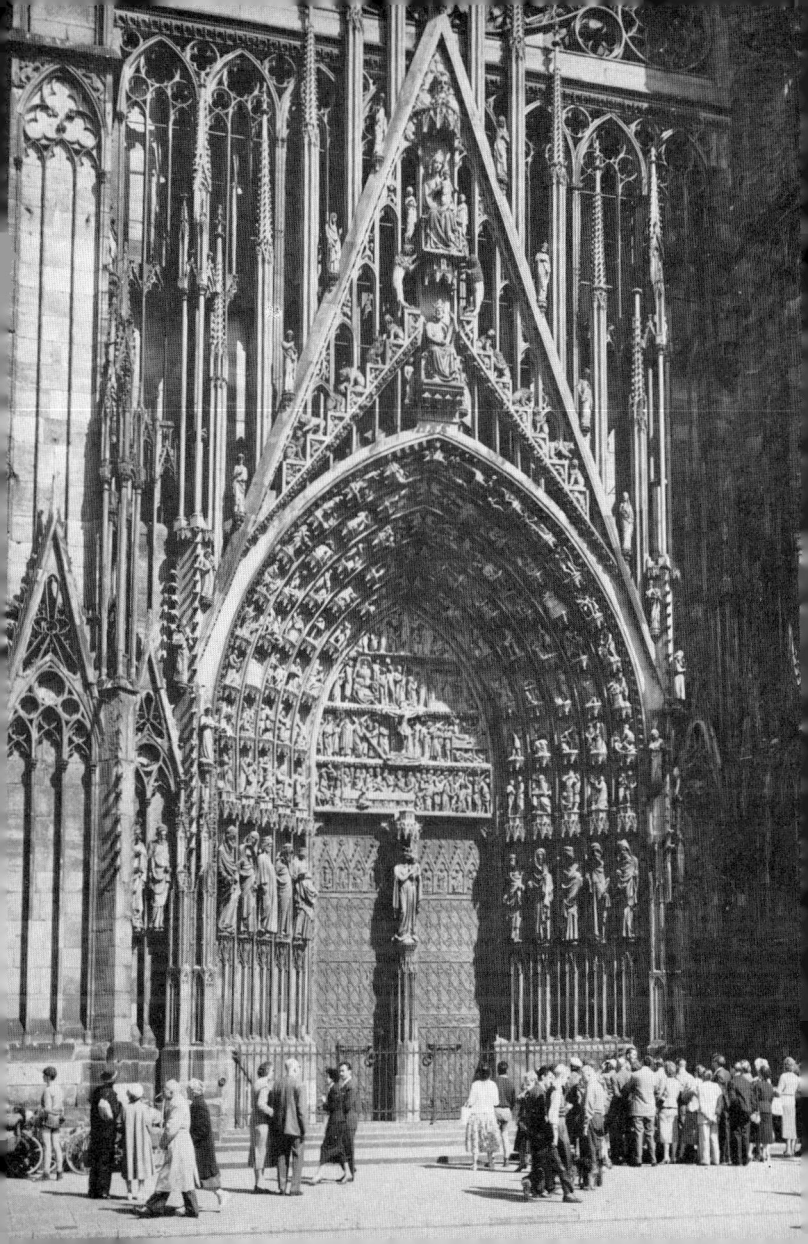

Portal) stellt die Passionsgeschichte dar. Es ist in 4 Querfelder geteilt, deren untere 3 aus dem 13. Jahrhundert stammen.

Die Gewände des **linken Seitenportals** zeigen die über die Laster siegenden Tugenden, das **rechte Seitenportal** die klugen und die törichten Jungfrauen, erstere mit Christus, letztere mit dem mit einem Apfel verführenden Fürsten der Welt, aus dessen Kehrseite allerlei ekles Getier kriecht. Auf den Sockeln der Statuen die Tierkreiszeichen mit den jahreszeitlich entsprechenden bäuerlichen Arbeiten.

Das **südliche Doppelportal**, auch „portail de l'horloge" (Uhrenportal) genannt, ist das älteste der Kathedrale und der damaligen Bauzeit entsprechend in romanischem Stil gehalten. Zwischen den beiden Türen der biblische König Salomon mit seinem Richterstuhl als gerechter und weiser Richter, darüber die Halbfigur Christi, beides neue Arbeiten. (Diese Treppenrampe war früher Tagungsort des weltlichen Gerichts.) Berühmt sind die beiden seitlichen Standbilder (Kopien) der „irrenden **Synagoge**" und der **Ecclesia** triumphans (siegreiche Kirche), deren Originale sich seit 1907 unweit im Musée de l'Oeuvre Notre-Dame befinden.

Die Idee zu diesen Bildwerken geht vielleicht auf eine Zeichnung im Hortus Deliciarum zurück. Ein dieser Zeichnung nachgeschaffenes Wandgemälde befindet sich in der Kreuzkapelle auf dem Odilienberg*.

Auf dem Tympanon über dem linken Portal ist in einem Relief der **Tod Mariä** dargestellt, die von den Aposteln gebettet und beweint wird; ihre Seele in der Linken Christi. Auf dem rechten Tympanonrelief die Himmelfahrt Mariä.

Das linke Tympanon, Ecclesia und Synagoge sowie der nachstehend noch erwähnte Engelspfeiler stammen von dem gleichen unbekannten Meister, der um 1220 im Bereich des südlichen Querhauses tätig war und der in der Kunstgeschichte als *„Ecclesienmeister"*, „Meister der Synagoge" oder „Meister des Marientodes" bezeichnet wird. Das künstlerisch weniger bedeutende Relief auf dem rechten Tympanon stammt offensichtlich von den Gesellen (Schülern) des Meisters.

Die Reliefs entgingen der Zerstörung während der französischen Revolution (der Befehl lautete: „faire abattre toutes les statues!") nur dadurch, daß listigerweise ein Transparent mit der Parole „Liberté, Egalité , Fraternité" darübergehängt wurde; wie auch die der Egalité zuwiderlaufende Münsterspitze damals nur dadurch erhalten blieb, daß sie mit einer riesigen, blechernen Jakobinermütze umkleidet wurde.

Dem ursprünglich vorhandenen romanischen Nordtor wurde um das Jahr 1500 die Laurentiuskapelle mit spätgotischer Fassade vorgebaut (nun als Sakristei verwendet). Das hier befindliche **Laurentiustor** (portail St-Laurent) zeigt das Martyrium des Hl. Laurentius (erneuert im 19. Jahrhundert). Links der Tür die 3 Weisen (Könige) aus dem Morgenland und ein Hirte. Das fehlende Gegenstück zur Madonna, der Hl. Laurentius (rechts), befindet sich im Musée de l'Œuvre N.D.

Der Turm

Die Besteigung (Zugang an der südwestlichen Ecke) ist meist nur bis zur Plattform (66 m) möglich. Von hier eine prächtige Aussicht, vor allem über das Dächergewirr der Altstadt sowie über die von Schwarzwald, Kaiserstuhl und Vogesen begrenzte Rheinebene. Die Sandsteinbrüstung der Plattform ist ein Treffpunkt berühmter (und unberühmter) Namen. Hier haben sich unzählige Besucher eingraviert, darunter auch **Goethe** (rechts neben der östlichen kleinen Tür), Wagner, Herder, Voltaire usw.

Vom nördlichen Plattformdrittel steigt der oktogonale Turm weitere 40 m auf, flankiert von 4 Schneckentürmen mit weniger als 3 m Durchmesser. An deren oberem Ende befindet sich in 106 m Höhe ein verbindender Rundgang. Dann beginnt die durchbrochene Turmpyramide, die bis zur Laterne nur von absolut Schwindelfreien bestiegen werden kann.

Gesamthöhe bis zur Kreuzblume 142 m; d.h., das Straßburger Münster hatte jahrhundertelang den höchsten steinernen Turm, der erst im 19. Jahrhundert von den Türmen des Ulmer Münsters (161 m) und des Kölner Domes (158 m) übertroffen wurde.

Das Innere der Kathedrale

Das Langhaus ist eine dreischiffige Basilika. Sein Mittelschiff ist im Vergleich mit anderen zeitgenössischen Kathedralen nicht sehr hoch (31.5 m). Dominierend die zahlreichen **Glasgemälde,** teilweise noch aus dem ehemaligen (abgebrannten bzw. abgebrochenen) frühromanischen Langhaus stammend, aber in der Folge z.T. mehrfach verändert und im 19. Jahrhundert restauriert. Sie stellen u.a. 21 deutsche Kaiser und Könige dar.

Etwa in der Mitte die für den berühmten vorreformatorischen Prediger Geiler von Kaysersberg erbaute **Kanzel,** ein Meisterwerk spätgotischer Steinmetzkunst, mit ca. 50 Statuetten.

216

Ungefähr aus derselben Zeit und vom selben Erbauer (Hans Hammerer aus Schlettstadt) stammt das **Orgelgehäuse,** in das 1713/16 von Andreas Silbermann ein neues Werk eingesetzt wurde.

Durch zwei Seitenkapellen erweitert sich das Langhaus beim Übergang zum Querhaus zu einem 5-schiffigen Raum. Rechts (südlich) die **St. Katharinenkapelle,** die stilistisch, entsprechend ihrer Entstehungszeit um 1350, die Hochgotik vertritt, wobei jedoch das seltsame Schlingenrippengewölbe 200 Jahre später (spätgotisch) eingesetzt wurde. Beachtlich das **Basrelief Tod Mariä** aus dem Jahr 1480. Das Gegenstück, die nördlich gegenüberliegende Seitenkapelle, wurde 1515 bis 1521 erbaut und ist **St. Martin** gewidmet. Sie wird oft auch als neue Laurentiuskapelle bezeichnet. Einige schöne Glasgemälde aus dem 14. Jahrhundert wurden von der Dominikanerkirche hierherversetzt. Der Barockaltar stammt aus dem Jahr 1698.

Rechts des Aufgangs zum Chor steht ein beachtlicher **Flügelaltar** aus dem 16. Jahrhundert (gez. 1522), der aus Dangolsheim stammt. Die Schnitzerei stellt den Hl. Pankratius (Dankratius?) zwischen Nikolaus und Katharina dar.

Dann erreicht man das zweischiffige **Querhaus** mit erhöhter Vierung. Besonders beachtlich ist dessen Südflügel mit dem Engelspfeiler (Gerichtspfeiler) und der astrologischen Uhr.

Der Engelspfeiler

In einer Zeit, als nur wenige Gebildete und Kleriker lesen und schreiben konnten, war die Wirkung der bildlichen Darstellung eine ungleich größere und nachhaltigere. Andererseits war für die (für das mittelalterliche Denken unumgängliche) Darstellung des Jüngsten Gerichts im bisherigen Umfange unter den Gegebenheiten der flächenauflösenden gotischen Architektur nicht mehr genügend Platz. Dementsprechend wurde der mittlere Bündelpfeiler im südlichen Querhausarm zum Schauplatz der Darstellung des Jüngsten Gerichts, wodurch eine dramatische Spannung und Steigerung erzielt wird. Bei dieser Darstellung ist vollständig neu, daß die übliche moralisierende Fassung mit dem Glück der Guten und der Höllenpein der Schlechten aufgegeben ist, zugunsten der repräsentativen Darstellung durch die Träger dieses Geschehens: Zuunterst die Gestalten der 4 Evangelisten als Verkünder des Wortes und der Offenbarung und als Zeugen der göttlichen Wahrheit; im nächsten Geschoß die Engel, die den Tag des Gerichts ausrufen.

Durch diese erstmalige raumhaltige Darstellung wurde erreicht, daß die 4 Gerichtsengel nun wirklich in die 4 Himmelsgegenden blasen: „ . . . und

Straßburger Münster: Engelspfeiler und Astronomische Uhr

er wird senden seine Engel mit hellen Posaunen und sie werden sammeln seine Auserwählten von den vier Winden her, von einem Ende der Himmel bis zu ihrem anderen", (Matth. 24, 31).

Dargestellt ist der Augenblick der Stille vor der Urteilsverkündung: die Engel haben die Posaunen eben abgesetzt, die Töne sind verhallt, die Toten steigen verzückt aus ihren Gräbern, der Weltenrichter, umgeben von 3 Engeln mit den Leidenswerkzeugen, hebt zu sprechen an . . .

Die astronomische Uhr

Das ca. 18 m hohe Renaissancegehäuse mit Wendeltreppe (stilistisch zurückgreifend mit krabbenbesetzten gotischen Wimpergen bekrönt), stammt aus der 2. Hälfte des 16. Jahrhunderts. Das gegenwärtige Uhrwerk wurde 1838 bis 1842 von dem Elsässer Jean-Baptiste Schwilgué eingesetzt, nachdem das frühere Werk während der Revolution zu Schaden gekommen war. Das neue Werk ist zu einem unerhört genau arbeitenden automatischen Planetarium ausgearbeitet. U.a. ist auch die Kreiselbewegung der Erdachse (Präzession, Änderung des Himmelspols) berücksichtigt. Das hierfür zuständige Rädchen erledigt seine diesbezügliche Aufgabe – eine einzige Umdrehung – in 26 000 Jahren (plutonisches Jahr).

Im untersten Teil des Gehäuses befindet sich der ewige Kalender. Darüber (unter dem Uhrzifferblatt) die Wochentagsanzeiger: Sonntag = Apoll mit den Sonnenpferden, Montag = Diana mit Hirsch, Dienstag = Mars, Mittwoch = Merkur mit Luchsen, Donnerstag = Jupiter mit Adler, Freitag = Venus mit Amor im Taubenwagen, Samstag = Saturn, ein Kind (die Woche) verschlingend. Über dem Gesims der Planeten- und der Mondanzeiger.

Im oberen Teil sind 2 Nischen mit beweglichen Figuren. In den ersten der Tod und die 4 Lebensalter, die die Stunden- bzw. Viertelstundenglocken betätigen. Darüber die 12 Apostel, die mittags 12 Uhr Orts- bzw. Sonnenzeit (= 12.30 MEZ), sich verneigend, am segnenden Christus vorbeiziehen, während der Hahn (auf der Kastenvitrine links) mit den Flügeln schlägt und dreimal sein Kikeriki (auf französisch heißt es „cocorico") ertönen läßt.

Die Besichtigung der Uhr ist im allgemeinen kostenlos, lediglich über die Mittagszeit, wenn alles in Bewegung gerät, wird eine kleine Gebühr erhoben.

Dicht bei der astronomischen Uhr der Zugang in die kryptaähnliche **Andreaskapelle** aus dem 12. Jahrhundert mit Wandgemälde von 1500.

Im linken (nördlichen) Flügel des Querhauses befindet sich in einer Altarnische ein bemerkenswerter spätgotischer Taufstein (um 1450), ihm gegenüber der gleichfalls spätgotische Ölberg.

Rechts des Taufsteines der Zugang zur **Johanneskapelle** (St-Jean-Baptiste) mit dem Grabmal des Bischofs Konrad von Lichtenberg, des Auftraggebers der Westfassade. Das um 1300 entstandene Werk wird Meister Erwin zugeschrieben. Interessant ist noch ein weiteres Grabdenkmal, einem Domherrn im Jahre 1464 gewidmet, das eine sehr schöne Arbeit des zu jener Zeit in Straßburg tätigen niederländischen Malers und Bildhauers Gerhaert von Leyden ist.

Unter dem **Chor** mit Glasgemälden modernsten Ursprungs befindet sich die großenteils von der alten romanischen Werinhar-Kathedrale übriggebliebene **Krypta** mit schönen Kapitellen (Säulenhaupt). Abstieg von der Johanneskapelle aus.

Im Besitz des Domkapitel befinden sich 14 wertvolle **Wandteppiche** aus dem 17. Jahrhundert, das Marienleben darstellend. Sie werden am Fronleichnamsfest ausgehängt.

Unmittelbar beim Münster befindet sich

B. Der MÜNSTER- und SCHLOSSPLATZ

Die engste Beziehung zum Münster hat das

Musée de l'Œuvre Notre-Dame, das seit dem 14. Jahrhundert die Münsterbauhütte Unserer Lieben Frauen Werk, und heute das diesem entsprechende Münsterbauamt Œuvre Notre-Dame beherbergt. Das Bauwerk selbst, das aus zwei durch einen Querbau verbundenen Giebelhäusern besteht, ist von größter baugeschichtlicher Bedeutung. Der linke (östliche) Bauteil mit schönem gotischem Treppengiebel stammt aus dem Jahr 1347, anläßlich des Anbaues des Treppenturms und des rechten Flügels in den Jahren 1578/82 umgebaut (Renaissancestil mit – ehemaligen – spätgotischen Zierformen).

Das Gebäude hat während des Krieges (1944) durch Fliegerbomben schwer gelitten und wurde 1955 restauriert.

Das **Museum** (siehe S. 241) umfaßt wertvolle Sammlungen, deren Objekte meist mit dem Münster oder dessen Umgebung zusammenhängen. Angefangen mit vorrömischen und römischen Skulpturen und einem Glasbildtorso „Christuskopf'' aus dem Jahre 1070, dem ältesten bekannten, sowie Glasgemälden aus der ehemaligen romanischen Kathedrale, sind es vor allem viele der geretteten Münsterstatuen und sonstige Bauelemente vom Münster, die vor und nach dem Bildersturm der Revolution hierhergerettet wurden und am Münster selbst nun nur in Kopie vertreten sind. Die bedeutendsten derselben sind die Ecclesia und die Synagoge vom Südtor des Münsters, die nach Herstellung von Kopien im Jahr 1907 hierherverbracht wurden. Diese Lapidarien befinden sich vor allem im Erdgeschoß, wo auch die originalen Bauzeichnungen und zeitgenössische Stiche ausgestellt sind.

In den oberen Etagen befinden sich Muster elsässischer Handwerksarbeit, Trachten und Hausgerät sowie Skulpturen und Gemälde elsässischer Herkunft, insbesondere von Mathis Nithardt (Grünewald), Schongauer, Hans Baldung Grien, Conrad Witz u.a.

Direkt daneben erhebt sich der ausgedehnte Bau des **Château des Rohan,** das mit der eingebuchteten Portalfront an den Münster-(Schloß-)Platz, und mit der monumentalen Hauptfront an die Ill grenzt. Es wurde in den Jahren 1728 bis 1741 von dem Pariser Hofarchitekten Robert de Cotte im französischen Régencestil erbaut, der während der Regentschaft des Herzogs Philippe von Orléans als Königsstellvertreter (1717 bis 1730) aufkam und den Übergang vom Barock zum Rokoko darstellte. (Oft auch als „frühes Rokoko" bezeichnet.) Das Schloß war ehedem die Straßburger Residenz der Kardinalbischöfe Rohan, in deren Familie diese Würde erblich war.

Die ursprüngliche Innendekoration des Schlosses, die für den Zeitstil sehr typisch ist (der Erbauer war richtunggebend für den Régencestil), ist weitgehend erhalten. Dies trifft besonders für die Prunkräume im Mitteltrakt an der Flußseite zu, den Empfangssaal, die Bibliothek und das Fürstenzimmer, in dem ehemals hohe Gäste (u.a. Ludwig XV., Napoleon, Marie-Antoinette usw.) wohnten.

Im übrigen sind in den weitläufigen Räumlichkeiten mehrere Museen (s.S. 239) und eine Kunstbibliothek untergebracht, die jedoch noch nicht restlos zugänglich sind, da die Kriegsschäden noch nicht vollständig beseitigt sind.

Die **Kunstbibliothek** befindet sich im linken Seitenflügel. Hier liegen 40 000 einschlägige Bände, auch in deutscher Sprache, sowie 50 Kunstjournale auf. Lesesaal. Der Bibliothek angeschlossen ist ein **Kupferstichkabinett.** Im rechten Flügel ist das **Musée des Arts Décoratifs** (Kunstgewerbemuseum) untergebracht. Vor allem werden hier Fayencen und Porzellane gezeigt, denn Straßburg war im 18. Jahrhundert mit der Manufaktur Hannong ein Zentrum der Fayenceherstellung. Die reichhaltige Uhrensammlung ist auch im Hinblick auf die Münsteruhr sehr interessant.

Das **Musée Archéologique** ist im Untergeschoß des Mittelbaues untergebracht. Es birgt Steindenkmäler und Bodenfunde aus der

STRASSBURG – Das Münsterviertel

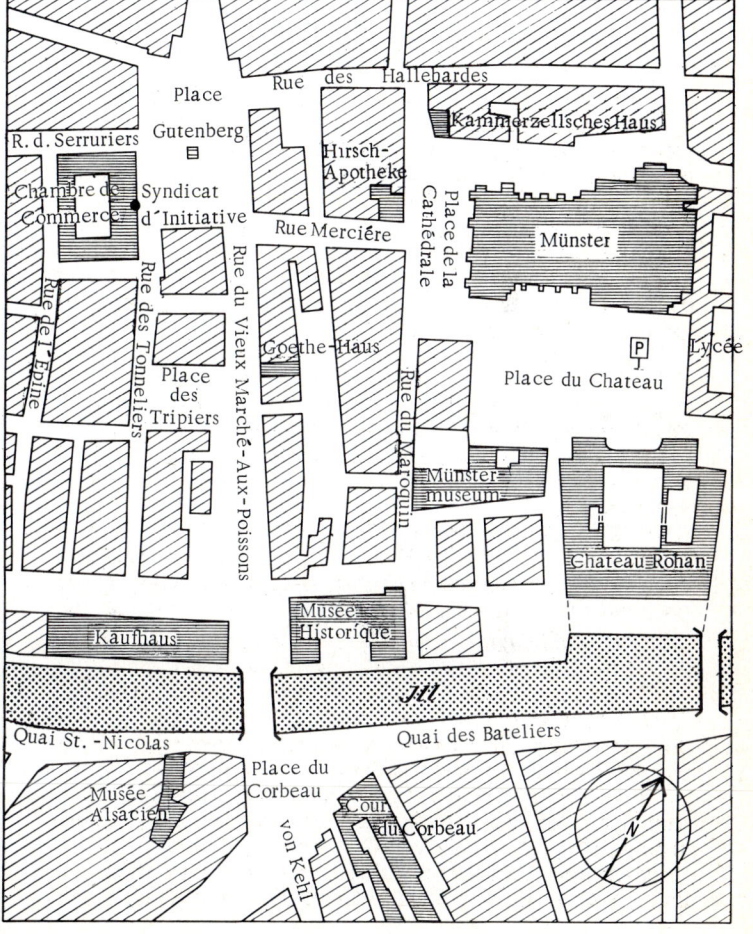

Place Gutenberg

Rue des Hallebardes

Kammerzellsches Haus

R. d. Serruriers

Hirsch-Apotheke

Chambre de Commerce

Syndicat d'Initiative

Place de la Cathédrale

Münster

Rue Merciére

Rue de l'Epine

Rue des Tonneliers

Rue du Vieux Marché-Aux-Poissons

Goethe-Haus

Place des Tripiers

P. J.

Lycée

Place du Chateau

Rue du Maroquin

Münster-museum

Chateau Rohan

Kaufhaus

Musée Historique

Quai St.-Nicolas

Quai des Bateliers

Musée Alsacien

Place du Corbeau

Cour du Corbeau

von Kehl

N

vorgeschichtlichen Zeit bis etwa zu den Karolingern. Kulturgeschichtlich weltbekannt ist u.a. das Mithrasrelief von Königshofen
aus dem 2. Jahrhundert. Es stand ehedem in dem unterirdischen
Mithräum, das sich an der Stelle des genannten Straßburger Vor-
orts befand.

Der Mithraskult war mit einer Taufe und Messe dem christlichen nicht unähnlich.
Sein Mysterium war der siegreiche Kampf des Lichtgottes gegen die Mächte der Fin-
sternis, dargestellt durch den Urstier. Geburtstag des Mithras war der 25. Dezember.
Der Kult war unter Kaiser Aurelian im 3. Jahrhundert kurze Zeit offizielle römische
Staatsreligion.

Die **Gemäldegalerie** (Musée des Beaux-Arts) befindet sich im
1. und 2. Stock des Haupttraktes und präsentiert wertvolle Stücke
der europäischen Kunst des 15. bis 20. Jahrhunderts. –

An dieser Stelle können nur einige wenige aufschlußgebende Künstlernamen genannt werden:

Französische Schule: Gérard, van der Meulen, Vernet, Watteau, Delacroix, Corot,
Courbet, Boudin, Carrière, Degas, Fragonard, Monet, Rousseau, Signac, Lancret,
Chardin und Hubert Robert. Besonders stolz ist das Museum auf das 1963 erworbe-
ne Gemälde „Belle Strasbourgeoise", gemalt 1703 von dem ehedem als Porträtist des
Bürgertums hervorgetretenen Nicolas de Largillière.

Flämisch-holländische Schule: van Dyck, van Goyen, Lukas von Leyden, Rubens,
Jan Steen, Adriaen van de Velde.

Italienische Schule: Botticelli, Correggio, Filippino Lippi, Sodoma-Bazzi, Tiepolo.
Spanische Schule: El Greco, Goya, Murillo, Zurbaran.

Westlich des Schlosses, nahe der Ill, befindet sich der malerische kleine ehemalige **Ferkelmarkt** (Place du Marché aux Co-
chons de Lait), nun Parkplatz, mit schönen Bürgerhäusern, z.B.
Nr. 1 aus dem 15. und 17. Jahrhundert, mit offenen Galerien. Gegenüber die bekannte alte Weinstube „Pfiffer".

Zurück zum Münsterplatz: An der Ecke der auf die Münster-
fassade zuführenden Rue Mercière (Krämergasse) die **Hirschapotheke,** die seit 1268 hier betrieben wird. Dicht dabei das sehenswerte

Kammerzell'sche Haus. Über einem steinernen Erdgeschoß mit
spätgotischen Stilmerkmalen wurden in den Jahren 1587 bis 89
drei Renaissancestockwerke in Holzkonstruktion aufgesetzt.

Das Holzwerk ist mit einer Unzahl sinnvoller Schnitzereien bedeckt. U.a. am Eck-
pfosten die drei christlichen Tugenden (von oben): Glaube, Hoffnung, Liebe. An der
Südfront des 1. Stockwerks die 5 Sinne, dargestellt durch Tierbilder, darüber die 10
Lebensalter, teilweise ziemlich derb in der Aussage. Unter den Fensterbrüstungen
die Tierkreiszeichen. Sehr hübsch auch die Fensterpfosten, auf denen in bunter Aus-
wahl Helden und berühmte Frauen aus Bibel, Sage und Geschichte sowie etliche Heilige dargestellt sind.

STRASSBURG. Das Kammerzell'sche Haus am Münsterplatz

C. Rund um den PLACE GUTENBERG

Vom Münster aus führt die Rue Mercière direkt auf den nahegelegenen belebten Platz, der dem Gedenken des Erfinders des Buchdrucks gewidmet ist, da sich dieser 10 Jahre lang in Straßburg aufhielt, wo er an seiner Erfindung arbeitete. Sein Denkmal entstand im Jahre 1840. Der Platz wird auf seiner Westseite begrenzt von dem imposanten und mit einem besonders schönen Portal geschmückten Renaissancebau der **Handelskammer** (Chambre de Commerce), die in den Jahren 1582/85 als Regierungsgebäude (das „Alte Rathaus") entstand. Hier ist u.a. ein Auskunftsbüro des Syndicat d'Initiative untergebracht. Unter dem Platz befindet sich seit 1975 eine Tiefgarage mit 300 Stellplätzen.

Der Bereich um den Platz ist zum planlosen Flanieren und Entdecken kleiner aber interessanter architektonischer Kostbarkeiten besonders geeignet. Da ist z.B. direkt hinter der Handelskammer die

Rue de l'Epine (Dornengasse), die ein Schmuckstück der Stadt ist. Ausgehend von der Rue des Serruriers (Schlossergasse) steht gleich an der Ecke ein schöner Renaissancebau aus dem ausgehenden 16. Jahrhundert, mit betontem Erker. Das Haus Nr. 10 hat eine Rokokofassade, Nr. 11 mit 2 Portalen ist in Barock gehalten und hat einen schönen Innenhof. Das Haus Nr. 9 ist ein Profanbeispiel des Régencestils, und die Torflügel des Hauses Nr. 3 sind schöne Vertreter des ehedem nur kurze Zeit aktuell gewesenen Ohrmuschelstils. In der von links einmündenden **Rue de l'Ail** (Knoblauchgasse) ist besonders das Haus Nr. 19 mit schönem Barockportal interessant.

Vom Gutenbergplatz führt die **Rue du Vieux Marché-aux-Poissons** in Richtung Alter Fischmarkt (heute Place des Tripiers). Gleich an der Ecke Rue Mercière ein schöngeschnitztes Fachwerkhaus im Ohrmuschelstil; daneben ein Ranaissancebau mit typischem Giebel, Erker und Wendeltreppe. Ebenfalls dieses Stils

STRASSBURG. Der Gutenberg-Platz mit der Handelskammer

ist Haus Nr. 40 mit schönem Innenhof. Nr. 36 ist das **Goethehaus,** in dem der nachmalige Dichterfürst während seiner Studienzeit (1770/71) gewohnt hatte.

D. Der PLACE DU CORBEAU

hat seinen Namen von dem anliegenden Rabenhof (Nr. 1). Dieser war lange Zeit der erste Gasthof der Stadt, in dem sogar einmal Friedrich der Große, allerdings zunächst incognito, abstieg. Entlang des Quai des Bateliers (Schiffsleutestaden) gibt es manche im Renaissancezeitalter errichtete Bauten, z.B. Nr. 11 mit Türmchenerker und Wendeltreppe. Nr. 4 ist die Weinstube „Zum Wein ohne Wasser". Ihr Name ist über der Eingangstüre auch in französisch angegeben, allerdings als Zahlenspiel: 0–20–100–0, also = 0–vingt-cent–0 = „Au vin sans eau". Am Ende dieses Stadens die altehrwürdige Kirche **St-Guillaume** (Wilhelmerkirche), die in den ersten Jahren des 14. Jahrhunderts erbaut wurde, aber inzwischen wiederholt umgestaltet wurde. 1667 erhielt sie ihren exzentrischen Turm. Ausstattung im Ohrmuschelstil. Von Bedeutung sind besonders die prächtigen Glasgemälde aus dem 14. bis 17. Jahrhundert, die z.T. von dem berühmten elsässischen Glasmaler Peter von Andlau stammen (siehe S. 18), in der Folge jedoch verschiedentlich restauriert und z.T. ausgetauscht wurden. In einer Nische der Sakristei steht das hochgotische Grabmal der Brüder (Landgrafen) von Werd, das im 14. Jahrhundert von Wölflin von Rufach geschaffen wurde.

Die **Rabenbrücke** hat eine makabre Vergangenheit. Von hier aus wurden die in einen Sack eingenähten Verbrecher in der Ill ertränkt. Die kleinen Sünder, z.B. unehrliche Handelsleute, wurden nur „geschupft", d.h. in einem eisernen Käfig mehrmals in die an dieser Stelle wegen der Abwässer etwas trübe Ill getaucht.

Jenseits der Brücke, jedoch dicht dabei, die **Große Metzig** – d.h. Metzgerei – (Grande Boucherie) aus der 2. Hälfte des 16. Jahrhunderts im Renaissancestil. Die in den Hof führende Wendeltreppe ist offensichtlich der kurz zuvor im Münster neben der astronomischen Uhr entstandenen Treppe nachgebaut. Im Hof ein gotischer Brunnen, älter als das Gebäude selbst, in dem das **Musée Historique** (s.S. 239) untergebracht ist. Es enthält eine reichhaltige stadtgeschichtliche Sammlung von Waffen, Rüstungen, Uniformen und geschichtlichen Dokumenten aller Art, insbesondere Stadtpläne und Stadtansichten, darunter einen großen

*„Ich bezog ein kleines, aber wohlgelegenes und anmutiges Quartier an der
Sommerseite des Fischmarktes, einer schönen, langen Straße, wo immer-
währende Bewegung jedem unbeschäftigten Augenblick zu Hilfe kam." So
beschrieb Goethe in „Dichtung und Wahrheit" sein ehemaliges Studenten-
quartier am Alten Fischmarkt zu Straßburg (heute Place des Tripiers).*

*Unser Bild: Der Alte Fischmarkt mit Goethehaus
nach einem zeitgenössischen Stich.*

Reliefplan aus dem Jahre 1725. Jenseits der Hauptstraße das **Kaufhaus** (Ancienne Douane) aus dem Jahre 1358, aber immer wieder umgebaut. Es diente ehemals dem kaiserlich privilegierten Stapelrecht (Zoll), und heute nach dem Wiederaufbau (es war ausgebombt) als Kunsthalle.

Zurück zum Rabenplatz. Unweit davon, am Quai St- Nicolas (Nikolausstaden) Nr. 23, das in einem alten Patrizierhaus untergebrachte **Musée Alsacien,** das elsässische Heimatkunst und Heimatkunde demonstriert, wie Innenräume, Möbel, Hausgerät, Trachten, Puppen, Puppenstuben usw. sowie volkstümliche Malerei und Graphik. Pastor Oberlin, an den eine Gedenksammlung erinnert, war Ende des 18. / Anfang des 19. Jahrhunderts der Wohltäter des unwirtlichen Steintales (Bruche). Das Haus selbst ist ein Renaissancebau mit von Galerien umgebenem kleinem Innenhof.

Auch weitere schöne Bürgerhäuser zieren den Nikolausstaden, wobei der Renaissancestil vorherrschend ist und mehrere hübsche Erker in verschiedener Abwandlung zeigt. Am Ende dieses Stadens die kleine **Kirche Saint Nicolas,** die auf römischen Grundmauern steht, aber in der Hauptsache aus dem 14. und 15. Jahrhundert stammt. Sie hat eine schöne Innenausstattung im Ohrmuschelstil. Sprengelpfarrer war hier vor dem 1. Weltkrieg der geistliche Urwalddoktor Albert Schweitzer, der damals in dieser Kirche seinen Freund Theodor Heuss mit der Straßburger Professorentochter Elly Knapp traute.

Hinter der Kirche am Spitalplatz das hohe Spitaltor, das einstmals zur gotischen Stadtmauer gehörte.

E. SAINT-THOMAS bis GEDECKTE BRÜCKEN

Diese protestantische Kirche ist nach dem Münster das bedeutendste sakrale Bauwerk der Stadt.

St-Thomas wurde im 13. bis 14. Jahrhundert zunächst von Westen her in romanischem Stil begonnen, dann aber gotisch weitergeführt und das Bisherige z.T. gotisch abgeändert. Der äußerliche Gesamteindruck mit dem mächtigen Turm und der breitgelagerten Vierungsbekrönung ist ausgesprochen romanischer Art, ungeachtet der schönen Rose in der Westfront, die dem Münster entlehnt ist. Das Langschiff ist ein gotischer Hallenbau, der mit seinen 5 Schiffen, die von eleganten Bündelpfeilern getragen werden, sehr in die Breite geht. An der rechten Chorschranke ist ein sehr schönes Tympanon „Christus mit dem ungläubigen Thomas" eingesetzt, das aus der Schule des Ecclesiameisters stammen dürfte und vielleicht ehemals ein später ausgewechseltes romanisches Hauptportal zierte. Neben mehreren Grabdenkmälern befindet sich in einer Seitenkapelle der beachtliche, aus dem 12. Jahrhundert (oder etwas früher) stammende Steinsarkophag für die Gebeine des im 9. Jahrhundert verstorbenen Bischofs **Adelochus.**

Das bedeutendste Grabmal ist das an Stelle eines Hochaltars errichtete *Mausoleum* für den französischen **Marschall Moritz von Sachsen** (gest. 1750). Dieser war ein Sohn des sächsischen Kurfürsten August der Starke und der Gräfin Königsmarck und war als Heerführer Ludwigs XV. im österreichischen Erbfolgekrieg erfolgreich. In der von dem französischen Bildhauer Pigalle in der 2. Hälfte des 18. Jahrhunderts in fast zehnjähriger Arbeit geschaffenen allegorischen Marmorgruppe verbinden sich Stilelemente des Rokoko und des Klassizismus. Die allegorische Gruppe zeigt den Marschall, wie ihn das durch eine weinende Frau dargestellte Frankreich vom Besteigen der Gruft zurückhalten will, deren Deckel der Tod einladend offenhält. Auch Herkules, Sinnbild für Kraft und Stärke, überläßt sich seinem Schmerz, und der weinende Liebesgott löscht seine Flamme. Die über den zerbrochenen Fahnen niedergestreckten Tiere versinnbildlichen die von dem Marschall im flandrischen Krieg (Fontenay) besiegten Staaten England, Niederlande und Österreich.

Die **Orgel** stammt von dem berühmten sächsischen Orgelbaumeister Johann Andreas Silbermann und gehört zu den besten Instrumenten des 18. Jahrhunderts. Sie ist ein Lieblingsinstrument des Urwalddoktors Albert Schweitzer gewesen, von dem sie bei Gelegenheit immer wieder gespielt wurde. An der seit der Reformation ununterbrochen protestantischen Kirche war ehedem der elsässische Reformator Martin Bucer der Pastor.

Vom Place de St-Thomas gelangt man westlich durch die Pflanzbadgasse in das sehr malerische alte Gerberviertel **Petite France.** Am Place Benjamin Zix die „Gerwerstub", früheres Zunftlokal der Gerber. Das Eckhaus zur Haargasse (Rue des Cheveux), ein gotischer Ständerbau, soll das älteste Wohnhaus Straßburgs sein und dürfte aus der Zeit des frühen Münsterbaues stammen. Heutzutage haben sich dort zahlreiche Antiquitätenläden etabliert. Noch etwas westlich die **Gedeckten Brücken,** d.h. es handelt sich um e i n e Brücke, die in mehreren Bögen die verschiedenen Illarme überquert. Sie war (und ist) „gedeckt" durch 4 Wachttürme, aus der alten gotischen Stadtbefestigung herrührend, sowie durch die später unter Vauban entstandenen

Bastionen. Dicht dabei (westlich) die „Große Schleuse", mittels welcher im Falle der Gefahr die Stadtgräben gefüllt und das Vorland überschwemmt werden konnte. (Die für die Brücke geltende Bezeichnung wird oft fälschlicherweise auf diesen massigen Schleusenbau angewendet.)

F. ALT-ST. PETER-KIRCHE

Die Kirche **Saint-Pierre-le-Vieux** ist eine der ältesten Straßburgs und reicht mit einzelnen Bauteilen bis ins 13. Jahrhundert zurück. Sie besteht entstehungsmäßig aus zwei im rechten Winkel zusammengebauten Kirchen. Die kleinere evangelische ist die ältere (14. und 15. Jahrhundert). Beachtlich ist hier ein Bildwerk der Hl. Anna Selbdritt, aus der Zeit der späten Gotik. Dieser Kirchenteil ist ohne Chor, da dieser dem späteren Anbau der katholischen Kirche im Wege war.

Letztere ist erst knapp 100 Jahre alt. Sie birgt im linken Querschiffsflügel 4 geschnitzte Altartafeln; Überreste eines Flügelaltars, der dem Straßburger Schnitzer Veit Wagner (um 1500) zugeschrieben wird. Aus derselben Zeit stammen einige Darstellungen aus der Leidensgeschichte Christi, offensichtlich aus der Colmarer Schule.

Westlich führt der Pont (Brücke) Kuss zu dem um 1880 errichteten **Hauptbahnhof.** Der Place de la Gare ist weitgehend Parkplatz und Ausgangspunkt zahlreicher Buslinien. In dem dem Hauptgebäude gegenüberliegenden Pavillon befindet sich die Touristenauskunftstelle.

Von der Kirche Saint-Pierre-le-Vieux führt die Grand'Rue (Langestraße) in Richtung Gutenbergplatz. Sie und ihre Nebengäßchen sind mit vielen alten interessanten Häusern besetzt und lohnen einen Spaziergang sehr. Dagegen ist die nördliche davon zum Kleberplatz führende Rue du 22 Novembre erst kurz vor dem 1. Weltkrieg durchgebrochen worden und unterscheidet sich daher nicht sehr von entsprechenden Straßen anderer Großstädte.

G. PLACE KLEBER

Der Platz, der ehedem zunächst Friedhof, dann Richtplatz, dann Weinmarkt und vergrößert dann Paradegelände war, dient heute vor allem dem Verkehr. Er ist dem Andenken des aus Straßburg stammenden General Kléber gewidmet, der unter Napoleon I. erfolgreich in Ägypten kämpfte und dort ermordet wurde. Sein Denkmal (1840) steht in der Mitte des Platzes. Dessen Nordseite wird fast vollständig durch die **Aubette** begrenzt, die 1765/68 in dem damals gerade sich entwickelnden klassizistischen Stil erbaut wurde. Sie diente bis 1918 als Hauptwache; daher der Name, der soviel wie „Unterkunft" oder „Wachtstube" bedeutet. Unter dem Platz eine Tiefgarage.

Nördlich grenzt ein weiterer kleiner Platz an: der **Place de l'Homme de Fer** („Am Eisernen Mann"). Seinen Namen hat er davon, daß an dem Haus Nr. 2, das im Erdgeschoß die Werkstatt eines Büchsenmachers beherbergte, während zwei Jahrhunderten eine Rüstung als Aushängeschild angebracht war.

Etwas nordöstlich davon die evangelische Kirche **Saint-Pierre-le-Jeune.** Ihre Entstehung entspricht etwa der des Münsters; auch sie hat, nach der aufgefundenen, aus dem 5. bis 6. Jahrhundert stammenden Hypogée (Sammelgruft) zu urteilen, eine frühchristliche Vergangenheit, und auch sie wurde nach romanischem Vorgang in der Hauptsache zwischen 1200 und 1300 in gotischem Stil erstellt. Dasselbe gilt für die Seitenkapellen. Sehr hübsch die Trinitatiskapelle mit figürlichem Schlußstein in dem zierlichen Sterngewölbe. Auch der Lettner (Chorschranke bzw. Chorempore) ist in hochgotischem Stil gehalten, während die Holzvertäfelungen im Chor die verwirrende Bewegtheit des Barock (um 175o) zeigen. An der Nordseite der romanische Kreuzgang aus der Anfangszeit der Kirche, die um die letzte Jahrhundertwende durchgreifend renoviert werden mußte. (Nicht damit zu verwechseln die k a t h o l i s c h e Kirche St.-Pierre-le-Jeune, die etwas nördlich davon jenseits des Kanals um diese Jahrhundertwende erstellt wurde und eine schöne Kuppel trägt.)

Entlang des Kirchplatzes verläuft die Rue de la Nuée-Bleue (Blauwolkengasse) in Richtung Broglieplatz. Ihr Name ist durch Verballhornung aus „Blauwalkergasse" entstanden, von welchem Handwerk hier ehemals eine Werkstätte gestanden sein dürfte.

An der Ostseite des Kleberplatzes führt die **Rue des Grandes Arcades** (Gewerbslauben) zum Gutenbergplatz. Sie ist eine belebte und beliebte Geschäfts- und Flanierstraße.

H. PLACE BROGLIE

Der langgestreckte Platz wurde 1742 von dem damaligen Militärgouverneur de Broglie an der Stelle des früheren Roßmarktes angelegt. Dominierend und mit seiner großen Säulenvorhalle sehr eindrucksvoll, liegt das unter der Herrschaft des Klassizismus entstandene **Stadttheater** an der östlichen Schmalseite des Platzes. Davor erhebt sich ein neuerrichteter Obelisk als Erinnerungszeichen an die Wiedereroberung Straßburgs durch General Leclerc.

Zu Zeiten der Anlage des Platzes war der südlich angrenzende Hanauer Hof, heute **Rathaus** (Mairie), bereits erstellt. Nur so ist es zu verstehen, daß seine Hauptfassade nicht nach diesem Platz, sondern nach der parallellaufenden **Rue Brulée** (Brandgasse) ausgerichtet ist. Auch der danebenliegende **Zweibrücker Hof** erstreckt sich zwischen Broglieplatz und Brandgasse. Sein doppelläufig ausgestattetes Treppenhaus wird als das schönste Straßburgs betrachtet. Im Jahr 1754 erstellt, hat der Bau eine wechselvolle Vergangenheit als Fürstenresidenz, deutsches Generalkommando, deutsches Offizierskasino und heute als Militärgouvernement. Ähnlich die am östlichen Ende der Brandgasse liegende Präfektur (1730/36), die ehedem Kgl. Prätorenresidenz und unter deutscher Herrschaft Reichsstatthalterei war. Die barocke Schauseite des Palastes ist nach dem Place de la République gerichtet.

Südöstlich erstreckt sich in dem von Ill und Wallgraben gebildeten Winkel der **Stephansplan** mit der uralten Stephanskirche (1172/1225) und vielen schönen, alten Häusern, z.B. in der Kalbsgasse (Rue des Veaux) oder Jungferngasse (Rue des Pucelles) oder Regenbogengasse (Rue de l'Arc-en-Ciel). Zwischen diesen beiden Gassen das Standbild des „Meisenlocker", entsprechend einer Altstraßburger Spottfigur.

J. Die NEUSTADT

Über die Theaterbrücke verläßt man den inneren Stadtring und erreicht unmittelbar den weiträumigen runden **Place de la République,** eine schöne Parkanlage, in deren Mitte sich das sinnvolle Gefallenendenkmal befindet. Dieser Platz ist so etwas wie die „vornehme Stube" der Stadt, denn hier versammeln sich viele (wenn auch stilistisch teilweise umstrittene) Monumentalbauten. Rechts zunächst das **Konservatorium** mit **Schauspielhaus,** dann die **Universitäts- und Landesbibliothek** mit 1,3 Millionen Bänden. Die Anfänge dieser Bibliothek führen bis zum Jahr 1567, d.h. zum Zeitpunkt der Gründung der Universität, zurück. Anschlie-

---

STRASSBURG. Das Europahaus, Sitz des Europarates.

ßend über Eck zwei Amtsgebäude der Präfektur, und ganz links (westlich) das 1883/89 als Kaiserpalast im Renaissancestil errichtete weitläufige **Palais du Rhin,** das ebenfalls staatliche Dienststellen, z.B. das Denkmalschutzamt, beherbergt. Über den Platz hinweg ein besonders schöner Blick auf das Münster.

Hinter dem Place de la République, entlang der Avenue de la Paix, erstreckt sich der **Parc Contades,** wo nach dem Kriege eine neue Synagoge in ansprechendem Stil erbaut wurde. Unweit davon beim Place de Bordeaux befindet sich Radio Strasbourg mit Fernsehturm. Hier ist auch eine Kongreßhalle geplant. Das **Messegelände** liegt 600 m nördlich davon, zu erreichen über die Avenue Schützenberger.

Im Nordosten der Stadt, noch diesseits des Marnekanals, liegt die **Orangerie,** ein für Josefine, die erste Gemahlin Napoleons I. angelegter schöner Park mit Empireschloß inmitten. Die Orangerie ist nun Stadtpark mit zoologischem und botanischem Garten und großem Gewächshaus. Bekannt ist das „Bürehiesel", ein renommiertes Restaurant mit elsässischem Dorfcharakter.

Gegenüber der Orangerie das **Europahaus** (Palais du Conseil de l'Europe), dessen Hauptbau im Jahr 1950 innerhalb 5 Monaten errichtet wurde.

Der am 5. Mai 1949 gegründete Europarat bezweckt die Herstellung einer größeren europäischen Einheit, die durch gemeinsame Aktionen sozialer, kultureller, wirtschaftlicher, rechtlicher oder administrativer Art, sowie durch Schutz der Grund- und Menschenrechte erreicht werden soll.

Die **Universität** liegt im östlichen Teil der Stadt, unweit des Place de la République. Das repräsentative und gutgegliederte Kollegiengebäude (1879/84) beherrscht den Place de l'Université. Die Hochschule hat, zusammen mit der im Austerlitzviertel liegenden Cité Universitaire 7 Fakultäten, bei welchen regelmäßig ca. 15.000 Studenten eingeschrieben sind. An deren berühmtesten, den jungen Goethe, erinnert die nördlich entlangführende Straße und sein Standbild auf dem Universitätsplatz. Im Universitätspark bzw. Botanischen Garten sind die wissenschaftlichen Institute untergebracht, u.a. ein botanisches und zoologisches, eine unterirdische Erdbebenwarte und eine Sternwarte. Weitere Neubauten entstehen entlang des nahegelegenen Boulevard de la Victoire.

STRASSBURG. Die Illuferpromenade.

K. Der HAFEN

Die Ursprünge der Rheinschiffahrt liegen zwar schon in der gallo-römischen Zeit, doch der nachhaltige Handelsverkehr setzte erst mit dem Anbrechen des Industriezeitalters und der Zunahme des Schwergütertransports ein. Dementsprechend entstand der moderne Straßburger Hafen erst gegen Ende des vorigen Jahrhunderts, beginnend 1890 mit dem Bassin d'Austerlitz im Süden der Stadt.

Heute umfassen die gesamten Hafenanlagen ca. 700 ha Fläche, davon 160 ha Wasserfläche, 20 km Anlegeplätze und 5 km Quais.

Den Touristen ist Gelegenheit geboten, die Wasserstraßen und Hafenanlagen in verschiedenen Streckenführungen, darunter auch einer „Nachtpromenade auf der Ill" per Motorboot vom Wasser aus zu besichtigen. Ablegeplatz ist bei der Promenade Dauphine in der Nähe von Place de Lattre.

Was sich in Straßburg, zusammengefaßt, so alles tut:

Auskunft (Verkehrsbüro): Syndicat d'Initiative, am Gutenbergplatz im Gebäude de la Chambre du Commerce, sowie Pavillons am Hauptbahnhof und an der Rheinbrücke.

Bildung:

Universität mit 7 Fakultäten und 11 Instituten sowie etlichen Sammlungen (s. bei Museen)

Universitäts- und Landesbibliothek, Place de la République, mit ca. 1,3 Millionen Bänden,

Centre Culturel de Neudorf,

Théâtre Municipal (Oper), Place Broglie (von Oktober bis Mai),

Théâtre de Comédie (Schauspielhaus), Place de la République, Théâtre du Cercle, Place Broglie

Kirchen (sonntags):

Katholisch:

        Münster, 9.30 grand-messe,
        St-Pierre-le-Vieux, 9.30 grand-messe,
        St-Jean, 9.15 grand-messe,
        St-Maurice, 9.00 grand messe.

Lutherisch:

        Temple-Neuf, 9.15 in deutsch,
        St-Pierre-le-Jeune, 9.30 in deutsch,
        St-Thomas, 9.15 in deutsch.

Reformiert:

> St-Paul, 9.30 in französisch,
> Rue du Bouclier, 9.30 in deutsch,

Israelitisch:

> Synagogue de la Paix, Freitagabend
> und Samstagmorgen.

Museen:

Musée Archéologique, Château Rohan,
Musée de l'Oeuvre Notre-Dame, Place du Château,
Musée Historique, Große Metzig,
Musée des Beaux-Arts, Château Rohan,
Musée des Arts Décorativs, Château Rohan,
Musée Alsacien, Quai St. Nicolas,
Musée Zoologique (Sammlung der Universität), Boulevard de la Victoire,
Collections d'Egyptologie, Universität,
Collection de Moulages d'antiques, Universität,
Musée d'anatomie, Hospital civil.
Besuchszeiten:

> April/Mai: 10-12, 14-17 Uhr
> Juni bis September: 10-12, 14-18 Uhr
> Oktober bis März: 10-12, 14-16 Uhr,
> ausgenommen Dienstag.

Veranstaltungen:

Straßburger Europäische Messe, 2 Wochen zu Anfang September.
Foire de Noël (Weihnachtsmesse).
Festival International de musique de Strasbourg.
Carneval.
Abendliche Hörszenen im Münster.
Stadtführungen.
Rundflüge.

Sport:

Fußball, Stadion Meinau
Tennis, beim Europahaus
Schlittschuhlauf, Ausstellungshallen Wacken
Freibäder: S.N.S., Rue du Général Ulrich
            Baggersee
            Contades, Quai Zorn
            Schwarzwasser, Neuhof
Städt. Hallenbad, 10, Boulevard de la Victoire (auch Wannenbäder, Fango).

Einkauf

Wochenmärkte (Marchés): Ste-Marguerite am gleichnamigen Platz, Mi. und Fr. vorm. (Bus 8, 18, 28). M. de ka Marne an gleichnamigen Boulevard, Die. und Sa. vorm. (Bus 2, 12, 15).

Flohmarkt (Marché aux Puces): Rue du Vieil Hopital (neben Place de la Grande Boucherie).

Warenhäuser: (einschl. Parfümerieabteilungen):
Cetre Halles, Quai Kléber,
Magmod, Place Kléber,
Maison Rouge, Place Kléber,
Printemps, 1, Rue de la Haute Montée.

Parkplätze:

Broglieplatz, Bahnhofsplatz, Universitätsplatz, Place de la République, Kleberplatz, Place de Bordeaux, Schloßplatz, Place de Lattre, Orangeriering, St. Magdalenenkirche, Place d'Austerlitz, Bd. Clemenceau, Bd. Poincaré, Bd. Wilson, Bd. de Metz, Place Jean Macé, Place St-Thomas, Place du Temple-Neuf, Place St-Pierre-le-Jeune.

Die Parkplätze Place de la Gare, Place Kléber, Place Broglie, Place du Temple-Neuf und Place St-Pierre-le-Jeune sind **bewacht. Tiefgaragen** unter dem Gutenbergplatz und unter dem Place Kléber.

In der **Zone Bleue** ist das Parken zeitbeschränkt, jedoch mit verschiedenen Fristen, wie es aus der Parkscheibe hervorgeht, die man bei der Polizei, dem Syndicat d'Initiative oder bei den Hotels erhält. Man ist verpflichtet, die auf den Abstellzeitpunkt eingestellte Parkscheibe sichtbar im Wagen zu befestigen.

Verkehr

Der **Bahnhof** Straßburg ist internationaler Knotenpunkt nach allen Richtungen.

Flughafen in Entzheim, 12 km südlich der Stadt.

Fernbusse (Abfahrt Bahnhofsplatz):

Nr. 9	nach Barr – Sélestat – Ribeauvillé – Colmar
Nr. 2/6	nach Zabern
Nr. 7	nach Molsheim
Nr. 21	nach Molsheim – Zabern
Nr. 5	nach Haguenau – Wissembourg
Nr. 8/18	nach Haguenau – Lauterbourg
Nr. 14	nach Haguenau – Niederbronn
Nr. 17	nach Haguenau – Lembach

(Mugler) nach Pfaffenhofen – Niederbronn
(Deutsche Bundesbahn) nach Kehl – Freudenstadt – Tübingen – Reutlingen – Ulm.

M	Meinau – Plobsheim – Boofzheim – Rheinau – Marckolsheim
D	Lingolsheim – Obernai – Ottrott – Odilienberg
W	Marlenheim – Westhoffen
Wa	Marlenheim – Wangenbourg
T	Truchtersheim
S	Truchtersheim – Friedolsheim – Saverne
N	Truchtersheim – Schnersheim – Wasselonne

Stadtbusse:

Diese tragen meist kombinierte Nummern mit gleicher Einerziffer (z.B. 8/18/28). Dabei bedeutet diese Einerziffer die Richtung und die Zehnerziffer die Entfernung in dieser Richtung. Ausgangspunkt ist meist der Bahnhof.

Wichtige Linien: 1/11/21: Bahnhof – Kleberplatz – Gutenbergplatz – Rabenplatz – Pont Vauban – Rheinbrücke Kehl; Nr. 10: Rundfahrt um den Stadtkern; Nr. 15: Orangerie (ab Broglieplatz).

Wichtige Adressen:

Deutsches Konsulat, 15, Rue des Francs Bourgeois.
Österreichisches Konsulat, 20, Av. de la Paix.
Schweizer Konsulat, 6, Bd. du Président Edwards.
Polizei, Commissariat Central, 11, Rue de la Nuée-Bleue
Club Vosgien (Vogesenclub), 4, Rue de la Douane.
Automobile-Club d'Alsace, 5, Avenue de la Paix.
Touring-Club de France, 11, Rue de la Division Leclerc.
Wechselstube mit Nachtbetrieb: am Bahnhof.
Fundbüro (Bureau des Objets Trouvées), 11, Rue de la Nuée-Bleue.-
Postämter:

> Poste de la Gare, Bahnhofsplatz
> Poste de la Cathédrale
> Poste Centrale, Avenue de la Marseillaise
> (Nähe Place de la République).

Taxizentrale Place de la République, Telefon 32.13.13, außerdem am Kleberplatz, Bahnhofsplatz und Spitalplatz.

STRASSBURG. Der Stadtpark ,,Orangerie" im Nordosten der Stadt.
(siehe S. 242)

THANN,

kleine Kreisstadt am Eingang des Thurtales mit ca. 9000 Einwohnern. Textil- und chemische Industrie, gute Weine (Rangen).

Die *Geschichte* der Stadt beginnt mit einer Sage: Der heilige Theobaldus (Thiébaut) von Eugubio in Umbrien ist gestorben. Sein treuer Knecht begibt sich mit einer in seinem Stab verborgenen Reliquie (rechter Daumen des Heiligen) auf die Wanderschaft. Bei der Rast im Elsaß war der in die Erde gesteckte Stock mit der Reliquie nicht mehr herauszubekommen und drei dabeistehende Tannen begannen zu leuchten. Der Schloßherr der Engelburg sah das Wunder und erbaute an dieser Stelle eine Kapelle (Vorläufer des Münsters). Diese war bald ein vielbesuchter Wallfahrtsort und eine Stadt entstand in ihrem Umkreis, die selbstverständlich den Namen Tanne, später Thann, erhielt. Im Jahre 1360 zur Stadt erhoben und mit Mauern umgeben, war Thann das ganze Mittelalter im Besitz der Habsburger und ein Verwaltungszentrum deren oberelsässischen Besitzes. Im 30jährigen Krieg schwer beschädigt, kam sie in dem nachfolgenden Westfälischen Frieden an die Krone Frankreichs und war zeitweise eine Herrschaft des Cardinals Mazarin und seiner Erben. Übrigens trägt der regierende Fürst von Monaco als Nachkomme der Erben des Kardinals den Titel eines Grafen von Thann.

Im ersten Weltkrieg wurde die Stadt gleich zu Anfang im Handstreich von den Franzosen genommen und lag während des ganzen Krieges im Frontbereich, ohne jedoch große Schäden erleiden zu müssen. Dies traf jedoch in den letzten Phasen des 2. Weltkrieges zu, als die Frontlinie einige Wochen mitten durch die Stadt ging.

Sehenswürdigkeiten:

Das gotische **Münster St-Thiébaut,** von dem der Volksmund sagt: Das Münster von Straßburg ist das höchste, das Freiburger das Dickste, aber 's Thanner „'s fienscht!" –

An dem Bau, der an die Stelle einer alten Kapelle zu stehen kam, wurde seit etwa 1300 gearbeitet. Mit Chor und Turm wurde 1351 begonnen. Um 1428 (Inschrift) wurde der Giebel der Westfassade ausgebaut, auf dem noch nicht fertigen Turm die erste Glocke aufgehängt, und der Grundstein zum nördlichen Seitenschiff gelegt, nachdem im vorgehenden Jahrhundert die Bauarbeiten wegen Seuchen, Hungersnöten, Erdbeben und kriegerischen Ereignissen (100jähriger Krieg) lange Zeit stillgelegen hatten. Im Jahr 1516 war dann der Bau fertiggestellt.

Von den beiden etwas abgesetzt vorgesehenen **Türmen** kam nur der nördliche (75 m) zur Ausführung, in seiner leichten Filigrankonstruktion dem Freiburger Münster nah verwandt. Zu seiner Höhe leitet ein dem Langhaus aufgesetzter gleichgestalteter Dachreiter. Dadurch ergibt sich eine seltsam unsymmetrische Harmonie.

Unter einer wohl etwas klein geratenen **Rose,** die , durch eine ungotische Volte gedrückt, oben zu viel leere Wand freiläßt, öffnet sich zwischen zwei stark hervortretenden Strebepfeilern das **Hauptportal,** das zu den ältesten Teilen des Baues gehört. Das Portal hat später eine durchgreifende Änderung erfahren, indem unter dem großen Bogenfeld im 15. Jahrhundert zwei kleinere eingezogen und damit ein Doppelportal geschaffen wurde. Dieses ist überreich mit Skulpturen besetzt, die auch den Sturm der Revolution überlebt haben.

In den nach oben zu auf die Zahl 5 anwachsenden Hohlkehlen des großen Portalbogens ist alttestamentliche Geschichte dargestellt (z.B. in der breiten mittleren Kehle in 22 Szenen von der Erschaffung der Erde bis zum Opfer Abrahams). Dies ist eine Einführung und Hinleitung auf die neutestamentliche Geschichte, nämlich auf das *Marienleben* im obersten großen Tympanon, das in fünf horizontale Felder geteilt ist, und auf das Leben Jesu mit den beiden Schwerpunkten Geburt und Tod, in den beiden unteren. Besonders die Darstellung im oberen Tympanon ist sehr komprimiert und künstlerisch den unteren jüngeren vorzuziehen.

Das **Nordportal,** das aus dem 15. Jahrhundert stammt, weist u.a. drei gute Skulpturen aus derselben Zeit auf: St. Morand mit einer Weintraube, St. Theobald und Johannes der Täufer.

Das **Innere** der Kirche zeigt trotz der Kürze des Schiffes die bei einer gotischen Kirche zu erwartende Eleganz der Linien, betont durch hohe Glasgemälde des 15. Jahrhunderts.

Rechts nach dem Eingang die apsisartig ausgebildete **Marienkapelle** mit Madonnenstatue aus dem 15. Jahrhundert. Daneben in Verlängerung des Seitenschiffs die Theobalduskapelle mit der ebenfalls aus dieser Zeit stammenden Holzstatue des Heiligen.

Das nördliche Seitenschiff (jüngster Bauteil)s zeigt eine aufwendigere Gestaltung des Netzgewölbes und des Fenstermaßwerks.

Der auffallend hohe und tiefe **Chor** wird von 8 gotischen Fenstern mit schönen Malereien des 15. Jahrhunderts erhellt. Sein Sterngewölbe ruht auf kurzen Säulchen, unter deren zu Baldachinen ausgebildeten Konsolen die 12 Apostel stehen, Arbeiten des 14. Jahrhunderts, sehr restauriert. Das **Chorgestühl,** ebenfalls aus dem 14. Jahrhundert, zeigt in seinen seltsamen, heute unverständlichen Figuren die verwegene Phantasie des Mittelalters.

Vor dem Münster steht ein Renaissancebrunnen mit dem Standbild des Stadtpatrons.

Weitere Sehenswürdigkeiten sind u.a. der **Hexenturm** (Tour des Sorcières) am Fluß, mit photogenem rotem Ziegel-Pickelhaubenhelm. Man sagt, im Mittelalter seien a l l e Thanner Hexen verbrannt worden; und es sollen ziemlich viel gewesen sein!

Wenig oberhalb des Flusses das ehemalige Kornhaus, das als **Museum** eingerichtet ist und Lapidarien und stadt- und volkskundliche Erinnerungsstücke birgt. Auf dem Platz vor dem Kornhaus der bemerkenswerte Winzerbrunnen.

In geringer Entfernung nördlich über der Stadt liegt die ehemalige **Engelburg,** deren Ruine heute mit ihrem Hexenauge weit ins Land schaut. Die Burg gehörte zuerst den Grafen von Pfirt, dann den Habsburgern, unter deren Herrschaft sie siebenmal erstürmt und schwer beschädigt wurde. 1674 wurde sie von dem französischen Intendant de Poncet zerstört, obwohl sie Ludwig XIV. bereits seinem Kanzler Mazarin geschenkt hatte. Nach der „Großen Thanner Chronik" sollen dabei Rivalitäten im Spiel gewesen sein.

Bei der Sprengung wurde der große Bergfried quer auseinandergerissen und umgelegt, so daß ein Ring davon wie ein Auge hinab ins Tal sieht.

Auskunft: Syndicat d'Initiative, Hotel de Ville, PLZ 68800.

Unterkunft in 6 Hotels und in Privatzimmern mit zusammen ca. 300 Betten. Campingplatz.

Veranstaltungen und Sport: Freibad, Angeln, Wintersport auf den umliegenden Höhen (z.B. Grand Ballon* 16 km. Volksfest am 30. Juni).

Umgebung bzw. Wanderungen:

1. Der **Staufenberg** (514 m) südlich der Stadt mit Gedenkkreuz 1/2 Std.

2. Die **Vue Zuber** auf dem Kürrenberg (648 m), 1 Std. südlich der Stadt (WM roter Punkt).

3. Auf den **Roßberg** (1192 m, WM roter Balken, 3 Std.) über kleine Eichwand, Plan Diebold und Col Hundsrücken (740 m, 1 1/2 Std.).

4. Zur **Route des Crêtes*** über Riesenkopf oder Molkenrain (WM rot-weiß-rot bzw. roter Balken, 3 Std.) oder Fahrstraße D 13 über Willer und Goldbach (13 km).

5. Durch das **Vallée de Thur** über das Städtchen Saint Amarin (2000 Einwohner) nach Oderen und **Wildenstein*** mit Schloßberg und Stausee. Gletscherschliffe!

6. Nach **Masevaux** im Tal der Doller, auf der Panoramastraße **Route Joffre** über den Col Hundsrücken (18 km).

TROIS-EPIS

(Drei-Ähren) liegt in 660 m Höhe auf einem bewaldeten Ausläufer der südlichen Vogesen, oberhalb von Türckheim (Colmar), mit altberühmter Wallfahrt (seit 1491). Die Botschaft ist: Gebet und Buße, die Alternative: Lohn (3 Ähren auf einem Halm) oder Strafe (Eiszapfen bzw. Hagelschloße in der Linken Mariens).

Die 1503 errichtete Kapelle wurde im 30jährigen Krieg durch Brand beschädigt. 1651 wurde neben der Kapelle ein Kloster errichtet. Bei der Säkularisierung in der französischen Revolution wurden die Bilder heimlich nach Ammerschwihr verbracht und Kirche und Kloster von Bürgern von Ammerschwihr käuflich erworben, so daß die Gebäude nicht zerstört wurden. Die Wallfahrt wurde 1804 wieder aufgenommen. Zur Zeit erfolgt die Betreuung durch die sonst in der Volksmission tätige Kongregation der Redemptoristen. Ewige Anbetung der Frauen und Jungfrauen.

Die wiederhergestellte einschiffige gotische **Wallfahrtskapelle** hat zweigeteilte Fenster mit Fischblasenmaßwerk. Das Gewölbe des mit Strebepfeilern gestützen Chors wurde nach dem Brand im 30jährigen Krieg neu eingesetzt, dagegen hat die Sakristei noch ihr spätgotisches Gewölbe.

Angebaut ist das weiträumige Kloster.

Im übrigen wurde inzwischen Trois-Epis ein beliebter Sommerkurort mit etlichen guten und besten Hotels sowie zahlreichen Sommerhäusern. Aussicht vom Belvedère.

Auskunft: Syndicat d'Initiative, PLZ 68410.

Wallfahrtstage:
2. Februar, 25. März, Freitag vor Palmsonntag, 3. Mai, Sonntag vor dem 24. Juni, 15. August, 8. September, 1. Sonntag im Oktober, 21. November und 8. Dezember.

Wanderungen:
1. Der **Galtz,** eine hochgelegene Bergkuppe (730 m) mit 7 m hoher Christusfigur in segnender Haltung, als Denkmal an die Gefallenen beider Weltkriege. Orientierungstafel; prächtige Rundsicht. WM blauer Punkt, 1/2 Std. in nordöstlicher Richtung.

2. nach **Ammerschwihr** (WM blauer Punkt, 1 3/4 Std.) über Le Galtz, Bornthalkopf (616 m) und Meiwihrkopf (426 m).

3. Nach **Ammerschwihr** (WM rotes Schrägkreuz, 1 1/2 Std.) über Wölflingsthal und Walbachthal.

4. Nach **Katzenthal** mit Burgruine Wineck (1 1/4 Std.) über Rocher du Pfaffenrod (1/2 Std.).

5. Nach **Niedermorschwihr** (WM blaues Dreieck und blaues Schrägkreuz, 1 1/4 Std.) über Chapelle St-Wendelin (1 Std.).

6. Nach **Türckheim** durch das Buchenthal (WM gelber Balken 1 1/2 Std.).

7. Nach **Türckheim** durch das Libschelthal (WM blaues Dreieck, 1 1/2 Std.) über das Vogesenhüsele (Maisette Vosgienne, 3/4 Std.).

8. Zum **Lac Noir** (WM gelber Balken, 4 1/4 Std.) über **MF Obschel** (770 m, 3/4 Std.), **Giragoutte** (1 Std.).

Nahebei der PETIT HOHNACK (920 m) mit Burgruine aus dem 11. Jahrhundert, ursprünglich den Grafen von Eguisheim gehörend. Im 30jährigen Krieg und nochmals 1655 zerstört. Imposante Ruine, schöne Aussicht ins Tal der Weiß.

Südlich gegenüber der GRAND HOHNACK (976 m).

Weiter über **Croix de Wihr** (893 m, 1 1/4 Std., seit dem Abgang in T–E.) **Col Bärenstall** mit deutschem Kriegerfriedhof des 1. Weltkriegs (976 m, 2 Std.), **Le Linge (Schratzmännele,** 2 1/4 Std.). Über diesen Bergrücken verlief 1914/18 die hart umkämpfte Frontlinie mit Gräben, Unterständen und Verhauen, die z.T. noch zu sehen sind.

Dann über **Col du Wettstein** mit dem Friedhof der französischen Alpenjäger (880 m, 3 Std.) zum Lac Noir (954 m, 4 1/4 Std.), siehe auch bei Route des Crêtes* (Abschn. D 3).

9. Nach **Orbey** (Urbeis), Sommerfrische im oberen Weißtal (508 m, WM blauer Punkt, 2 1/4 Std.) über **Labaroche-Place** (1 Std.), o d e r über **Labaroche-Eglise** (550 m, 1 Std.) und **Labaroche-Chapelle** (730 m, 1 1/4 Std.).

LABAROCHE (1200 Einwohner) ist ein weitverstreuter Luftkurort, der sich von 550 m bis auf über 800 m Höhe erstreckt. Der größere Ortsteil ist La Place nördlich unterhalb des Kleinen Hohnack. Busverbindung mit Trois-Epis und Colmar.

10. Nach **Kaysersberg*** (WM blaues Kreuz, 2 Std.) über Rocher du Corbeau (3/4 Std.) und Chapelle Flieger.

VILLÉ,

früher „Weiler", gelegen wenig westlich von Sélestat, ist mit seinen rd. 1600 Einwohnern der Hauptort und das Einkaufszentrum des Weilertales. Letzteres erstreckt sich von Châtenois bis zur Hochfeldstraße (Champ du Feu) und ist von dem Flüßchen Giessen durchzogen, und in dessen acht Nebentälern interessante kleine Dörfer wie Albé (Heimatmuseum), Breitenbach, Urbeis (Bergwerk aus dem 16. Jahrhundert usw.) liegen. Neben anderen Handwerken hat in Villé die Brennerei (Kirschwasser usw.) eine alte Tradition.

Auskunft: S.I. (Verkehrsverein) im Rathaus und (sommers) im Kiosk am Marktplatz, PLZ 67220.

Unterkunft in Hotels (ca. 100 Betten) und in ca. 100 Ferienwohnungen und Ferienhäusern. Außerdem ein Campingplatz und 2 Zeltplätze auf Bauernhofgelände sowie das VVF (Feriendorf für Familien) mit 135 Wohnungen.

Freizeitmöglichkeiten: Beheiztes Hallenschwimmbad mit Kleinkinderbecken und Solarium, Bibliothek mit Bücher- und Schallplattenausleihe, „Haus des Weilertales" (Heimatmuseum) im nahen Albé, Tennisplatz, Trimmdichpfade, Waldlehrpfad, Fahrrad- und Schiverleih, 360 km markierte Wanderwege.

Unterhaltung: Handwerkerfest, Fête des Artisans, Reiterfest, Volksmärsche, Besichtigungsrundfahrten bei Landwirten, Kunsthandwerkern und Schnapsbrennereien, Holzhauerwettbewerbe, Gebirgsfeste, geführte Wanderungen, Mittwochsmarkt, Flohmarkt.

Villé empfiehlt sich auch als Stützpunkt für Ausflüge in die nahe oder weitere Umgebung.

Wanderungen:

1. Zur Wallfahrtskirche **St-Gilles** (St. Ägidi, 348 m) 4 km östlich oberhalb von St-Pierre-Bois (Wallfahrtstag 1. September).

2. Zum **Col Steige** (534 m, 11 km, Aussicht) an der Hochfeldstraße.

3. Auf die **Honel** (623 m, WM gelber Balken, 1 3/4 Std., Aussicht). Eventuell weiter zu den Fermes Climont (zusammen 3 Std.) an der Hochfeldstraße.

4. Zur Burgruine **Bilstein** (Urbeis) mit WM gelbes Schrägkreuz, über den Weiler Lalaye (1 1/2 Std.). Die Burg wurde 1964 freigelegt und gesichert.

5. Zur **Frankenburg** (WM rotes Schrägkreuz, 2 Std.) über Neuve-Eglise und Rindsfeld (siehe S. 78).

6. Ein etwas längerer Weg (evtl. Rückweg) zur **Frankenburg,** mit WM gelber Balken, 3 Std.) über Breitenau, Forsthaus, Salière und Roche des Fées.

7. Zum **Champ du Feu** (Hochfeld, 1098 m), entweder mit WM roter Punkt über Kriegersmatt, entlang des Breitenbachs und über den Col de la Charbonnière in 2 1/2 Std. o d e r mit WM gelbes Kreuz über Breitenbach zum Forsthaus Kreuzweg und von da mit WM blaues Kreuz zum Turm (2 1/2 Std.).

8. Zum **Hohwald** (WM rot-weiß-rot, 2 1/2 Std.) über den Chemin des ânes (Eselspfad) aufwärts zur Grande Bellevue (Schöne Leite), die am Haseleck gekreuzt wird, und, rechts oder links am Heidenkopf (Langfeld) vorbei, abwärts nach Hohwald.

9. Zum **Ungersberg** (901 m, Aussichtsturm, WM rotes Kreuz) über Schrann zum MF Mäusebuckel. Von dort entweder rechts über MF Ungersberg, oder links durchs Erlenbacher Holz.

WANGENBOURG,

ein Ferienort am Oberlauf der Mossig (14 km westlich von Wasselonne), liegt in einem schönen waldumsäumten Wiesental und an dessen beiderseitigen Berghängen, überragt vom 961 m hohen Schneeberg. Das reizvolle und mit unendlich scheinenden Wäldern bedeckte Bergland, dessen Mittelpunkt Wangenbourg ist, wird oft auch als „Elsässische Schweiz" bezeichnet.

Die Behausungen der insgesamt ca. 1200 Einwohner (die Ortsteile Engenthal, Obersteigen, Freudeneck und Schneeberg eingeschlossen) sind über den ganzen Talkessel verteilt; die meisten von ihnen könnten Anspruch auf den Beinamen „Luginsland" erheben!

WANGENBOURG. Ausblick von der Aussichtsterrasse im Ortszentrum auf den weitverstreuten Ortsteil Schneeberg.

Ein kleines Ortszentrum besteht rund um die weithin sichtbare neugotische Kirche. Hier entlang führt auch der Weg zu der unweit und wenig höher gelegenen

Burgruine Wangenbourg

Das Dorf Wangen war ehedem Besitz des Klosters Andlau, und die aus dem 13. Jahrhundert stammende Burg diente dem Schutz des Dorfes. Die Lehensmannen benannten sich „von Wangen" und besaßen das Lehen bis zur Revolution. Die Burg wurde vermutlich im 30jährigen Krieg zerstört.

Die romantisch im Wald gelegene Ruine hat einen erheblichen Umfang. Erhalten sind Reste der teilweise über 2 m starken Ringmauer, des fünfeckigen (innen viereckigen) Turmes, Palaswand mit Renaissancekamin und teils rund-, teils spitzbogigen Öffnungen.

Auskunft: Syndicat d'Initiative in dem Kiosk auf dem großen Parkplatz unweit der Kirche, PLZ 67710.

Unterkunft in Hotels, Appartements, mietbaren Häusern und Privatzimmern, mit insgesamt ca. 400 Betten. Campingplatz.

Wanderungen:

1. **Burgruine Freudeneck** im Mossigtal, östlich des Dorfes (1/2 Std. WM blaues Kreuz). Die am Fuß des Castelbergs gelegene Ruine, ehemals ebenfalls zeitweise Lehensburg des Klosters Andlau, ist stark zerfallen.

2. Die **Burgruine Nideck** (9 km) ist über eine schöne Waldstraße (D 218) über Wolfsthal und Pandurenplatz zu erreichen: Zunächst entlang des Stochusbach, dann bergauf zum Weiler **Wolfsthal** und zum Place des Pandours (677 m), dann mit Abstand rechterhand das **Forsthaus** Nideck (600 m, Gasthaus, Wegweiser für Wanderwege).

Von hier zu Fuß mit WM gelber Balken im Bogen zur Ruine (1/2 Std.) oder besser auf der Straße noch ca. 1/2 km bis zu der Lichtung (Baumschule) und hier nach Wegweiser und WM roter Balken links abwärts in 10 Minuten zu der über dem Nideckbach stehenden, aus Vor- und Hauptburg bestehenden **Burg Nideck (550 m)**

Diese wurde im 13. und 14. Jahrhundert als bischöflich-straßburgisches Lehen erbaut und nacheinander verschiedenen Feudalherren verliehen, die zeitweise auch bekriegt werden mußten, weil sie die Lehensherrschaft mißachteten. 1636 ging die Burg zugrunde.

Vorhanden sind 2 Türme. Der untere ist noch fast 20 m hoch, mit 3 m dicken Mauern. Von seiner Höhe hat man eine wundervolle Aussicht in die unendlich scheinende Berg- und Waldeinsamkeit dieses Landstrichs. Untrennbar mit der Burg verbunden ist das 1831 von Adalbert von Chamisso geschaffene Gedicht vom Riesenspielzeug, das mit „Burg Nideck ist im Elsaß der Sage wohl bekannt . . . " beginnt, und diese Burg über das Schullesebuch über den ganzen Raum deutscher Zunge bekanntgemacht hat.

Am unteren Turm (Bergfried) vorbei führt ein Abstieg zu den malerischen **Cascades de Nideck.** Der Nideckbach stürzt hier 25 m tief über die hier anstehenden unnachgiebigen Porphyrfelsen (manchmal ein bißchen „dünn").

In Fortsetzung des Talwegs erreicht man wieder die Landstraße D 218. Die Fortsetzung dieser Straße führt über **Oberhaslach*** und **Niederhaslach*** (Tal der Bruche).

FUSSWANDERUNG ZUR RUINE NIDECK:
a. Mit WM roter Balken in 2 1/2 Std. Über den SCHNEEBERG (960 m, 1 1/2 Std.) und das Forsthaus Nideck,
b. mit WM gelber Balken am östlichen Fuß des Schneebergs entlang, über den PLACE DES PANDOURS (1 1/2 Std.) und das Forsthaus Nideck zur Ruine (2 1/2 Std.).

3. Zum **Col du Hoellenwasen** (915 m, 2 Std., WM rot-weiß-rot) über den südlichen Schneeberghang.

4. Ins **obere Mossigtal** über Engenthal: Fahrweg D 424 oder Fußweg blauer Punkt.

5. Zum **Donon** (7 Std.), eine prachtvolle Kammwanderung. Zunächst wie Ziff. 3 zum Col du Hoellenwasen, dann (immer noch rot-weiß-rot) Urstein (947 m, Aussicht!), Eichkopf (912 m), Großmann (986 m), Altmatt (Hütte), dann mit WM blauer Punkt zum Tête de Mort (900 m), Haut du Narion (736 m) und über den Col de Donon zum Ziel.

6. Auf den **Schneeberg** siehe bei Nr. 2a.

7. Nach **Westhoffen** (bei Wasselonne, 4 Std.). Über Forsthaus Bischofslaeger (WM gelber Punkt, 1 1/4 Std.) und weiter mit WM weißes Kreuz durchs Sathbachtal und Moosbachtal, über das Forsthaus Geissweg, und von hier über den Fahrweg, zwischen Geierstein (links) und Seelenberg hindurch, abwärts nach Westhoffen.

WASSELONNE

(Wasselnheim, 5000 Einwohner) ein Landstädtchen, in dem von der Mossig durchflossenen hügeligen Vorland der Vogesen, 25 km westlich von Straßburg gelegen. Straßenknotenpunkt. Die Messe von Wasselonne am Sonntag nach dem 24. August ist ein großes Bezirksereignis.

Der Ort ist bereits 754 als „Wagzeleneheim" genannt. Auf seinen Fluren wurden zahlreiche römische und gallo-römische Funde gemacht. Von dem 1674 von Turenne zerstörten Schloß, das eine starke kreisrunde Festung gewesen war, ist noch ein dicker Turm übriggeblieben, sowie ein Tor von der Stadtbefestigung.

Auskunft (ca. 60 Gastbetten): Mairie, PLZ 67310.

Umgebung:

Das **Kronthal,** ein Engpaß zwischen dem Marleberg (links) und dem Wangenberg, der von der Mossig (begleitet von Bahn und Straße) in Richtung Marlenheim* durchflossen wird. Aus den hier anstehenden Steinbrüchen wurde seinerzeit der Sandstein für das Straßburger Münster gewonnen.

Wanderungen:

1. Nach **Hohengoeft** (WM gelbes Dreieck, 1 1/2 Std.) in östlicher Richtung über den Löwenkopf (Fels) und **Goeftberg** (Kochersberg, 398 m, Rundsicht) sowie die Chapelle de la Croix.

2. Nach **Westhoffen,** 4 km südlich, ein altertümliches Winzerdorf mit 1500 Einwohnern, ehemaliger Besitz des Templerordens (vor 1300). Die Martinskirche wurde 1250 gegründet und im 14. Jahrhundert gotisch aufgebaut, dann wegen Baufälligkeit um 1870 umgebaut, wobei der gotische Chor mit 2 altertümlichen Glasgemälden und einigen Rundpfeilern erhalten blieben. Überreste der Ummauerung.

3. Die **Chapelle Notre-Dame** am Marleberg (Marienberg?).

4. In die **Vogesenberge** siehe bei Wangenbourg*.

WILDENSTEIN,

ein kleines ehemaliges Glasmacherdorf mit 200 Einwohnern, liegt im hintersten Teil des Thur-Tales (→ Thann*, Umgebung Ziff. 6), südlich unterhalb der Route des Crêtes. Für einen ruhigen Urlaub sehr geeignet.

Da laute Unterhaltung (Kino, Disco usw.) fehlt, wandert die Jugend ab, die Einwohnerzahl sinkt, und viele Häuser stehen leer (ein Potential für künftige Gästezimmer?).

Unterkunft: Im Hotel Soleil, und in dem außerhalb des Dorfes schöngelegenen Centre des Répos Bernard de Lattre, mit 80 Betten.

Auskunft unmittelbar bei diesen Hotels.

Wanderungen:

1. Zum **Schloßberg** mit der Burgruine Wildenstein (666 m), 1 Std. talabwärts. Es handelt sich um einen über 100 m hohen, mitten auf der Talsohle stehenden Felsberg, der die Ruine der ehemaligen Burg trägt. Diese war im 13. Jahrhundert auf Veranlassung der Grafen von Pfirt erbaut und im 30jährigen Krieg zerstört worden. Alter Aufstieg durch einen Tunnel. Neben und oberhalb des Berges erstreckt sich seit 1963 ein ca. 2 km langer und 400 m breiter wunderschöner **Stausee,** von dessen westlichem Ufer aus der Grand Ventron (1209 m) steil ansteigt.

2. Zur **Route des Crêtes*** (Rainkopf, 1298 m) über den Col de Bramont (958 m) und die Route des Americains (12 km).

3. Steiler Fußweg zur **Route des Crêtes*** (Col du Herrenberg), fast 2 1/2 Std.

4. Zum **Lac des Corbeaux** (800 m, 3 Std.) über den Col de la Vierge.

5. Zum **Grand Ventron** (1209, 2 1/2 Std.). Über die Hintere Bocklochrunz mit Wasserfällen und den Col du Bockloch.

WISSEMBOURG

(Weißenburg) ist eine kleine Grenzstadt (ca. 7.500 Einwohner) am Fuße der Nordvogesen und an der Ausmündung des Lautertales, mit guterhaltenem elsässischem Kolorit.

Zur Römerzeit kleine Siedlung in Anlehnung an das unweit östlich gelegene Kastell Concordia, entwickelte sich die Stadt im 7. und 8. Jahrhundert im Umkreis der von Bischof Dagobod (664–700) gegründeten reichsunmittelbaren Benediktinerabtei Uuizenburgo. Der fränkische König Dagobert II. (um 656), der einen großen Teil seines Lebens in Klöstern zubrachte, schenkte der Abtei während seiner kurzen Regierungszeit umfangreiche Ländereien, darunter auch den heute zur Pfalz gehörigen Unteren Mundatwald (inmunitas = Unabhängigkeit bzw. Abgabenfreiheit). Die geistige Blütezeit war im 9. Jahrhundert, als der Mönch Otfried (genannt von Weißenburg) um 850 in deutscher Sprache (rheinfränkisch) ein dem König Ludwig dem Deutschen gewidmetes Evangelienbuch, die *„Evangelienharmonie"*, verfaßte, wobei er erstmals den Endsilbenreim (später als „Knittelvers" volkstümlich geworden) anwendete. Seit der Einführung der Reformation war das Kloster ein Kollegiatstift, das bis zur französischen Revolution bestand.

Die rings um das Kloster erbaute Stadt wurde im 12. Jahrhundert mit Mauern und Wällen umgeben. Außerdem wurden zu ihrer Bedeckung auf den umliegenden Höhen 4 Burgen errichtet: St. German (jetzt Germanshof bei Weiler) im W, St. Peter und Paul (Paulinerschloß) im N, St. Remigius lauterabwärts und St. Pantaleon im S. Die Freie Reichsstadt war seit 1354 Mitglied des elsässischen Zehnstädtebundes. In Grenzstreitigkeiten mit den Grafen von der Pfalz, im bayrischen Erbfolgekrieg, im Bauernkrieg und im 30jährigen Krieg hatte die Stadt und ihre Umgebung viel zu leiden. Im Frieden von Rijswijk (1692) kam sie an Frankreich.

Im Deutsch-Französischen Krieg fanden im Bereich der Stadt die ersten Durchbruchskämpfe statt. Im 2. Weltkrieg stand die Stadt zu Beginn und an seinem Ende nochmals in der Frontlinie: 1940 bei dem Durchbruch durch die Maginotlinie und im Winter 1944/45, als die Stadt dreimal den Machthaber wechselte.

Sehenswürdigkeiten:

Vom Place du Marché-aux-Choux (Kohlmarkt) führt die Geschäftsstraße Rue de la République zum Place de la République mit dem repräsentativen turmgekrönten **Rathaus,** das um 1750 im Louis-Quinze-Stil errichtet wurde. Westlich über die Brücke beim Fischmarkt zur

Eglise St-Pierre-et-St-Paul,

ehemalige Klosterkirche, die nach dem Straßburger Münster die größte gotische Kirche des Elsaß ist.

Die allererste Klosterkirche war bereits 985 durch Herzog Otto von Franken wieder zerstört worden. 1074 stand eine neue romanische Kirche an ihrem Platze. Diese ging, mit Ausnahme des noch heute vorhandenen Glockenturms, ebenfalls zugrunde und wurde im 13. Jahrhundert in gotischen Stil neuerrichtet. Das Langhaus wurde im 14. Jahrhundert fertiggestellt. Der Helm des gotischen Vierungsturms (13. Jahrhundert) wurde im 30jährigen Krieg durch feindliche Geschosse so beschädigt, daß er abgetragen werden mußte, worauf er 1668 einen provisorischen Aufsatz bekam, der erst um 1890 durch den heute vorhandenen Helm ersetzt wurde.

253

In der französischen Revolution litt die Kirche aufs schwerste. Den Statuen wurden die Köpfe abgeschlagen, das Heilige Grab schwer beschädigt und die alten Urkunden und Schriften der Abtei zusammengetragen und verbrannt. Einige Zeit als Lagerhaus verwendet, wurde sie unter Napoleon I. wieder der Pfarrgemeinde zurückgegeben. Bei den anschließenden Aufräumungsarbeiten wurden auch noch die „Reste" dieser Zerstörung beseitigt: die beschädigten Figuren über den Portalen wurden weggemeißelt, beschädigte Glasgemälde wurden weggeworfen und durch weiße Fenster ersetzt. 1811 wurde auch der steinerne Lettner abgetragen, dessen Material man zur Erhöhung des Querhauses verwendete. 1823 wurde auch das beschädigte Mittelfenster des Chors zum größten Teil ausgebrochen und durch eine Backsteinwand ersetzt.

Dann wurde endlich dieser ständigen Zerstörung Einhalt geboten und man begann, vor allem seit 1862, mit der stilgerechten Wiederherstellung des alten Baues, was den Verhältnissen entsprechend gut gelungen ist.

Im Innern der Kirche herrschen großzügige und edle Raumverhältnisse gotischer Denkungsart. Der Grundriß weicht von allen im Lande bekannten Vorgänge ab und ist in jeder Beziehung unsymmetrisch. Der ursprünglich 3schiffigen Basilika (sogar die Seitenschiffe haben verschiedene Breiten) wurde durch einen Anbau gewissermaßen ein viertes Schiff angehängt, allerdings nicht über die ganze Länge. Im Chor beeindrucken vor allem die vier seitlichen Fenster mit **Glasmalereien** des 12. bis 14. Jahrhunderts, die allerdings stark restauriert sind. An der Südostseite eine Piscina. Im Rad des Maßwerks der Doppelnische ein Engel, der, offensichtlich als Andeutung der biblischen Fußwaschung, ein Handtuch hält.

An der südlichen Querhauswand befindet sich eine beachtliche achtteilige **Rose,** im 19. Jahrhundert restauriert. Eines der alten Glasgemälde, das die Zerstörungen einigermaßen überlebt hat, befindet sich in einem dreiteiligen Fenster über dem südlichen Zugang. Es ist aus dem Jahr 1487 datiert, und stellt u.a. die Trennung der Guten und Bösen, Fegefeuer, Hölle, die Stifterin usw. dar.

Bei der Renovierung 1862 wurden Wandgemälde des 14. Jahrhunderts aufgedeckt, die ikonographisch sehr interessant und beziehungsvoll sind. So hat z.B. der in der nördlichen Seitenapsis dargestellte Kindermord und Pfingsten Beziehung zu dem dortstehenden Altar, der an einem Pfingstfest den Unschuldigen Kindern geweiht wurde. Unter der Rose des südlichen Querhauses 2 Reihen aus dem Leben Jesu. Dabei wieder ein kleines Stück amüsanter Beziehungshaftigkeit: die Henkersknechte bei der Geißelung tragen die Weißenburger Stadtfarben! Abschließend die 7 Werke der christlichen Barmherzigkeit.

Eine unscheinbare Türe führt in den nördlich angelehnten, sehr schönen gotischen **Kreuzgang** aus dem 14. Jahrhundert, der allerdings nur in seinem östlichen Teil erhalten ist und auch hier erhebliche Restaurierungen erfahren hat.

Unweit nordwestlich dieser Kirche hat man von der Lauter-
brücke aus einen schönen Blick auf das altertümliche **Bruche-
Viertel** mit dem Husgenossenturm (Hugenottenturm?) am oberen
Wehr. Wenig östlich davon die gotische **Kirche St-Jean,** ehemalige Pfarrkirche, jetzt evangelische Kirche. Der Kern dieses Bauwerks (Vierung mit Vierungsturm) stammt noch aus der romanischen Übergangszeit, das übrige wurde im 15. und 16. Jahrhundert gotisch aufgeführt. Das ursprünglich einschiffige Langhaus
bekam nachträglich (16. Jahrhundert) an seiner Nordseite ein Seitenschiff mit Netzgewölben und an seiner Südseite eine Kapelle
mit Kreuzgewölbe angebaut. Ersteres wurde 1945 bei einem Flie-
gerangriff schwer beschädigt und ist inzwischen wieder neu aufgeführt worden.

Wieder aufgedeckt wurden einige interessante Fresken.

Dicht bei der Kirche liegt das **Musée Westerkampf,** mit seinem
geschnitzten Holzwerk einst Zunfthaus der Winzer und Spielleu-
te. Es birgt Erinnerungsstücke aus der Stadtgeschichte seit der
Römerzeit sowie Hausrat und elsässische Trachten.

Bei dieser Gelegenheit kann ein Spaziergang entlang der hinter
dem Museum befindlichen und schön bepflanzten **Remparts**
(Wälle) eingelegt werden.

Von den Profanbauten wären noch zu erwähnen: Das **Haus Vogelsberger** mit schönem Renaissanceportal mit Inschrift (1540).
Der Namensgeber, der Landsknechtoberst Bastian Vogelsberger, wurde übrigens
8 Jahre nach dieser Datierung auf Befehl des Kaisers Karl V. in Augsburg enthaup-
tet, weil er offensichtlich mit dem französischen König Heinrich II. sympathisierte, an
dessen Krönung in Reims er im Jahr zuvor mit einem Teil seiner Söldner teilgenom-
men hatte. Über dem Toreingang befindet sich (mit geflochtenem Bart) sein Bildnis.

Ein schöner Giebelbau ist der **Holzapfel** an der Grande Rue.
Dieses Gebäude wurde 1475 von dem damaligen kaiserlichen
Stadtvogt Jakob Holzapfel als seine Stadtburg erbaut und wenig
später (1506) von der Stadt als Gästehaus eingerichtet, in dem
u.a. auch Napoleon I. weilte.

Auskunft: S.I. im Rathaus, Erdgeschoß, PLZ 67160.

Veranstaltungen und Sport: Jahrmärkte, Wochenmärkte dienstags, donnerstags
und samstags, Pfingstfest mit Pferderennen, Volksbelustigungen usw., Konzerte,
Theater, Ausstellungen, Parkanlagen, Schwimmbad, Fischerei, Lokalmuseum, Zelt-
platz.

Wanderungen:

1. Zum **Geisberg** im Süden der Stadt (1/2 Std.), Schauplatz der ersten
Kämpfe im Deutsch-Französischen Krieg. Aussicht. Denkmäler.

2. Zum **Paulinerschloß** mit Zinnen und erhaltenem romanischem Rundbogenfries. WM weißer Balken, 1/2 Std. Die Burg St. Paul wurde im 11. bis 13. Jahrhundert zur Sicherung der Abtei erbaut. In der Folge im 15. und 16. Jahrhundert beschädigt, wurde sie während der französischen Revolution zerstört, wobei der Turm seltsamerweise erhalten blieb. Später wurden an diesen herrensitzartige Gebäulichkeiten angebaut.

3. Zum Wallfahrtsort **Maria Gehör** am Oberlauf der Lauter (1 Std.), entweder über Weiler oder über die Burgruine Langenburg.

4. Nach **Altenstadt** (1/2 Std.), das vermutlich auf dem Platz des ehemaligen römischen Kastells Concordia steht. Kleine romanische 3schiffige Basilika aus dem 11. Jahrhundert, der im 14. Jahrhundert eine gotische Grabkapelle angebaut wurde.

5. In der Nähe Weißenburgs liegen wohlhabende und typisch elsässische **Bauerndörfer,** wo man vereinzelt sonntags noch die alten Frauentrachten sehen kann, z.B. in Hunspach (11 km), Seebach (9 km) oder Schleithal (10 km).

WOERTH (-sur-Sauer)

Das ca. 1800 Einwohner zählende Landstädtchen ist vor allem durch die hier am 6. August 1870 stattgefundene **Schlacht** bekannt geworden, die nach ihm benannt ist.

Die französischen Truppen unter Marschall Mac Mahon standen in nach Osten gerichteter Front auf den z.T. steil abgeböschten Höhen westlich des Sauerbachs und des in diesen einmündenden Sulzbächels, im Bereich der Ortschaften Neehweiler, Fröschweiler, Elsaßhausen, Eberbach und Morsbronn, wo sie eine vorteilhafte Stellung gegenüber den Truppen der deutschen Staaten (unter Kronprinz Friedrich) hatten, die ihrerseits auf den östlich gegenüberliegenden Höhen um Diefenbach, Oberdorf und Gunstett konzentriert waren, und zum Angriff das fast 1 km breite und annähernd deckungslose Tälchen mit dem durch Gewitterregen angeschwollenen Sauerbach durchqueren mußten, jedoch in vierfacher Überzahl waren.

Die Schlacht, die aus einem Artillerieduell heraus erst gegen 9 Uhr vormittags, scheinbar an diesem Tag noch nicht beabsichtigt, in Gang kam, dauerte bis nachmittags 5 Uhr und brachte beiderseits schwere Verluste, darunter 3 französische Generale.

Zahlreiche Denkmale und Gräberfelder befinden sich auf dem ehemaligen Kampfgelände, insbesondere im Bereich des Galgenhügels bei Wörth und der Straße nach Elsaßhausen. – Orientierungsplan für einen Rundgang beim Bürgermeisteramt.

Sehenswürdigkeiten, Bildung und Unterhaltung:

Auf dem Platz beim Rathaus ein römischer Viergötteraltar mit dem (stark beschädigten) Basrelief von Merkur, Herkules, Minerva und Juno. Schönes Renaissanceschloß (14. und 16. Jahrhundert), ehemaliger Sitz der Grafen von Hanau-Lichtenberg, mit Parkanlagen. Hier im „Château" ist die Mairie (Bürgermeister-amt) und nun auch das Museum (→nachstehend) untergebracht.

Das **Musée de la Bataille du 6 Août 1870** (Musée 1870) im Obergeschoß des Château wurde anläßlich des hundertsten Jahr-tages dieser Schlacht mit viel Liebe und Sorgfalt und Objektivität und mit Beiträgen der Bevölkerung eingerichtet. Gezeigt werden originale Uniformen, Waffen, Dokumente und Schlachtengemäl-de. Besonders interessant und aufwendig das **Diorama** eines ent-scheidenden Teils dieser Schlacht, mit rd. 4000 handbemalten Zinnfiguren - die Frau Museumsverwalterin erklärt so detailliert, als ob sie damals selbst dabeigewesen wäre!

Instruktiver **Circuit Nature** (Waldlehrpfad) an der Straße nach Lembach.

Auskunft: Mairie (Gemeindeverwaltung) im Château, PLZ 67360.

Unterkunft in einigen Hotels und Privatzimmern. Campingplatz, Jugendherberge in einem Nebengebäude des Château.

Verkehr: Bahnstation in Soultz-sous-Forêts (12 km). Busverbindung dorthin und nach Haguenau.

Umgebung und Spaziergänge:

1. Das **Schlachtfeld** westlich oberhalb des Sauertals im Bereich der Ortschaften Nehwiller, Froeschwiller, Elsaßhausen, Eberbach und Mors-bronn.

2. **Morsbronn-les-Bains** (5 km), Badeort mit heißer Mineralquelle, ver-ordnet bei Rheuma und für das periphere Nervensystem (68 Fremden-zimmer im Ort). Vergnügungspark „Fantasialand".

3. **Merkwiller-Pechelbronn** (6 km), Mineralbad, das bei Rheuma, Ischias und Frauenleiden angewendet wird (16 Fremdenzimmer). Außer-dem Petroleumgewinnung und Raffinerie.

D
DER TOURIST IM ELSASS

1.
Gut geplant ist gut gereist

Reisepapiere: Erforderlich ist Personalausweis oder Reisepaß. Für Kinder unter 15 Jahren, die nicht im Paß eines Erwachsenen eingetragen sind, ist ein Kinderausweis erforderlich.

Autopapiere: Erforderlich sind der deutsche Kraftfahrzeugschein (Carte gris) und der deutsche Führerschein.

Ein Tryptik wie früher wird für die Touristenfahrzeuge einschließlich Wohnanhängern und Wohnautos (Motorwohnwagen) nicht mehr verlangt, doch ist die zollfreie Benutzung auf 6 Monate beschränkt. Ist der Fahrer des Wagens nicht der Eigentümer, so hat er eine Benutzungsgenehmigung mit sich zu führen.

Für gewerbliche Fahrzeuge gelten Sonderbestimmungen.

Ohne eine gute **Landkarte** sollte man keine Ferienreise antreten. Im Reise- und Verkehrsverlag Stuttgart kam eine neue Karte (RV Nr. 54) heraus, der auch der dem vorliegenden Reiseführer beigefügte Kartenausschnitt entnommen ist, und die bestens empfohlen werden kann.

Geld aller Sorten kann in unbeschränkter Höhe eingeführt werden. Die Ausfuhr von französischen Franc ist auf 5000 beschränkt. Umtauschgelegenheit fast überall an der Grenze.

Für **Hunde** benötigt man eine Bescheinigung, die nicht älter als 3 Tage sein darf, und aus der hervorgeht, daß in der Gegend, in der das Tier während der letzten 6 Monate gelebt hat, seit 3 Jahren keine Tollwut aufgetreten war.

Krankenversicherung: Es empfiehlt sich, zu überprüfen, ob die betr. Krankenkasse ohne weiteres auch Auslandsschutz gewährt und für welche Dauer.

Für ADAC-Mitglieder kommt u.U. der mit dem Schutzbrief gekoppelte und sehr günstige Summentarif in Betracht, bei dem während der Laufzeit des Schutzbriefs für 8,50 DM Prämie im Ausland entstandene notwendige Krankenhauskosten übernommen werden.

Auch Banken vermitteln eine auf die Urlaubszeit befristete preiswerte Krankheitskostenversicherung.

Auskünfte aller Art erhält man vom „Amtlichen Französischen Verkehrsbüro", Frankfurt/Main, Kaiserstr. 26, oder Düsseldorf, Berliner Allee 26, oder Wien, Opernring 3–5, oder Zürich, Bahnhofstr. 16, oder Genf, 3, Rue du Mont-Blanc.

2.
Was den Kraftfahrer betrifft.

Die für den Wagen erforderlichen Papiere sind im vorgehenden Abschnitt aufgeführt.

Wer seinen Wagen ins Elsaß mitnimmt, wird dies nicht bereuen, auch wenn er die Absicht hat, viel zu Fuß zu gehen. Unsere Beschreibung der einzelnen Wanderwege, jeweils ausgehend von bestimmten Standorten (siehe Abschn. B 7), ist vor allem auch auf diese Art des Reisens abgestimmt.

Im Elsaß wird sehr anständig und rücksichtsvoll gefahren, und durchaus nicht so „sportlich hart", wie in manchen anderen Zonen Frankreichs.

Die Verkehrsregeln sind denen der Bundesrepublik gleich, jedoch ist darauf zu achten, daß der Grundsatz **Rechts vor Links** verstärkt zur Anwendung kommt. Ein hieraus sich ergebendes Vorfahrtsrecht wird auch für den kleinsten Nebenweg in Anspruch genommen.

Im Jahr 1984 wurde auch in Frankreich für den **Kreisverkehr** (Rond Point) die Vorfahrt der im Kreis befindlichen Fahrzeuge eingeführt, gekennzeichnet durch ein Dreiecksschild mit im Kreis verlaufenden drei Pfeilen. Eine gewisse Vorsicht ist jedoch geboten, bis sich diese Neuregelung überall durchgesetzt hat.

Die Höchstgeschwindigkeit ist in Ortschaften auf 60 km, auf Landstraßen auf 90 km und auf Autobahnen auf 130 km/Std. festgelegt; bei Regenwetter müssen diese Geschwindigkeiten auf 80 bzw. 100 km/Std. reduziert werden.

Mindestgeschwindigkeiten sind durch eine blaue runde Scheibe mit der betreffenden Stundenkilometerzahl gekennzeichnet.

Parken auf freier Strecke muß soweit möglich auf dem Grasstreifen neben der Straße geschehen. Parkverbote in den Städten wechseln oft halbmonatlich oder im Wechsel der geraden und ungeraden Datumszahlen die Straßenseite. Die betr. Schilder sind entsprechend beschriftet. Der Wechsel findet jeweils zwischen 20.30 und 21 Uhr statt. Mit rot-gelben Streifen versehene Randsteine bedeuten Parkverbot.

Vor dem **Überholen,** Abbiegen oder Wechseln der Fahrbahn müssen die übrigen Verkehrsteilnehmer durch geeignete Zeichen davon in Kenntnis gesetzt werden.

Unfälle: Die Polizei kümmert sich meist nur um Unfälle, bei denen ein Personenschaden entstanden ist. Um Unterlagen für Schadensersatzansprüche zu bekommen, lasse man den „Huissier" kommen (siehe Telefonbuch!), der so etwas wie ein Gerichtsvollzugsbeamter oder Notar ist. Anwaltskosten werden in Frankreich auch bei Nichtverschulden meistens nicht ersetzt. Eine mindestens kurzfristige Rechtsschutzversicherung, die sowohl Zivil- wie Strafrechtsfälle einschließt, kann daher nicht unnötig sein; besser ist eine kurzfristige Kaskoversicherung. ADAC-Mitglieder können mit dem Auslandsschutzbrief eine Rechtsschutzversicherung koppeln lassen.

Ölwechsel: Etwa wie in Deutschland.

Wagen-Service:

VW: *Strasbourg-Neudorf,* 25, Route de Colmar; *Mulhouse,* 8, Rue de la Doller; *Colmar,* 16, Rue du Nord.

Opel: *Strasbourg-Koenigshoffen,* Rue de la Charmille; *Mulhouse,* 64–66, Rue Huguenin und 16, Rue Gutenberg.

Mercedes-Benz: *Strasbourg,* 1, Place de Haguenau und 14, Rue de Maréchal Lefèbvre; *Mulhouse-Dornach,* 70, Rue de Belfort.

3.
Die Sprache

Die offizielle Sprache ist das Französische und in den Schulen wird Deutsch nur als Fremdsprache gelehrt. Die Jungen sprechen daher nur noch Französisch, wogegen in den älteren Familien meist „Elsässisch'- gesprochen wird. Dies ist ein hauptsächlich alemannischer, aber keinesfalls einheitlicher Dialekt, denn im nördlichen Teil um Weißenburg wird eher fränkisch und südlich von Mülhausen mit schweizerischen Rachenlauten gesprochen. Dabei wird regelmäßig eine Unzahl französischer Ausdrücke mit eingeflochten, was sich ganz lustig anhört.

Dessen ungeachtet hat man als Tourist im Elsaß kaum einmal Verständigungsschwierigkeiten, auch wenn man kein Wort der französischen Sprache beherrscht.

Die **Ortsnamen** entstammen fast alle dem Alemannischen, von dem die ehemals deutsche Schreibweise oft erheblich abwich. Hier zeigten die Franzosen eine glücklichere Hand, denn in der neuen französischen Schreib- und Sprechweise kommt die alemannische Aussprache regelmäßig viel besser zum Ausdruck, als in der ehemals deutschen. Beispiel: „Reichenweier" wurde immer „Richewihr" gesprochen. die neue französische Schreibweise „Riquewihr'- spricht sich „Rikewihr", also kaum anders als die urtümliche elsässische Aussprache. Im übrigen ist die frühere Schreibweise aus der heutigen meist ohne weiteres zu erkennen. Anbei einige Ausnahmen:

Altweier	= Aubure
Birschberg	= Brézouard
Buchenkopf	= Tête des Faux
Buchsweiler	= Bouxwiller
Diedolshausen	= Le Bonhomme
Drei-Ähren	= Trois-Epis
Greifenstein	= Griffon
Hochfeld	= Champ du Feu
Kestenholz	= Châtenois
Leberau	= Lièpvre
Lützelstein	= La Petite-Pierre
Markirch	= Ste-Marie-aux-Mines
Masmünster	= Masevaux
Maursmünster	= Marmoutier
Oberehnheim	= Obernai
Odilienberg	= Mont Sainte-Odile
Rappoltsweiler	= Ribeauvillé
Sankt-Kreuz (Heilig-Kreuz)	= Ste-Croix-aux-Mines
Schlettstadt	= Sélestat
Schnierlach	= Lapoutroi
Sennheim	= Cernay
Steinschloß	= Château de la Roche
Wasselnheim	= Wasselonne
Weier im Tal	= Wihr-au-Val
Weiler	= Villé
Zabern	= Saverne

Im vorliegenden Reiseführer wurden die Ortsnamen in der heutigen amtlichen Schreibweise aufgeführt, wie sie dem Touristen überall begegnen. Daneben wurde auch jeweils die frühere Schreibweise in Klammern beigefügt, sofern beide wesentlich voneinander abweichen.

Nun noch einige **französische Begriffe,** die dem Touristen am Straßenrand oder auf seiner Landkarte immer wieder begegnen:

Altitude	Höhe	M.F. (= Maison	
auberge	Herberge (in den	Forestière)	Forsthaus
	Vogesen = Molkerei)	mont	
barrage	Staudamm	montagne	Berg, Gebirge
calvaire	Kruzifix	moulin	Mühle
carrière	Steinbruch	passeport	Reisepaß
château	Burg, Schloß	plage	Strand
cimetière	Friedhof	piscine	Schwimmbad
col	Gebirgspaß	plaine	Ebene
croix	Kreuz	point de vue	Aussichtspunkt
danger	Gefahr	refuge oder	
dangereux	gefährlich	chalet	Berghütte
descente	Gefälle	rivière	Fluß
église	Kirche	rocher	Fels
étang	Weiher, Teich	r. des corbeaux	Rabenfels
étroite	eng	route	Straße, Landstraße
forêt	Wald	r. interdite	verbotene Straße
frontière	Grenze	r. à sens unique	Einbahnstraße
lac	See	rue	Straße
maire	Bürgermeister	ruisseau	Bach
mairie	Bürgermeisteramt	scierie	Sägewerk
		usine	Fabrik, Kraftwerk
		vallée	Tal

4.
Währung, Einkauf, Preise

Zahlungsmittel ist der Franc zu 100 Centimes. Der Wechselkurs pendelt um 3.20 Fr. für 1 DM.

1 Fr. kostet dementsprechend ca. 31 Pf., so daß die Umrechnung (1 : 3) eine leichte Kopfrechnung ist.

Für 1 Schweizer Franken erhält man ca. 4 FFr. und für 100 österreichische Schilling ca. 45 FFr.

Die Ausfuhr französischer Währung ist auf 5.000 Fr. begrenzt, was besonders bei französischen Staatsangehörigen überwacht wird.

Der Ladenschluß ist in Frankreich nicht gesetzlich geregelt, doch haben sich folgende Praktiken herausgebildet:

Viele Geschäfte, insbesondere Kaufhäuser, sind Montagvormittag geschlossen. Die Metzger schließen Montagnachmittag und die Lebensmitteleinzelhändler Mittwochnachmittag. Die Friseure haben den ganzen Montag geschlossen.

Als für das Elsaß typische **Reiseandenken** können in Betracht kommen:

Alte Straßburger Fayencen, entweder echt bei den Antiquaren oder gute Nachbildungen;

Zinn- und Kupfergeschirr, alt (mit Stempel) oder Nachbildungen;

Bäuerliches Steingut aus Sufflenheim oder Oberbetschdorf;

Gingan und Indiennes, das sind nach alten Mustern und Verfahren bedruckte Stoffe aus Mulhouse;

Tischdecken;

Trachtenpuppen.

Das **Preisniveau** dürfte, am Umrechnungskurs gemessen, etwas höher als in Deutschland sein. Einige wenige Artikel, vor allem bei den Lebensmitteln, sind billiger, so z.B. Käse und das unvergleichlich schmackhafte Brot.

5.
Hotels

Das Hotelwesen ist im Elsaß in gutem Stand. Die „Hotels de Tourisme" sind von der Generaldirektion für den Fremdenverkehr wie folgt in Klassen eingeteilt:

**** = Sonderklasse

*** = Grand Tourisme (sehr komfortabel)

** = Tourisme (mittlerer Komfort)

* = Moyen Tourisme (einfach bis gutbürgerlich)

Jede Gruppe ist nochmals durch die Buchstaben A, B und C in Zwischenkategorien unterteilt.

Verschiedentlich haben kleinere ländliche, aber saubere Betriebe mit Lokalkolorit das Prädikat „Logis de France", oft auch ohne mit Stern klassifiziert zu sein.

Eine „Ferme Auberge" ist ein Bauernhof mit Fremdenzimmern und in der Regel Vollverpflegung. In den Südvogesen gibt es ca. 50 derselben. Entsprechende Auskunft erhält man vom Touristikamt in 68100 Mulhouse, 4, Rue de l'Est.

Hinsichtlich der **Übernachtungspreise** besteht nur noch bei Zimmern ohne Bad oder Dusche eine Preiskontrolle. Das übrige unterliegt der freien Vereinbarung. Es ist daher zu empfehlen, sich bei Vorausbestellung mit der Vormerkungsbestätigung die genauen Aufenthaltsbedingungen geben zu lassen.

6.
Camping

Man möchte sagen, daß das Campen in Frankreich „erfunden" wurde. Es paßt ausgezeichnet zu der so lässigen und unkonventionellen Unbekümmertheit der Franzosen und ihrer Toleranz gegenüber der Individualität des Anderen. Dementsprechend gibt es in Frankreich unzählig viele Campingplätze, wenngleich ihnen meist die unnatürliche Perfektion fehlt, die manche Auch-Camper nicht vermissen wollen. Außerdem ist in Frankreich ohne weiteres auch das Campen außerhalb der offiziellen Plätze gestattet, natürlich nur mit Erlaubnis des betr. Grundstückeigentümers. Zum Campen in Staatswaldungen ist der Besitz eines Campingausweises erforderlich, der mit einer gültigen Haftpflichtbeitragsmarke versehen ist.

Die Plätze sind in 4 Kategorien eingeteilt (die beste ist 1). Außerdem gibt es allenthalben unbeaufsichtigte und unbewachte oder nur saisonweise bewachte Campinggelegenheiten.

Nachstehend die einzelnen Plätze in der Reihenfolge der Kategorie, wobei jedoch zu bemerken ist, daß viele derselben nur während der warmen Saison bewirtschaftet bzw. geöffnet sind (die Klassifizierung in Klammern).

A. Bas-Rhin (Weißenburg bis Schlettstadt):

Molsheim, neben Schwimmbad (2)
Straßburg, Place de Haguenau (2)
Saverne (2)

Schirmeck (2)
Obernai, nahe Schwimmbad (2)
Sélestat, nahe Schwimmbad (2)
Strasbourg-Schiltigheim (3)
Wangenbourg (3)
Villé (3)
Rothau, neben Freibad (3)
Oberhaslach (3)
Niederbronn-les-Bains (3)
Barr (4)
Saales (4)
Dambach La Ville (2)
Scherwiller (Ferme)
Orschwiller (Naturelle)
Marckolsheim (2)

B. Haut-Rhin (südlich Schlettstadt).

Cernay (1)
Colmar-Horbourg (1)
Riquewihr (1)
Willer-sur-Thur (1)
Kaysersberg (2)
Lièpvre (2)
Luttenbach (Münstertal) (2)
Munster (2)
Moosch (Thur) (3)
Wuenheim (3)
Ribeauvillé (1) (wird sehr empfohlen). Siehe auch Stadtbeschreibungen.
Ste-Marie-aux-Mines (2)
Rombach (2)
Aubure (2)

Die **Anschrift** des für die Campingplätze des Elsaß zuständigen regionalen Verbandes ist:

Fédération Française de Camping et de Caravaning, Strasbourg, Délégué régional, Monsieur Albert Schneider, 9, Rue Charles-Grad.

7.
Jugendherbergen

Nach dem augenblicklichen Stand kommen folgende Herbergen (Auberges de Jeunesse) in Betracht:

Bas-Rhin

Strasbourg, 58, Route de Schirmeck, Montagne-Verte.
Saverne, Château des Rohan.
Sélestat, Nähe Stadion-Schwimmbad. Auskunft: Mairie.
Grandfontaine, Hameau des Minières.
Le Hohwald, Chaume des Veaux. Naturfreundehaus.
Lembach. Haus des Club Vosgien.
Niederhaslach. Haus der Societé Touristique Nideck.

Haut-Rhin

Colmar. 14, Rue Mainbourg und 17, Rue Schlumberger.
Lautenbach. ,,Dynamo" Schellimatt.
Le Bonhomme. Monsieur André Petitdemange, Le Bonhomme.
Vieil Armand (Hartmannsweilerkopf). Madame Zeller auf
   Vieil Armand, Post Wattwiller.
Lac du Schiessrothried. Auskunft bei ,,Vogésia", 114, Grand'
Rue, Strasbourg.
Schnepfenried. Naturfreundehaus.
   Die Herbergen sind großenteils nicht ganzjährig geöffnet. Es empfiehlt sich daher vorherige Anfrage.

8.
Berghütten

Ein besonderes Erlebnis ist es, seinen Urlaub in einer der zahlreichen Berghütten (Refuges, Chalets) zu verbringen. Allein im Bereich des Grand Ballon befinden sich z.B. Hütten an folgenden markanten Stellen: Bockswasen (beim Hilsenfirst), Grand Ballon, Hilsen (Gemeinde Linthal), Molkenrain, Markstein (beim Hundskopf), Roedelen, Rothenbrunnen, Schellimatt, Steinlebach (beim Markstein). Weitere Hütten sind über die ganze Länge der Vogesen verstreut. Außerhalb der Sommersaison sind sie jedoch meistens nur von Samstagabend bis Sonntagabend geöffnet.

Bei Interesse wende man sich an eine der nachstehenden Adressen:

Hütten in der Region Grand Ballon

Club Vosgien, Strasbourg, 1, Rue du Temple Neuf.
Les Vosges-Trotters des Strasbourg, 5, Rue du Maréchal Foch.
Ski-Club Soultz, 10, Rue des Charrons, in Soultz.
Amis des Vosges de Wittenheim, 1, Rue du Béarn, in Wittenheim (bei Mülhausen).
Ski-Club Vosgien Mulhouse, Rue de la Gare, in Graffenwald (bei Mülhausen).
Vosges-Trotters Mulhouse, Rue de l'Illberg, in Mulhouse-Dornach.
Amis de la Nature Thann, Rue du Cimetière, in Thann.
Ski-Club Cernay, 4, Rue du Vieil-Armand, in Cernay.
Union Sportive Mulhousienne, 28, Rue de l'Arc, in Mulhouse.
Ski-Club Mulhouse-Riedisheim, 30, de l'Ile-Napoléon, in Mulhouse.
Ski-Club Guebwiller, 11, Rue de l'Orphelinat, in Guebwiller.
Amis de la Nature de Guebwiller, 23, Rue de l'Angreth, in Guebwiller.
Auberge de Jeunesse „Dynamo", 4, Rue de la Somme, in Guebwiller.
Club Alpin Français, Section du Haut-Rhin, 36, Avenue Roger Salengro, in Mulhouse.

Region Hohwald – Champ du Feu:

Amis de la Nature, Strasbourg, Monsieur Prim, 3, Rue de Jura, in Strasbourg.
Foyer des Etudiants Catholiques, Place Saint-Etienne, in Strasbourg.
Ski-Club Schiltigheim, Restaurant de la Perle, in Schiltigheim.
Ski-Club Bellefosse, Strasbourg, Radio-G-Schillinger, Quai des Bateliers, in Strasbourg.
Ski-Club de Bischwiller, Monsieur Schaeffer, 68, Rue du Général-Rampont, in Bischwiller.
Société des 13 Montagnards, Restaurant Batt, 41, Rue des Bouchers, in Strasbourg.
Société „Les Diables des Vosges", 14, Place des Colombes, in Strasbourg-Stockfeld.
Ski-Club Vosgien 1896, Strasbourg, Monsieur René Kretz, 6, Rue des Greniers, in Strasbourg.
Société des Skieurs des Strasbourg, Restaurant à la Bague d'Or, 9, Rue de l'Eglise, in Strasbourg.
Société Touristique „Aurora", Schiltigheim, Monsieur J. Leifer, Rue César-Julien, in Strasbourg-Koenigshoffen.
Amis de la Nature, Strasbourg-Neudorf, Monsieur Alfred Munsch, 24, Rue de Bâle, Strasbourg-Neudorf.

Region Heiligenberg – Nideck – Lutzelhouse

Société Touristique du Nideck, Monsieur Ch. Riedweg, 12, Quai des Tuileries, in Strasbourg-Neudorf.
Eremitage, Oberhaslach (Großes Anwesen, ganzjährig geöffnet), Secrétaria de l'Eremitage, in Oberhaslach.
Association Touristique des Cheminots, 48, Avenue de Périgueux, Bischheim (Strasbourg).

Union Touristique de Strasbourg 1912, Monsieur Ad. Ruff, Rue du Bainaux-Roses, in Strasbourg.
Service Sanitaire de France, Section Strasbourg-Neudorf, Restaurant Licorne, Route du Polygone, in Neudorf.

Region Grendelbruch – Obernai

Union Touristique de Cronenbourg, Monsieur G. Schoenlaub, Rue de Marmoutier, in Strasbourg-Cronenburg.
Société „Touring-Club" de Strasbourg, Monsier Rausch, Route d'Oberhausbergen, in Strasbourg-Cronenbourg.
Union Touristique Les Amis de la Nature, Bischheim, Monsieur Ch. Kihl, Rue du Chantier, Bischheim (Strasbourg).

Region Bruche (siehe auch bei Ste-Marie-aux-Mines*)

Amical Touristique des Vosges, Strasbourg, Monsieur Louis Kennel, 45, Rue de la Course, in Strasbourg.
Union Touristique Montagne-Verte, Monsieur Ed. Weber, 11, Rue d'Urmatt, Strasbourg.
Société de Tourisme „La Sapinière", Monsieur Lucien Ritz, 219, Rue des Vosges, Mundolsheim.
Société Union Touristique Les Amis de la Nature, Strasbourg-Ville, Restaurant „A l'aigle", 36, Rue de la 1re Armée, Strasbourg.

Region Salm

Club Vosgien de Schiltigheim-Bischheim, Monsieur Ch. Giessner, 3a, Rue de Woerth, Schiltigheim.
Union des Skieurs de Strasbourg, Monsieur H. Biekert, 9, Rue St-Aloyse, in Strasbourg-Neudorf.
Union Touristique Les Amis de la Nature de Schiltigheim, Monsieur Ch. Muller, 7. Rue de Ste-Marie-aux-Mines, Schiltigheim.
Club Touristique „Edelweiss", Bischheim, Monsieur Loeffler, Rue du Géneral-Leclerc Schiltigheim.
Société des Montagnards de Koenigshoffen, Monsier Naegel, Rue Kiss, Strasbourg.

9.
Wochenend-Wanderungen in den Vogesen

Die Vogesen sind, wie bereits an anderer Stelle ausdrücklich erwähnt (vgl. ob. S. 94), ein unerschöpfliches und gut markiertes Wandergebiet. Wegen dessen räumlicher Nähe zur Bundesrepublik wie auch zur Schweiz sind somit auch alle Voraussetzungen für Wochenendwanderungen oder ähnliche Kurzbesuche gegeben. An dieser Stelle soll daher auf günstige und lohnende Kurzaufenthalte dieser Art aufmerksam gemacht werden.

Als erstes bieten sich die **Nord-Vogesen** an, die nahtlos an die Pfälzer Waldberge angrenzen und besonders leicht und schnell zu erreichen sind. Die hier nur mäßig hohen und allenthalben bewaldeten Berge bieten sich besonders auch für Familienausflüge an.

Im vorliegenden Reiseführer wurde hier die **„Burgenfahrt"** (Lembach – Übersteinbach) besonders eingehend herausgestellt (S. 39/50), die in 1 oder 2 Tagen gut und angenehm zu bewältigen ist (Übernachtung in Lembach*, oder in Obersteinbach* „bei Anthon", Mittagessen evtl. in Niedersteinbach im Cheval Blanc? – Sie werden da bestimmt öfters wieder mal vorbeikommen!). – Anreise über Wissembourg.

Südwärts angrenzend das nächste Wanderzentrum **Niederbronn-les-Bains*** und **Philippsbourg** mit dem zugehörigen leicht erreichbaren romantischen Hinterland. – Anreise am besten über Haguenau (AB-Ausfahrt Bühl).

Ein den ausländischen Touristen weniger bekanntes, aber umso umfangreicheres Wandergebiet befindet sich im Bereich von **Saverne*** (S. 192/198). Dieses läßt sich z. Tl. auch mit einem fahrbaren Untersatz erkunden, besonders wenn man auch (südlich) Dagsbourg* oder Wangenbourg* besuchen will. – Anreise am besten gleichfalls über Haguenau, auch um die Metropole Straßburg zu umgehen.

Ein internationales Touristenzentrum ist der **Odilienberg*** (S. 168/175), der alljährlich Zehntausende von Touristen und Pilgern anzieht. Dabei werden aber ob der Anziehungskraft dieses Klosterkomplexes die vielfältigen Wandermöglichkeiten (→ Skizze) in dieser geschichtsträchtigen Landschaft – man denke z.B. an die „Heidenmauer" – oft übersehen.

Ein weiteres leicht erreichbares Kurzurlaubsziel ist die **Hohkönigsburg***, die man, ausgehend von der Weinstraße* zwischen

Kintzheim* und Ribeauvillée*, auf verschiedenen Wanderwegen ersteigen kann. – Anfahrt über Marckolsheim – Sélestat, AB-Ausfahrt Riegel.

Nahebei das Weinstädtchen **Riquewihr***, das „Elsässische Rothenburg", das allein schon eine Reise, ggf. eine Wochenendreise, wert ist. Man sollte ihm einen ganzen Tag mit Flanieren, Schauen und Genießen widmen!

Der entlang der **Route des Crêtes*** verlaufende **Parcours Principal** (WM roter Balken) wurde bereits in Abschn. B.7 (S. 95) genannt. Dieser eignet sich wegen seiner Länge natürlich nur in Abschnitten zu Wochenendwanderungen. Die entsprechenden Zufahrten zur Route des Crêtes und damit zum Parcours Principal sind in Abschn. B.4. a-d aufgeführt und beschrieben. Mit dem Wagen läßt sich natürlich die ganze Route des Crêtes, ausgehend von Uffholtz bei Cernay, an einem Wochenende bewältigen.

So sind noch viele weitere Kurzurlaubs- bzw. Wochenendwanderungen möglich; wer seinen Goldstadt-Reiseführer mit Interesse studiert, der wird noch manches hier Ungenannte entdecken.

10.
Wintersport

Die Vogesen sind infolge ihrer exponierten Höhen, in Verbindung mit unendlich weiten und großenteils unbewaldeten Hängen ein ausgezeichnetes Wintersportgebiet mit großer Schneesicherheit.

Dem Schifahrer stehen viele gute Hotels und zahlreiche reizende Berghütten zur Verfügung. Seiner Bequemlichkeit dienen allenthalben Schilifts, seinem Wagemut Sprungschanzen und seiner Sicherheit Sanitätsposten. Die Hauptstraßen werden im ganzen Winter befahrbar gehalten.

Von Süden nach Norden sind es folgende Sportzentren:

Ballon d'Alsace (1250 m)

Pisten für Anfänger und Fortgeschrittene, 2 Lifts, Ferme-Hotels, Berghütten, Schischule. Auskunft: Syndicat d'Initiative Masevaux. PLZ 68290.

Grand Ballon (1424 m)

2 Lifts, Pisten für Anfänger und Fortgeschrittene, Hotel, Herbergen und Berghütten.

Markstein (1250 m)

Pisten für Anfänger und Fortgeschrittene. 2 Lifts mit einer Stundenleistung von 1300 Personen. Sprungschanze. Hotels, Hütten.

Schnepfenried (1254 m)

Pisten für Anfänger und Fortgeschrittene. Drei Teleskis. Hotels und Berghütten.

Le Gaschney (1094 m)

Pisten für Anfänger und Fortgeschrittene. Zwei Teleskis. Hotel und Berghütten.

La Schlucht (1150 m)

Pisten für Anfänger und Fortgeschrittene. Zwei Aufzüge mit einer Stundenleistung von 1300 Personen. Hotels, Hütten.

Le Tanet (1293 m)

Das Schigebiet befindet sich 4 km nördlich der Schlucht, bei Km 12. Pisten für Anfänger und Fortgeschrittene, Abfahrt über den Chemin des Lacs nach Soultzeren. Aufzug. Eine Herberge, 4 Berghütten.

Col des Bagenelles (900 m)

Berghütten (siehe bei Ste-Marie-aux-Mines*), Lift.

Champ du Feu (950 m)

In **Cerva** (950 m) Pisten für Anfänger und Fortgeschrittene, 2 Lifts. Hotels in Hohwald* – Auf dem **Hochfeld** (1080 m) Pisten für Fortgeschrittene; Lift.

11.
Deutsche Kriegerfriedhöfe

Das Elsaß, Grenzland und Zankapfel zwischen zwei verwandten Nationen, war jahrhundertelang der Schauplatz blutiger Auseinandersetzungen. In den letzten 100 Jahren waren es drei große Kriege, die in Gestalt von Kriegerfriedhöfen ihre Mahnzeichen hinterlassen haben.

Diese Friedhöfe werden im Volksbund Deutsche Kriegsgräberfürsorge e.V. in Kassel, Am Lutherplatz, betreut, von wo auch Einzelanfragen wegen bestimmten Grablagen beantwortet werden.

Es besteht die Tendenz zu Zusammenlegungen, womit bereits mit dem Groß-Friedhof in Niederbronn-les-Bains ein Anfang gemacht wurde. Ein weiterer solcher Sammelfriedhof wurde 1975 auf dem Grasberg bei Bergheim an der Weinstraße angelegt.

Abgesehen von verstreuten Einzelgräbern, vor allem auf Gemeindefriedhöfen, handelt es sich um folgende Friedhöfe, in nord-südlicher Reihenfolge:

Wissembourg: Einzelgräber und Gedenkstätten von 1870.

Wörth und Umgebung: Kleine Friedhöfe, Einzelgräber und Gedenkstätten von 1870.

Niederbronn-les-Bains: Neuangelegter Sammelfriedhof mit über 15.000 Gefallenen.

Haguenau: 188 Einzelgräber.

Zabern: 308 Einzelgräber.

Straßburg (Kronenburg): 1628 Einzelgräber.

La Broque (Vorbruck – Bruchetal): 636 Einzelgräber, 2 Sammelgräber mit 1297 Gefallenen.

Ranrupt (Roggensbach – Col Steige): 3 Einzelgräber, 1 Sammelgrab mit 89 Gefallenen.

Thanvillé (Thannweiler): 355 Einzelgräber, 1 Sammelgrab mit 290 Gefallenen.

Sainte-Marie-aux-Mines (Markirch): 670 Einzelgräber, 1 Sammelgrab mit 365 Gefallenen.

Ammerschwihr (Ammerschweier): 259 Einzelgräber.

Trois-Epis (Drei-Ähren): Waldfriedhof.

Hohroth-Bärenstall: 1465 Einzelgräber, 1 Sammelgrab mit 941 Gefallenen.

Münster: 322 Einzelgräber, 1 Sammelgrab mit 44 Gefallenen.

Breitenbach (bei Münster): 2262 Einzelgräber und 4 Sammelgräber mit 1071 Gefallenen.

Colmar: 871 Einzelgräber.

Soultz: 87 Einzelgräber.

Guebwiller (Gebweiler): 912 Einzelgräber, 1 Sammelgrab mit 153 Gefallenen.

Cernay (Sennheim): 3434 Einzelgräber, 2 Sammelgräber mit 1328 Gefallenen.

Bergheim: Neu angelegter Sammelfriedhof mit 6500 Gefallenen des 2. Weltkriegs.

Illfurth bei Mulhouse: 1427 Einzelgräber und 2 Sammelgräber mit 539 Gefallenen.

12.
Trotz EG noch immer Grenzkontrollen und Zoll!?

Ein erster guter Schritt wurde getan, indem 1984 für den Reiseverkehr an der deutsch-französischen und deutsch-österreichischen Grenze Erleichterungen zur schnelleren Grenzabfertigung eingeführt wurden und Kontrollen nur noch stichprobenweise stattfinden – die grüne E-Plakette macht's möglich. Mit dem 1. Oktober 1985 sind auch die Freimengen an mitgebrachten Waren spürbar erhöht worden.

Zollfrei sind nunmehr Reisemitbringsel in folgenden Mengen, soweit sie aus EG-Ländern stammen bzw. eingeführt werden:

Tabakwaren (für Personen ab 17 Jahren):
300 Zigaretten oder 75 Zigarren oder 150 Zigarillos oder 400 Gramm Rauchtabak.

Alkoholische Getränke (für Personen ab 17 Jahren):
5 l Wein und
3 l Schaumwein oder Likörwein, oder 3 l Spirituosen bis zu 22%, oder 1,5 l Spirituosen mit mehr als 22% Alkohol.

Kaffee und Tee (für Personen ab 15 Jahren):
1000 g Kaffee oder 300 g Kaffeeauszüge,
200 g Tee oder 80 g Teeauszüge.

Parfüms 75 g, **Toilettenwasser** 0.375 Liter.

Sonstige Waren im Gesamtwert von 780 DM. – Für Bewohner grenznaher Gemeinden gelten einschränkende Bestimmungen.

Für Waren, die nicht abgabenfrei sind, aber deren Wert 290 DM nicht übersteigt (und die auch nicht aus hochbesteuertem Kaffee, Tee, Tabakwaren, Spirituosen usw. bestehen) werden im vereinfachten Verfahren 5% des Werts erhoben (z.B. aus bis zu 15 Liter Wein usw.).

Auch bei der Einreise über ein Nicht-EG-Land (hier z.B. die Schweiz) gelten gleichfalls die EG-Sätze, wenn man nachweisen kann (z.B. durch Rechnungen oder Quittungen oder Tabakwarenbanderolen), daß die betreffenden Waren in einem EG-Land (also in diesem Fall Frankreich) gekauft worden sind.

**Der Goldstadtverlag wünscht Ihnen
eine frohe und glückliche Heimkehr!**

"Wenn einer eine Reise tut, dann kann er was erzählen"

Diese alte Binsenweisheit gilt auch heute noch; aber nur erzählen ohne „farbige Untermalung" kann man sich heute kaum mehr vorstellen. Deshalb gesellt sich häufig zur Reisevorbereitung und Urlaubsplanung der Gedanke nach dem gelungenen Farbfoto. Denn gerade bei einem Reiseziel, bei dem es Erlebnisse festzuhalten gibt und über die sichs farbig zu erzählen lohnt, sollte man keine Risiken beim Fotografieren eingehen. Hatte man bei der letzten Reise nicht Pech mit der Kamera? Gab es nicht Ärger mit dem Film? Fragen, die man reiflich überlegen sollte!

Auf dem Foto- und Filmmarkt gibt es heute eine so breite Angebotspalette, daß man kaum zum Vergleichen kommt. Trotz dieser Fülle gibt es einige Produkte, die sich dank ihrer Qualität weit von der Masse abheben, und gerade in diesen Qualitätsbereichen bewegen sich Profis. Aber welcher Amateur möchte nicht auch Anspruch auf Spitzenqualität erheben, zumal der Preis oft gar nicht so viel höher ist, als fälschlicherweise angenommen wird und im Verhältnis zu den Reisekosten kaum ins Gewicht fällt.

Ob Papierbild oder Dia, diese Entscheidung liegt an Ihrer „farbigen Erzählweise". Spricht man vom Film, so wird man zu Recht sehr schnell auf Kodak-Filme stoßen. Bestens bewährt hat sich als Diafilm der Kodachrome 25 (15 DIN). Dieser Film ist äußerst feinkörnig und in der Brillanz unübertroffen. Bekommt man in der Übergangszeit oder bei dunkleren Motiven durch die niedrige Lichtempfindlichkeit Probleme, dann steht, ohne Qualitätsverlust, der Kodachrome 64 (19 DIN) bereit. Für noch „dunklere Zeiten" bieten sich die Kodak Ektachrome 100, 200, 400 (21, 24, 27 DIN) an. Für Papierbilder hat Kodak ein breites Programm um allen Verbraucherwünschen gerecht zu werden, nämlich Filme mit den Empfindlichkeiten 100, 200, 400 und 1000. Eine Aktualität ist der Kodacolor Gold 100, ein Farbnegativfilm mit sehr hoher Farbintensität und optimaler Schärfe.

Doch was nützt bestes Filmmaterial, wenn bei der Anschaffung des Fotoapparates und bei noch Wichtigerem, beim Kauf des Objektivs, das für erste Qualität verantwortlich ist, gespart wurde.

Nennen wir doch gleich das Paradestück der deutschen Kleinbild-Fotoindustrie (vom Mittel- oder Großbildformat mit seinen eigenen Gesetzen soll hier nicht die Rede sein) die Leica mit ihren

Leitz-Objektiven, als Mercedes unter den Fotoapparaten. Seit Jahrzehnten setzt diese Firma qualitative Maßstäbe. Gewiß, der Preis spricht für sich, aber den Einstieg in diese Spitzenklasse gibt es nicht im Sonderangebot. . .

Um aber einem noch größeren Kreis die Entscheidung für die berühmte Leica R 4 zu erleichtern, hat Leitz die etwas „abgespeckte" R 4s gebaut, die etwa 20% günstiger ist. Ohne auf technische Details weiter einzugehen, sei eine Besonderheit der beiden Leicas hervorgehoben, die mit den Wert der Kameras in der Praxis ausmachen: „integral" und „selektiv" – die Garantie für richtige Belichtung. Jeder Fotograf kennt das Problem: „Wie belichte ich richtig?" Da ist ein unwiederbringliches Motiv, Gegenlicht gibt phantastische Stimmung, dramatische Schatten, man muß in Sekunden reagieren und richtig messen . . . nur, kann die Belichtungs-Automatik bei der jetzt notwendigen Bildgestaltung auch eingreifen? Oder muß man manuell eine oder sogar zwei Stufen über oder unterbelichten . . . oder wie war das doch gleich? So hat sich schon manches Bild während langer Überlegungen ins Nichts aufgelöst.

Natürlich ist eine automatische Belichtungssteuerung nichts Besonderes mehr, sondern eher eine notwendige Technik, die dem Fotografen die Konzentration aufs Motiv erlaubt. Nur, wird jede Automatik mit jeder Lichtsituation fertig? Deshalb spricht man bei der Leica von zwei Belichtungsmeßmethoden: eine mittenbetonte Großfeld-Integralmessung für alle Motive mit normalen Lichtverhältnissen. Und als Besonderheit die Leitz-Selektivmessung, mit der man den bildwichtigen Teil des Motivs gezielt anmessen kann und damit auch schwierigen Lichtsituationen gewachsen ist. Erst in diesen Lichtverhältnissen – Gegenlicht, seitliches Streiflicht, Spotbeleuchtung – werden besondere Fotos gemacht. Und das ist die Domäne der Leitz-Selektivmessung.

Eine Weiterentwicklung der Leica R4 ist die Leica R5. Wie das bisherige Spitzenmodell, die Leica R4, bietet auch die Leica R5 zwei umschaltbare Belichtungsmeßmethoden - Selektiv und Großfeld-Integralmessung sowie Multi-Automatik und manuelle Einstellung von Belichtungszeit und Blende. Neue technische Merkmale und eine Reihe von Detailverbesserungen (Programm-Automatik, TTL-Blitzbelichtungsmessung durch das Objektiv) machen das Arbeiten mit der Leica R5 noch sicherer und unbeschwerter.

So wie die Kamera mit ihrer Elektronik zur Kreativität bei-steuert, spielt das Objektiv die entscheidende Rolle für die Bild-qualität. Durchzeichnung der Bildteile vom tiefsten Schatten bis hin zum hellsten Licht. Brillante Wiedergabe des gesamten Farb-spektrums und eine gestochene Schärfe. Eine Kombination die bisher nur bei Leitz-Objektiven in dieser Vollendung vorzufinden ist.

Die Qual der passenden Objektivwahl – was soll man auf die Reise mitnehmen? Zwischen 30 Leica R-Objektiven mit Brenn-weiten von 15 mm Weitwinkel- und 800 mm Teleobjektiv gilt es zu wählen, und schließlich soll nicht der ganze Reiseetat in der Fo-toausrüstung stecken:

1. Maxi-Nutzen bei Mini-Aufwand: Wer bei geringem Auf-wand wendig und schnell und für viele Gelegenheiten ausgerüstet sein will, der wählt Weitwinkel (35 mm) und Tele (90 mm).

2. Die kompakte Reiseausrüstung: Fürs leichte Gepäck wählen viele gern die beiden Vario-Objektive (35-70 und 70-210 mm). Dazu als Ergänzung ein 24 mm Weitwinkel-Objektiv.

3. Die vielseitige Reiseausrüstung: Mit dieser Ausstattung kann der Fotograf viele Möglichkeiten der Bildgestaltung ausschöpfen. Sie bietet ein weitgespanntes Spektrum der Anwendungsmöglich-keiten. Ein 21 mm und ein 35 mm Weitwinkel-Objektiv für Über-sichtsaufnahmen, dazu, als Universal-Objektiv für Nah und Fern, das Macro 60 mm Objektiv und als praxisgerechte Ergänzung für Landschaftsaufnahmen und für Porträts, ein mittleres Tele 135 mm. Für den weiteren Telebereich ein 180 mm-Objektiv.

Gehen Sie mit ihrer kompletten Ausrüstung nun auf große Reise, dann beachten Sie dabei noch folgendes: Da Filme im Aus-land sehr teuer sind, nehmen Sie genügend mit! So schnell kommt man nicht mehr in dieses Gebiet, also drückt man gern noch ein zweites Mal auf den Auslöser!

Versuchen Sie während der Reise die Filme immer so kühl wie möglich zu transportieren und zu lagern, da bei großer Hitze Farbveränderungen auftreten können. Lassen Sie die belichteten Filme so schnell wie möglich entwickeln!

Erkundigen Sie sich bei Ihrer Versicherung über den Schutz bei einem eventuellen Diebstahl oder Schaden!

Und nun – viel Erfolg für Ihre „farbige Reiseerzählung".

STICHWORTVERZEICHNIS

REISE-NOTIZEN

REISE-NOTIZEN

REISE-NOTIZEN

REISE-NOTIZEN

REISE-NOTIZEN

Die Goldstadt-Reiseführer